Power
Conversation
상황회화

영어로 자신있게 말하기
Power Conversation

지은이 소리클럽
펴낸이 안용백
펴낸곳 (주)도서출판 넥서스

초판 1쇄 발행 2003년 6월 9일

2판 1쇄 인쇄 2008년 4월 25일
2판 1쇄 발행 2008년 4월 30일

출판신고 1992년 4월 3일 제311-2002-2호
121-840 서울시 마포구 서교동 394-2
Tel:(02)330-5500 Fax:(02)330-5555

ISBN 978-89-6000-433-7 94740

가격은 뒤표지에 있습니다.

www.nexusbook.com

넥서스

Preface

Task-Based English Learning Program

10여년 전 영국 유학을 준비할 때 IELTS(International English Language Testing System) 테스트를 처음 접한 적이 있다. 이 시험은 일종의 영국식 TOEFL 시험이라고 보면 된다. 그런데 나는 이 시험을 준비하면서 이것이 미국의 TOEFL 테스트보다 더 이상적이며 우수한 시험이라고 믿게 되었다.

IELTS는 기존 TOEFL과 달리 영어의 4가지 기능(듣기, 쓰기, 읽기, 말하기)을 모두 필수로 평가하는데 Speaking Test와 Reading Test가 특히 인상적이고 유용했다. 그 이유는 시험을 준비하면서 IETLS가 시험 따로 실전 따로인 말 그대로 '시험을 위한 시험'이 아니라 실질적인 speaking과 reading 실력을 향상시켜 주는 시험이라 느꼈기 때문이다. 나는 한국의 영어 시험도 이 같은 방향으로 바뀌는 것이 바람직하다고 생각했으며, 기회가 된다면 이 방법을 영어교육에 적용하고 싶었다. 소리클럽 회원들과 공부하면서 이 기회가 찾아왔다. 나는 이 시험 양식의 장점을 모방하고 이것을 한국인에게 맞는 형태로 발전시키고자 했으며 이 책은 그러한 작업의 결과라 할 수 있다.

기초적인 실용영어를 연습하는 데 가장 효과적인 방법 중 하나는 실제 일을 하면서 배우는 것이다. 주어진 임무를 수행하는 과정에서 그 일과 관련된 구체적 표현들을 배우게 되는 것이다. 실용성이 높고, 또한 동기 부여가 된다는 점에서 체험적으로 언어를 배우는 것이 가장 빠르고 자연스러운 방법이 될 것이다. 내가 만난 많은 유학생들이 어학연수나 영어학교에서 영어를 배우는 것보다 자원봉사나 일을 하면서 영어를 배우는 것이 더욱 효과적이었다고 말하는 것 역시 바로 그런 이유 때문이라고 본다.

IELTS Speaking Test의 한 양식 중에 role card를 활용해 task(해결과제)를 주고 이것을 지시에 맞게 시험관과 응시자가 해결해 가는 문제가 있다. 가령 자신이 중고 컴퓨터를 구입하려 한다고 가정하고 어떤 조건과 절차를 통해 구입하라는 과제가 주어지는 것이다. 한 사람은 구입자이고 다른 사람은 판매자의 입장에서 대화를 시작하여 주어진 지시대로 대화를 이끌어 가는 내용이다.

이런 형식의 시험은 대단히 실용적이면서도 실제 speaking 학습 방법으로도 우수한 내용이 될 수 있다. 실제 소리클럽 회원들과 이러한 과정(task-based English learning program)을 만들어 연습을 하면서 이 방법이 실용 생활영어를 배우는 데 효과적이라는 것을 다시 한번 느낄 수 있었다. 다시 말하면 speaking 훈련은 표현을 분리해서 독립적으로 공허하게 배우는 것이 아니라 구체적인 해결 과제와 결합해서 체험적으로 배워야 한다는 것이 소리클럽의 과제해결식(task-based) 방법론이다.

소리클럽은 이러한 개념을 좀더 발전시켜 초보적 실용영어를 공부하는 사람들에게 새로운 방법을 제시하려 하였다. 그리고 이 소재를 협상(negotiation)을 해 가는 단계로까지 발전시켜 활용해 보았다. 또한 한국인들이 특히 약한 formal / informal expression 개념을 추가하여 경우에 따라 다양한 표현을 연습할 수 있게 하였다.

이 책은 시험 대비서는 아니지만 책의 이러한 특성상 당연히 IELTS Speaking Test를 준비하는 사람들에게도 상당히 도움이 되리라 생각한다. 그리고 이 책은 혼자 공부하는 것도 좋지만 짝을 만들어 연습하는 것이 더욱 효과적이다. 그런 의미에서 이 책은 둘이 공부하는 책, 여럿이 공부하는 새로운 유형의 책(speaking materials for speaking clubs)이기도 하다. 본문 중에는 task 해결에 대한 모범답(model)을 예시하고 있지만 가능한 대화 중 하나일 뿐 정답의 개념은 없다고 본다. 상황에 맞는 말들을 여러 명이 만들어 보고 서로 비교한다면 더욱 도움이 될 것이다.

또한 온라인 소리클럽(www.soriclub.com)을 통해 소리클럽 회원과 독자 분들의 다양한 발표 사례와 소리클럽 강의 역시 직접 보고 들을 수 있다. 이 책으로 공부하시는 분들의 무한한 발전을 바라며 아울러 이 교재가 한국 영어교육의 실천적 방향을 제시하는 데 조금이나마 도움이 되길 바란다.

끝으로 이 책의 제작을 위해 발표에 참여해 주신 소리클럽 회원들과 소리클럽 연구진 이경하, Rosa Park J.에게 감사의 말씀을 전한다.

양재동 소리클럽 연구실에서
대표 이정훈

About This Book

1. 구성

아는 단어가 아무리 많아도, 문법의 달인이라 해도 회화는 약하다고 불만인 사람이 있는가 하면, 처음에는 그럴 듯하게 말문을 열더라도 대화를 오래 이끌어 나가지 못하는 사람들도 많다. 이것은 곧 학습자 본인이 가지고 있는 어휘, 문법, 표현 관련 지식들을 적절히 조합하여 적용하는 능력이 부족하기 때문이다. 이 교재에서는 학습자에게 특정 상황 속의 주인공이 되어 임무를 수행하도록 과제를 부여함으로써 실질적인 의사 소통 능력을 증진시키고자 하였다.

이 교재는 표현 연습을 위한 Warming Up과 두 개의 Role Playing Part로 구성되어 있다.

Warming Up. 100 Key Expressions for Real-Life Conversation에서는 일상 생활영어에 필수적이면서 활용도 역시 높은 100가지 핵심 표현들을 소개한다. 똑같은 의미를 담고 있더라도 다양하게 적절한 상황에 골라 쓸 수 있도록 유용한 표현들을 엄선하여 예문과 함께 실었다.

Role Playing Part I. Everyday Life Conversation에서는 일상 생활에서 자주 접하게 되는 10개의 상황을 선정하여 본격적으로 role play를 시작한다. 각 chapter는 3개의 step으로 구성된다. Step 1. Understanding your task에서는 학습자에게 역할을 부여하는 role card가 제시되며, 학습자들이 미리 핵심 질문과 답변을 연습해보는 Step 2. Getting ready에서는 학습자가 상황에 따라 적절한 표현을 구사할 수 있도록 formal과 informal 두 가지 스타일의 Q&A가 제공된다.

Role Playing Part II. Business Conversation에서는 비즈니스와 관련된 10개의 상황에 대한 role play를 하게 된다. Part I과 마찬가지로 role card와 formal, informal Q&A가 제시되며, 거래하기, 협상하기, 업무 실적 보고하기 등 비즈니스 현장에서 꼭 필요한 실용적 소재들을 바탕으로 하여 학습자가 비즈니스 현장의 경험을 간접적으로나마 얻을 수 있는 기회를 제공한다.

2. 특징

1) 100가지 표현 소개

일상 생활에서 대화를 이끌어 나가는 데 유용한 표현들을 집중 암기할 수 있으며, 소리자료와 예문을 통해 학습한 표현들을 구체적으로 확인할 수 있다. 아울러 이 100가지 표현들은 Role Playing Part에서 제시되는 20개 상황별 대화에서 골고루 활용되어 자연스럽게 반복 학습의 효과를 얻을 수 있으며, Role Playing Part의 Expression study 부분에서 각 표현에 대한 자세한 해설이 첨가되어 학습자가 표현을 명확하게 이해하고 활용할 수 있도록 돕는다.

2) 구체적인 Task를 부여 받아 임무를 수행하는 Role Playing 학습법

도서관에서 정자세로 자리 잡고 앉아서 하는 것만이 공부는 아니다. 영어, 특히 speaking은 여러 사람이 모여 시끄럽게 떠들면서 하는 것이 가장 효과적이다. 여기에 재미까지 더해진다면 금상첨화. 이 교재에서는 자신에게 부여된 과제를 해결해 나가면서 표현을 익히는 독특한 role playing 방식을 도입하고 있다. 학습자는 상상력을 발휘하여 역할을 수행해 나가는 과정에서 유쾌하게 즐기며 표현을 익히게 된다.

3) 실용성 있는 소재

Role playing 학습법의 최대 장점은 재미있다는 것이며, 나아가 학습자가 능동적으로 반응할 수 있는 기회를 마련해 준다는 데 있다. 그러나 일반인들의 삶 속에서는 도대체 마주칠 일이 없을 법한 상황이라면 영어 실력을 떠나 상황 자체를 이해하는 것이 힘들 것이다. 이 교재에서는 일상 생활 그리고 비즈니스와 관련하여 발생 빈도가 높은 상황들을 중심으로 가상의 상황들을 꾸밈으로써 실용성 있는 학습 효과를 추구할 수 있게 했다.

4) Formal vs. Informal 표현 비교 소개

'영어에는 존대말이 없다지. 그거 하나 좋아!' 라고 생각하는 사람이 있다면 큰일 날 소리. 물론 존대말이 뚜렷이 있는 것은 아니지만 영어에도 예의바른 표현(honorific expression)은 있다. 어느 정도 영어 실력을 갖추었다면 이야기의 소재, 상황, 상대방과의 관계에 따라 적절한 표현을 구사하는 능력 또한 필수 사항이다. 이 교재에서는 formal과 informal 두 가지 방식의 Q&A를 제공함으로써 학습자가 그 차이를 손쉽게 비교, 습득할 수 있도록 하였다.

5) MP3로 제시되는 소리 자료를 활용한 효과적 표현 암기, 모방 학습

MP3에 기본 표현과 예문, 원어민의 실제 dialogue를 담아 효과적으로 훈련할 수 있도록 하였다. 특히 기본 표현 100개를 익히는 Warming Up 부분은 〈우리말 표현〉-〈영어 표현〉-〈예문〉의 순서로 녹음하여 학습자가 소리자료를 반복 청취하는 것만으로도 충분히 표현을 암기할 수 있게 하였다. 더불어 교재에 실린 대화 내용을 모두 녹음하여 학습자가 원어민의 강세와 억양에 따라 연습할 수 있도록 하였다.

How to Use This Book

각 구성 요소와 학습법에 관한 정확한 이해가 선행되어야만 최고의 학습 효과를 얻을 수 있다는 점을 염두에 두고 다음 사항들을 자세히 읽어 보자. 아울러 말하기 학습에 소리가 빠져서는 안 된다는 점을 명심하고 책과 소리자료를 동시에 잘 활용하도록 하자.

Warming up. 100 Key Expressions for Real-Life Conversation

구체적으로 role play에 들어가기에 앞선 몸풀기 시간. 대화를 이끌어 나가는 데 있어서 다양한 어휘나 표현들은 학습자에게 소중한 자산이 된다. 매번 똑같은 표현만 반복해서 쓴다면 얼마나 대화가 단조로울까. 아예 어떻게 말해야 할지조차 모르겠다면 더욱 산 넘어 산이지만 말이다. 여기서는 일상회화에서 가장 유용하게 많이 활용되는 100가지 표현들을 모아 각각의 표현에 2개씩의 예문을 함께 제시한다. 예문은 학습자가 소리자료만으로도 쉽게 그 의미를 파악하여 연습할 수 있도록 쉽고 간단한 문장들을 모았다.

기본 표현은 단어 하나하나를 이해하고 분석하기보다는 반복해서 듣고 따라하며 소리를 익히는 것이 가장 효과적이다. 먼저 한국인 성우가 들려주는 우리말을 어떻게 표현하는 것이 효과적일지 생각해 보고, 그 다음 영어 표현을 듣고 따라한다. 그리고 예문을 들으며 표현이 어떻게 활용되는지 이해한다. 예문이 쉽고 간단하므로 먼저 우리말을 영어로 옮겨 보는 것도 효과를 볼 수 있는 도전거리가 될 것이다. 아울러 각 표현마다 표시된 페이지를 찾아가 보면 표현의 쓰임새를 보다 자세하게 알려 주는 해설이 등장한다. 추가 설명과 예문들을 꼼꼼히 읽어 100가지 표현만큼은 꼭 자유자재로 활용할 수 있도록 반복 연습하자.

Role Playing Part I & II. Every Life & Business Conversation

100개의 다양한 표현들을 익혀 든든해졌다면, 이제 본격적인 role play를 시작해 보자. 앞선 표현 연습은 말 그대로 warming up. 20개의 다양한 상황 속에서 때로는 의사, 식당 손님, 은행원 등이 되어 각각의 역할을 수행해 나가면서 어떤 상황에서도 영어로 자연스럽게 대처하는 쾌감을 느낄 수 있게 될 것이다.

Step 1. Understanding your task _ 역할 이해하기

먼저 두 개의 role card가 제시된다. 이 카드를 통해 학습자는 자신에게 주어진 임무가 무엇인지 파악하게 된다. role card에 있는 내용은 이후에 전개될 대화의 기초가 되며, 꼭 필요한 내용이 간결하게 담겨 있으므로 우선 role card에 주어진 정보부터 완벽하게 이해할 수 있도록 한다. 그리고 어떠한 내용으로 대화를 이끌어 나갈지 머리 속에 큰 그림을 그려 보자.

Step 2. Getting ready _ 질문과 대답 연습하기

어느 정도 주어진 임무를 파악했다면, 기본 뼈대를 이루게 될 질문과 답을 만들어 보자. 우선 우리말로 제시된 대화에서 전하는 내용을 담아 영어로 말해 보자. role card에 주어진 내용을 그대로 옮겨 단답형으로 대답한다면 아무런 효과가 없다. 경우에 따라서는 짧게 말할 수도 있지만 우선은 완벽한 문장을 만드는 연습을 하도록 한다. 다음, 교재에 주어진 informal / formal Q&A를 눈으로 보고 귀로 들으며 문장을 익힌다. 아울러 반복해서 익히다 보면 informal과 formal English의 미묘한 차이까지 느낄 수 있게 될 것이다.

Step 3. Let's role play _ 역할 놀이하기

자, 이제 내가 어떤 상황 속에 있는 건지, 어떻게 대화를 이끌어 나가야 할지 감을 잡았다면 본격적으로 role play를 시작해 보자. 교재에는 Role Card A를 가진 사람을 위한 dialogue와 Role Card B를 가진 사람을 위한 dialogue, 두 가지로 나누어 제시되어 있다. 먼저 내가 A의 역할을 한다고 가정하고 첫번째 dialogue를 보면 A 부분은 우리말로, B 부분은 영어로 되어 있다. 즉 A에 제시된 우리말을 바탕으로 내가 영어로 말을 하고, B의 영어 부분은 상대방이 그렇게 대답했다고 생각하면 되는 것이다. Step 2에서 연습했던 것 외에 다른 내용이 추가되어 영어로 옮기는 것이 어렵다면, Note에 제시된 표현 파일을 참고하여 보다 쉽게 접근할 수 있다. B의 역할을 하는 경우도 마찬가지이다. A가 주로 묻는 역할이므로 A 역할부터 연습하면 부담감이 줄어들 것이다.

그러나 지금까지는 남 앞에만 서면 작아져서, 영어회화 공부도 혼자서 책에 얼굴을 파묻고 하겠다고 빡빡 우기는 소심한(?) 학습자를 위한 학습법이었다. 물론 교재가 입체적으로 구성되어 있으므로 혼자 하더라도 별다른 무리는 없다. 하지만 이 교재를 이끌어 가는 기본 학습법은 role play이고, 추구하고자 하는 목표도 role play를 통한 영어 의사소통능력 향상이다. 따라서 파트너와 함께 공부할 때 효과가 배가된다는 것은 당연한 사실. 괜히 기죽는다고 비슷한 실력을 가진 파트너를 찾으려 노력할 필요는 없다. 대부분 대화문에서 A의 역할의 비중이 B보다 작으므로 우선 수동적으로 A의 역할을 맡고, B의 역할을 맡은 상대가 어떻게 표현하는지 주의 깊게 들으며 좋은 표현들을 익힐 수도 있다. 내가 무엇을 해야 하는가를 확실히 알고 편안한 분위기에서 대화를 이끌어 나가다 보면, 유창한 영어 실력뿐만 아니라 다양한 상황에 능동적으로 대처하는 능력까지 생겨 더욱 자신감을 얻을 수 있을 것이다. 아울러 교재에 sample dialogue가 제시되지만 role play에는 정답이 없다. 나름대로 상상력을 발휘하여 독창성 있고 재미있는 role play를 해 보자.

Contents

Warming Up

단어를 많이 외운다고 회화가 절로 되는 게 아니다. 단어 암기량과 회화실력이 정비례하지 않는 것은 개별 단어의 실질적인 활용법을 모르기 때문이다. 따라서 영어를 외국어로 배우고 있는 우리의 환경에서는 개별 단어 학습보다는 회화용 '표현 덩어리'를 한꺼번에 입에 붙여 두는 것이 보다 더 효과적이다. 여기서는 원어민들의 일상 회화에 수도 없이 등장하는 회화용 빈출 표현 100개를 집중적으로 연습해 보도록 하자. 각 표현마다 붙어있는 페이지 번호는 표현 심화학습을 위한 것으로 해당 페이지를 찾아가면 각각의 표현에 대한 상세한 해설을 만날 수 있다.

001 p.152 **amount to** (금액, 총합이) ~에 달하다, ~이나 마찬가지다

His earnings are said to **amount to** $75,000 per annum.

그의 수입은 연간 75,000 달러에 달한다고 한다.

Her answer **amounted to** a complete refusal.

그녀의 대답은 완전히 거절한 것이나 다름 없었다.

002 p.120 **Are you telling me that ~?** 지금 ~라고 말하는 건가요?

Are you telling me that he is leaving tomorrow?

지금 그가 내일 떠날 거라고 말하는 건가요?

Are you telling me that I can't work here anymore?

제가 더 이상 여기서 일할 수 없다는 말씀이신가요?

003 p.180 **as a matter of fact** 사실

As a matter of fact, I went to a really good film last night with my friend.

사실 어제 밤에 친구랑 정말 좋은 영화를 보러 갔었어.

As a matter of fact, she liked Tom a lot.

사실 그녀는 Tom을 정말 좋아했었어.

004 p.106 **as for** ~에 대해 말하자면, ~에 관해서는

As for me, I'm not interested in such things.

나로 말하자면, 그런 것들에 흥미가 없다.

I've invited Sue and David. **As for** Jane, I don't care if I never see her again in my life.

Sue와 David을 초대했어. 그렇지만 Jane에 관해서는 평생 다시 그녀를 안 본다 해도 상관 없어.

005 p.167 **as I mentioned** 내가 말한 대로

As I mentioned earlier, we can't spend more than what we have.

내가 전에 말한 것처럼, 우리가 가진 것 이상으로 돈을 쓸 수는 없어.

As I mentioned yesterday, you'll all be doing your exams again.

내가 어제 말한 것처럼, 너희들 모두 다시 시험을 보게 될 것이다.

006 as long as ~   ~하는 한, ~하기만 한다면
p.66

Will everything be okay **as long as** I do not touch it?

만지지만 않으면 괜찮은 거죠?

We'll go **as long as** the weather is good.

날씨만 좋다면 우리는 갈 것이다.

007 as you are aware   당신도 알고 있듯이
p.180

As you are aware, I'm not in any position to be speaking to you.

당신도 알고 있겠지만, 나는 당신에게 말할 수 있는 처지가 아니에요.

As you are aware, the war will begin soon.

당신도 알고 있듯이, 곧 전쟁이 시작될 거에요.

008 be available (to+V)   [사물 주어] ~하는 데 이용할 수 있다, [사람 주어] ~할 시간이 있다
p.109

Will he **be available** to talk at that time?

그 때 전화하면 그와 통화가 가능할까요?

Further information **is available** on request.

요청하시면 더 많은 정보를 얻으실 수 있습니다.

009 be in somebody's best interest   ~에게 가장 이익이 되다, 유리하다
p.106

It'll **be in your best interest** to go and study abroad.

해외에 나가서 공부하는 게 너에게 가장 유리할 거야.

It **is in your father's best interest,** if you marry him.

네가 그와 결혼한다면, 네 아버지에게 가장 도움이 될 거야.

010   **be planning to + V**   ~할 계획이다
p.149

I am planning to go home for the holidays.

저는 명절에 고향에 다녀올 계획이에요.

I am planning to move before the end of the summer.

저는 여름이 가기 전에 이사할 계획이에요.

011   **be supposed to + V**   ~하기로 되어 있다
p.327

He **is supposed to** arrive at five this evening.

그는 오늘 저녁 5시에 도착할 예정이에요.

It's **supposed to** be only for children under the age of seven.

7세 미만의 어린이만 들어올 수 있습니다.

012   **be worth + N[~ing]**   ~할 만한 가치가 있다
p.80

This idea **is** well **worth** considering.

이 아이디어는 고려할 만한 충분한 가치가 있어요.

The museum **is** certainly **worth** a visit.

그 박물관은 정말 가볼 만한 곳이에요.

013   **bear in mind**   명심하다, 기억하다
p.309

Thank you for your advice, I'll **bear** it **in mind.**

충고 감사 드려요. 꼭 기억할게요.

Bear in mind that success depends on exertions.

성공은 노력에 달려 있다는 것을 명심하세요.

014   **before we go on to**   ~로 넘어가기 전에
p.309

Before we go on, let's talk about your family first.

계속하기 전에, 먼저 여러분의 가족에 대해서 이야기해 보죠.

Before we go on to the next destination, let's take a break first.

다음 목적지로 이동하기 전에, 우선 좀 쉬자.

015
p.123

Can you tell me ~? ~을 말해 주겠어요?

Can you tell me where you're living now?

너 지금 어디 살고 있는지 말해 줄 수 있니?

Can you tell me how I can get to the ABC Bank?

ABC 은행에 가는 길을 좀 알려 주시겠어요?

016
p.324

Can you tell me in detail what ~? 무엇이 ~한지 자세히 말씀해 주시겠어요?

Can you tell me in detail what the problem is?

문제가 무엇인지 자세히 말씀해 주시겠어요?

Can you tell me in detail what he said?

그가 뭐라고 했는지 자세히 말씀해 주시겠어요?

017
p.268

come up with 생각해 내다

Did you **come up with** any ideas?

당신에게 무슨 수가 떠올랐습니까?

We came up with the figure of \$200,000 with initial payment of 10%.

저희는 초기 지급금을 10%로 하여 \$200,000달러로 수치를 산출하였습니다.

018
p.223

Could you possibly ~? ~하는 게 가능하시겠어요?

Could you possibly open that window for me?

저 창문 좀 열어주시겠어요?

Could you possibly come to my office on Saturday?

토요일에 저의 사무실로 나오시겠습니까?

019
p.52

depend on   ~에 달려 있다

We might need more food **depending on** how many people turn up.

얼마나 많은 사람들이 오느냐에 따라 음식이 더 필요할지도 모른다.

Whether or not I go to Sydney for my holiday **depends on** the cost.

휴가 때 내가 시드니에 갈 수 있을지 없을지는 비용에 달려 있다.

020
p.120

Do you happen to know ~?   혹시 ~을 아시나요?

Do you happen to know how to operate this machine?

혹시 이 기계를 어떻게 작동하는지 아시나요?

Do you happen to know when he's coming back?

그가 언제 돌아오는지 혹시 아시나요?

021
p.177

Do you mind ~ing?   ~ 좀 해 주시겠어요?

Do you mind moving just a little?

조금만 옮겨서 서 주시겠어요?

Do you mind explaining that again, please?

다시 한 번 설명해 주시겠어요?

022
p.134

Do you think it would be all right to + V?   ~해도 괜찮을까요?

Do you think it would be all right to drink water from the tap?

수도꼭지에 대고 물을 마셔도 괜찮을까요?

Do you think it would be all right to take my shoes off?

신발을 벗어도 괜찮겠습니까?

023
p.268

due to   ~ 때문에

His success was **due to** his will and ability.

그의 성공은 그의 의지와 능력 덕분이었다.

The project had to be abandoned **due to** a lack of government funding.

정부의 기금이 부족했기 때문에 그 프로젝트를 포기할 수밖에 없었다.

024
p.92

end up (~ing) 결국 ~하게 되다

He'll **end up** penniless if he carries on spending like that.

계속해서 그런 식으로 돈을 쓰다가는, 그는 결국 빈털터리가 되고 말 것이다.

If you don't know what you want, you might **end up** getting something you don't want.

네가 무엇을 원하는지 모른다면, 결국 원하지 않는 것을 얻게 될 수도 있다.

025
p.312

even though ~ ~에도 불구하고

Even though I haven't met you, you're like my friend.

비록 당신을 만난 적은 없지만 당신이 친구처럼 느껴져요.

I like her, **even though** she can be annoying at times.

가끔 짜증이 나기도 하지만, 그래도 난 그녀를 좋아한다.

026
p.66

Feel free to + V 마음 놓고 ~하세요

Feel free to ask questions if you don't understand.

이해가 안 되시면 주저하지 말고 질문해 주세요.

Feel free to contact them for further assistance.

다른 도움이 필요하시면, 부담 없이 그 쪽으로 연락하세요.

027
p.95

from what I understand 내가 알기로는

From what I understand, he is a vegetarian.

제가 알기로는, 그는 채식주의자에요.

From what I understand, she is in a critical condition.

제가 알기로는, 그녀는 위독한 상태에요.

028
p.265

get back to ~로 돌아가다, ~에게 다시 연락하다

I will **get back to** you after I get a definite time set.

정확한 시간이 정해지면 다시 연락 드리겠습니다.

I think I ought to **get back to** work.

다시 일을 해야 할 것 같은 생각이 들어.

029
p.265

get down to + N[~ing] ~를 시작하다, 파고 들다

I like to **get down to** work by 9.

나는 9시쯤에 일을 시작하는 게 좋아.

Let's **get down to** business and make a decision.

본론으로 들어가서 결정을 내리도록 하죠.

030
p.164

get worse 악화되다

My cold seems to be **getting worse.**

감기가 점점 더 심해지고 있는 것 같아요.

If he **gets** any **worse**, I'll take him to the doctor's.

그의 상태가 조금이라도 더 악화되면, 병원에 데리고 갈 거예요.

031
p.77

How long does it take to + V? ~하는 데 시간이 얼마나 걸리나요?

How long does it take to get back and forth from work?

출퇴근 시간이 얼마나 걸리나요?

How long does it take to repair this radio?

이 라디오를 고치는 데 얼마나 걸리나요?

032
p.92

How often ~? 얼마나 자주 ~하시나요?

How often do you wash your hair?

얼마나 자주 머리를 감니?

How often is there a flight to Gwang-ju?

광주행 비행기가 얼마나 자주 있나요?

033
p.80

I assure you that ~ 제가 ~을 보장해요

I know you think I did it deliberately, but **I assure you that** I did not.

당신이 제가 일부러 그랬다고 생각하는 거 알고 있지만, 제가 장담하건대 절대로 그렇지 않아요.

I assure you that we are doing our best to reach an early consensus.

제가 장담하건대, 저희는 빨리 합의가 이루어지도록 최선을 다하고 있습니다.

034
p.123

I believe that ~ ~라고 생각해요

I believe that I have a right to demand an explanation.

설명을 요구할 권리가 저에게 있다고 생각해요.

I believe that there will be a lot more opportunities in the future.

저는 장차 훨씬 더 많은 기회가 있을 거라고 생각해요.

035
p.63

I can't wait to + V 빨리 ~하고 싶어요

I can't wait to get started. It's gonna be great.

빨리 시작했으면 좋겠어. 정말 멋질 거야.

I can't wait to eat lunch because I am very hungry.

너무 배가 고파. 빨리 점심 먹고 싶어.

036
p.327

I don't care ~ 나는 ~를 신경 쓰지 않아요

I don't care what others will think about me.

저는 다른 사람들이 저에 대해 어떻게 생각하든 신경 쓰지 않아요.

I don't care if I never see him again.

그를 다시 볼 수 없다 해도 나는 상관 없어.

037
p.205

I feel like ~　마치 ~인 것 같아요

I feel like I'm not doing much work.

그리 많은 일을 하는 것 같지 않아요.

I feel like I've made him the way he is.

마치 제가 그를 그렇게 만든 것 같아요.

038
p.109

I have no doubt that ~　나는 ~을 의심치 않아요, 확신해요

I have no doubt that he will make good in that job.

그 사람은 그 일에서 틀림없이 성공할 거야.

I have no doubt that she is a very sweet woman.

나는 그녀가 정말 사랑스러운 여성이라고 생각해.

039
p.253

I sincerely apologize for　~에 대해 진심으로 사과 드립니다

I sincerely apologize for the late departure of this flight.

비행기의 출발이 늦어진 것에 대해 진심으로 사과 드립니다.

I sincerely apologize for what I've done.

제가 저지른 일에 대해 진심으로 사과 드립니다.

040
p.208

I suppose (that) ~　저는 아마 ~라고 생각해요

I suppose that if she makes it into that firm, she can become a professional designer.

저는 그녀가 그 회사에 들어가게 된다면, 아마 전문적인 디자이너가 될 것이라고 생각해요.

I suppose that even though I'm not qualified to be a teacher, I can still be an assistant teacher.

저는 선생님이 될 자격을 갖추지는 못했지만, 보조 교사는 할 수 있다고 생각해요.

041
p.282

I was not informed that ~　~라는 것을 듣지 못했어요

I was not informed that he was going to work in the same department.

저는 그가 같은 부서에서 근무하게 될 거라는 얘기를 듣지 못했어요.

I was not informed that I would be taking exams every week.

저는 매주 시험을 보게 될 거란 말은 듣지 못했어요.

042 I was told that ~   ~라고 들었어요
p.49

I was told that he would be traveling abroad to attend functions and events.

그가 각종 행사와 대회에 참가하기 위해 해외 여행을 떠날 것이라고 들었어요.

I was told that you and I would be working as a team for this project.

당신과 제가 한 팀으로 이 프로젝트를 맡게 될 것이라고 들었어요.

043 I was under the impression that ~   ~라고 생각하고 있었어요
p.220

I was under the impression that you didn't like me very much when we first met.

저는 우리가 처음 만났을 때 당신이 저를 별로 안 좋아한다고 생각했어요.

I was under the impression that he didn't like the way you were handling the problem.

저는 당신이 그 문제를 그런 식으로 처리하는 것을 그 사람이 마음에 들어하지 않는다고 생각했어요.

044 I was wondering if you could ~   ~해 주시겠어요?
p.92

I was wondering if you could give me some information about places to visit in this area.

이 부근에 가볼 만한 장소들에 대해 좀 알려 주시겠어요?

I was wondering if you could help me carry these books.

이 책 나르는 것 좀 도와 주시겠어요?

045 I wonder what ~   무엇이 ~한지 궁금해요
p.77

I wonder what made you suddenly decide to do that.

나는 당신이 왜 갑자기 그 일을 하기로 결정했는지 궁금해요.

I wonder what he hopes to accomplish with all this.

나는 그가 이 모든 것을 통해 얻고자 하는 게 무엇인지 궁금해.

046
p.237

I would like you to + V 당신이 ~해 주셨으면 좋겠어요

I'd like you to finish the work I asked you by its deadline.

마감 시한까지 제가 부탁 드린 일을 끝마쳐 주셨으면 좋겠어요.

I'd like you to come and visit me.

당신이 저를 찾아와 주셨으면 좋겠어요.

047
p.167

I would say that ~ ~라고 말할 수 있겠군요

To comment on the way he dresses, **I would say** that he has a very strange fashion sense.

그가 옷 입는 방식에 대해 이야기하자면, 그는 매우 특이한 패션 감각을 가지고 있다고 말할 수 있겠군요.

I would say that they shouldn't be the ones to make such a critical decision.

저는 그들이 그렇게 중대한 결정을 내릴 수 있는 사람들은 아니라고 말하겠어요.

048
p.49

I'd like to + V ~하고 싶다

I would like to thank everybody who helped.

도와 주신 모든 분들께 감사 드리고 싶어요.

I'd like to book a return ticket to New York.

뉴욕행 왕복표를 예매하고 싶습니다.

049
p.63

I'm afraid that ~ 유감스럽지만 ~

I'm afraid that I don't have much time now. Could you try to put it in just a few words?

유감스럽지만, 제가 지금 시간이 별로 없으니 간단히 말씀해 주시겠어요?

I'm afraid that we can't come this evening after all.

유감스럽지만, 우리는 오늘 저녁에 결국 갈 수 없을 것 같아.

050
p.208

I'm honored to + V ~하게 되어 영광이에요

I'm honored to have you here tonight.

오늘 밤 당신을 이 곳으로 모시게 되어 영광입니다.

I'm very **honored to** be part of this historical moment.

이런 역사적인 순간에 함께할 수 있어서 매우 영광입니다.

051 I'd be happy to + V 기꺼이 ~하겠습니다
p.137

I would be happy to give a more complete explanation about it.

기꺼이 그것에 대해 더욱 완벽한 설명을 해 드리도록 하겠습니다.

I would be happy to continue to cooperate in any way I can.

제가 할 수 있는 한 어떤 식으로든 계속해서 협조를 아끼지 않겠습니다.

052 I'd love to + V 정말 ~하고 싶어요
p.234

I'd love to stroll the beach during sunset. I think it would be romantic.

저는 해가 질 무렵에는 해변을 거닐고 싶어요. 낭만적일 거라고 생각하거든요.

I would love to work in a field where people don't tell me what to do.

저는 사람들이 저에게 무엇 무엇을 하라고 명령하지 않는 분야에서 일하고 싶어요.

053 if you don't mind 괜찮으시다면
p.223

Could you give me some change, **if you don't mind**?

괜찮으시다면 거스름돈을 주시겠어요?

Could you please keep an eye on my baby, **if you don't mind**?

괜찮으시다면 제 아이 좀 잠깐 봐 주시겠어요?

054 if you want us to + V 우리가 ~하기를 원한다면
p.324

If you want us to take you to the hospital, you know you can always tell us.

우리가 너를 병원에 데려가 주길 원한다면, 언제든지 말해라.

If you want us to leave you alone, you can go.

우리가 너를 그냥 내버려 두길 원한다면, 가도 좋다.

055
p.220

I'm familiar with ~에 대해 잘 알아요

It's nice to meet you. **I'm familiar with** your poetry.

만나게 되서 반가워요. 당신의 시에 대해 잘 알고 있어요.

I am familiar with the computer software they use.

저는 그들이 사용하는 컴퓨터 소프트웨어에 대해서 잘 알고 있어요.

056
p.152

I'm glad (that) ~ ~하게 되어 기뻐요

I'm glad that you are safe. I'm worrying about you.

당신이 무사하다니 다행이에요. 걱정하고 있었어요.

Welcome to my house. **I am glad** you came.

우리 집에 오신 것을 환영합니다. 당신이 와줘서 기뻐요.

057
p.120

I'm looking forward to ~ing ~하기를 고대하고 있습니다

I heard tremendous things about you. **I'm looking forward to** working with you.

당신에 대해 좋은 말들을 많이 들었어요. 당신과 함께 일하기를 고대하고 있어요.

I'm looking forward to personally attending your lectures very much.

개인적으로 당신의 강의를 듣게 될 날을 고대하고 있어요.

058
p.191

I'm not sure what ~ 무엇을 ~할지 잘 모르겠어요

I'm not sure what you are supposed to do in a situation like this.

이와 같은 상황에서 당신이 해야 할 일이 무엇인지 저는 잘 모르겠어요.

I'm not sure what I'm supposed to do when I get that call.

그 전화를 받으면 제가 어떻게 해야 하는 건지 잘 모르겠어요.

059
p.208

I'm not used to ~ing ~에 익숙하지 않아요

I'm not used to having breakfast. My first meal of the day is lunch.

나는 아침 식사를 하는 것은 익숙하지 않아요. 하루 중 저의 첫 번째 식사는 점심이죠.

Can you talk to me in English? **I am not used to** speaking Korean.

영어로 말씀해 주시겠어요? 저는 한국어로 말하는 것에 익숙하지 않아요.

060 **I'm quite certain that ~** 저는 틀림없이 ~라고 생각합니다

p.250

I'm quite certain that he'll come and tell you that you got the job.

저는 틀림없이 그가 와서 당신이 그 일을 맡게 되었다는 말을 할 거라고 생각해요.

I'm quite certain that you are going to pass your exam. You put so much effort into it.

저는 틀림없이 당신이 시험에 합격할 거라고 생각해요. 정말 많이 노력했잖아요.

061 **I'm very sensitive about** 저는 ~에 몹시 민감해요

p.279

I'm very sensitive about the way I look. I guess you can say I'm self-conscious.

저는 제가 어떤 모습으로 비치느냐에 아주 민감해요. 다른 사람들의 시선을 너무 의식한다고 말할 수 있을 거에요.

I'm very sensitive about the weather. I hate rainy days. They make me down.

저는 날씨에 몹시 민감해요. 저는 비오는 날이 싫어요. 우울해지거든요.

062 **I'm willing to + V** 기꺼이 ~하도록 하죠

p.298

I'm willing to give up everything for her. She's that important to me.

그녀를 위해서라면 기꺼이 모든 것을 포기하겠어요. 그녀는 그만큼 저에게 소중하거든요.

I'm willing to quit my work and study more if I get the opportunity.

제가 그 기회를 얻게 된다면 기꺼이 일을 그만두고 더 공부하겠어요.

063 **in[with] regard to** ~에 관하여

p.309

In regard to your financial problems, I don't think I can do anything for you.

당신의 재정적인 문제에 관해서라면, 저는 아무것도 해줄 게 없을 것 같아요.

I've heard about your personal problem. But **in regard to** that, I can't help you with it.

당신의 개인적인 문제에 관해서 들었어요. 그렇지만 그것에 관해서는 내가 어떻게 해줄 수가 없네요.

064 ~ p.134

Is it possible to + V? ~하는 것이 가능할까요?

Is it possible to take some time off from work?

잠깐 일을 쉬었다 해도 될까요?

Is it possible to have your notes? I haven't been attending classes.

필기한 것 좀 빌려 줄 수 있으세요? 수업을 통 못 들었거든요.

065 ~ p.152

Is there anything that I can ~? 제가 ~할 수 있는 게 있습니까?

Is there anything that I can help to solve this unfortunate incident?

이 안타까운 사고를 해결하기 위해 제가 도울 수 있는 것이 있을까요?

Is there anything that I can do so that things are back to where they were?

모든 것을 예전에 있던 상태로 돌려 놓기 위해 제가 할 수 있는 것이 있을까요?

066 ~ p.191

It appears that ~ ~인 것처럼 보여요

It appears that we may be mistaken.

아무래도 우리가 잘못 생각하고 있는 것 같아요.

It appears that they are not at home. No one is picking up.

그들은 집에 없는 것 같아요. 아무도 전화를 받지 않아요.

067 ~ p.49

It sounds (like, as if) ~ ~인 것 같아요

It sounds like you were misinformed.

당신이 잘못 알고 있었던 것 같아요.

It sounds as if you weren't satisfied with my offer. Is that true?

당신은 저의 제안이 만족스럽지 않았던 것 같군요. 그렇죠?

068 ~ p.237

It's quite common for somebody to + V ~가 ~하는 것은 아주 흔한 일이에요

It's quite common for him **to** act the way he is. He was brought up like that.

그가 그런 식으로 행동하는 것은 아주 흔한 일이에요. 그는 그렇게 자라 왔거든요.

It's quite common for me **to** eat vegetables, because I can't eat meat.

제가 야채를 먹는 것은 아주 흔한 일이에요. 저는 고기를 못 먹거든요.

I've heard that ~   ~라고 들었어요

I've heard that you are moving out of town soon. Please reconsider.

당신이 곧 다른 지방으로 이사 간다고 들었어요. 제발 다시 생각해 보세요.

I've heard that you and I won't be taking same classes.

너와 내가 같은 수업을 듣지 않게 될 거라고 들었어.

let go of   ~을 놓아 주다, ~에 더 이상 집착하지 않다

Don't hang on to him. **Let go of** the past and live for the future.

그만 그를 잊어. 과거는 흘려 보내고 미래를 위해 살아야지.

Let go of the things that are not important. They are useless.

중요하지 않은 것들에 더 이상 집착하지 마. 다 쓸모없는 것들이야.

Let me + V   제가 ~할게요

Let me just finish this and then I'll come.

이것부터 먼저 끝내고 나서 갈게요.

Let me see if I can get the boss to give us a holiday on Monday.

사장님이 월요일에 우리에게 휴가를 주시도록 설득할 수 있을지 알아볼게.

Let me take a moment to + V   잠깐 ~하도록 할게요

Let me take a moment to think about where I am right now.

제가 지금 어디까지 이야기 했는지 잠깐 생각해 볼게요.

Let me take a moment to have a cup of coffee. I need a break.

잠깐 커피 한 잔 마실게요. 좀 쉬어야겠어요.

073   **Let's see**   음, 어디 보자
p.194

Let's see, there are several things we can take a look at.

어디 보자, 우리가 살펴볼 수 있는 게 몇 가지 있어.

Let's see, there are so many things you can do to improve your lifestyle.

어디 보자, 너의 생활 방식을 개선하기 위해 할 수 있는 것들이 아주 많이 있어.

074   **look around**   둘러보다
p.282

Let's take a break and then **look around** the town this afternoon.

잠깐 쉬고, 오늘 오후에는 마을을 둘러 보기로 하죠.

I'm going to **look around** and see what I can find.

내가 여기저기 둘러보고 무엇을 찾을 수 있을지 볼게.

075   **May I ask ~?**   ~을 물어봐도 될까요?
p.234

May I ask where the receipt for last month is? I need it right now.

지난 달 영수증이 어디에 있는지 물어봐도 될까요? 지금 당장 필요하거든요.

May I ask about the working condition in this company? No one has told me about it.

이 회사의 근무 조건에 대해 물어봐도 될까요? 아무도 말해 주지 않아서요.

076   **May I assume (that) ~?**   ~라고 생각해도 될까요?
p.164

May I assume that you prepare all the things for the trip?

당신이 여행에 필요한 것을 모두 다 준비할 거라고 생각해도 될까요?

May I assume that you have told everyone about our wedding?

당신이 우리 결혼에 대해 모든 사람에게 말했다고 생각해도 될까요?

077   **no longer**   [동사를 부정하여] 더 이상 ~하지 않다
p.253

Mary could **no longer** afford to keep her child at school.

Mary는 더 이상 아이를 학교에 보낼 만한 여유가 없었다.

He **no longer** works here. Please try him on his cell phone.

그는 더 이상 이 곳에서 일하지 않아요. 휴대폰으로 연락해 보세요.

078 not A until B B하기까지는 A가 아니다, B가 되어서야 비로소 A하다
p.282

We can**not** go anywhere **until** you get permission from your parents.

네가 부모님께 허락을 받아야지만 우리는 어디든 갈 수 있어.

I wo**n't** be able to take your offer **until** I see it on a paper.

문서로 그것을 검토해 보기 전에는 너의 제안을 받아들일 수 없을 거야.

079 Now that ~ 이제 ~했으니
p.223

Now that it's all done, we can finally say that we have cleared the air.

모두 다 끝났으니, 이제야 비로소 찜찜한 것들이 모두 정리되었다고 말할 수 있겠네요.

Now that we have decided on this agenda, we should go on to the next item.

이제 이 안건에 관해서는 결정을 내렸으니, 다음 주제로 넘어가야 합니다.

080 on a regular basis 규칙적으로, 꾸준하게
p.95

You should drink a glass of red wine **on a regular basis**. It'll be good for your heart.

규칙적으로 적포도주를 한 잔씩 마시도록 하세요. 심장에 좋을 거에요.

I think I have to go and see my parents **on a regular basis**. I have been ignorant since I moved out.

이제 규칙적으로 부모님을 찾아 뵈야 할 것 같아요. 독립한 후로 너무 무심했어요.

081 once (and) for all 마지막으로, 확실하게
p.295

You have to be strong and tell her, **once and for all** she can't use you like that.

마음을 독하게 먹고 확실하게 그녀에게 말해. 그런 식으로 너를 이용해서는 안 된다고.

I will go and see him this afternoon to explain the reasons to him **once and for all.**

오늘 오후에 그를 찾아가서 마지막으로 확실하게 그에게 이유를 설명할 거에요.

082 p.137 **Once ~** [접속사로] 일단 ~하면, ~하자마자

Once I get to talk to her, then I think I'll ask her out.

일단 그녀에게 말을 걸게 되면, 데이트를 신청하게 될 것 같아요.

Once you see a target in a field, don't let go of it.

어떤 분야에서 목표를 찾았다면, 절대 놓치지 마세요.

083 p.268 **place more emphasis on** ~을 더욱 강조하다, ~에 더욱 역점을 두다

You should **place more emphasis on** what you can do to help people.

당신은 사람들을 돕기 위해서 당신이 무엇을 할 수 있는지에 더욱 역점을 두어야 합니다.

I don't think you are doing the right thing by **placing more emphasis on** your work.

당신이 일에 좀 더 중점을 두는 것은 옳지 않은 행동이라고 생각해요.

084 p.253 **see to it that ~** 책임지고 ~하도록 하다, 틀림없이 ~하도록 하다

I'll **see to it that** you have all the things you need for the party.

제가 책임지고 당신이 파티에 필요한 모든 것을 갖출 수 있도록 할게요.

Please **see to it that** she doesn't do anything which will harm herself.

어떤 일이든 그녀가 자신에게 해가 될 수 있는 일은 하지 않도록 해 주세요.

085 p.167 **should have + p.p.** ~했어야 했는데 (그러지 못해서 아쉽다)

I **should have gone** to see her before she decided to leave me.

그녀가 나를 떠나기로 결심하기 전에 그녀를 만나러 갔어야 했는데.

He **should have made** sure that everything was in place before the festival.

그는 축제가 시작되기 전에 모든 것이 제대로 되어 있는지 확인했어야 했다.

086 p.298 **start off with** ~부터 시작하다

We **started off with** an argument first, but in the end we became friends.

우리는 처음에는 싸움으로 시작했지만, 결국에는 친구가 되었다.

I'm really hungry. Can we **start off with** entrée first?

난 너무 배가 고파. 주요리부터 먼저 먹을까?

087 thanks to ~ 덕분에, ~ 때문에
p.237

Thanks to you, I have finally decided to take up drawings again.

네 덕분에 마침내 그림을 다시 시작하기로 결심했다.

Thanks to my boss, I now have realized my hidden potentials.

사장님 덕분에, 저는 지금 저의 숨은 자질들을 발견할 수 있었어요.

088 the difference between A and B A와 B의 차이
p.177

The difference between you **and** I is that you are much more alive than I am.

너와 내가 다른 점은 네가 나보다 훨씬 더 활동적이라는 거야.

The difference between having a goldfish **and** a dog as a pet is that the dog costs too much.

애완동물로 금붕어와 개를 기르는 것의 차이점은 개는 비용이 너무 많이 든다는 거야.

089 the way you're telling me 당신의 말을 들으니
p.279

The way you're telling me, you know when he is coming.

당신의 말을 들으니, 당신은 그가 언제 오는지 알고 있군요.

The way you're telling me, he is not doing his job properly.

당신의 말을 들으니, 그는 일을 제대로 못하고 있는 것 같아요.

090 There is no need to + V ~할 필요 없어요
p.205

There is no need for you **to** be upset over something that is nothing.

아무 것도 아닌 일로 너무 화낼 필요 없어.

There is no need for you **to** cry about it. Just get over it!

그런 일로 울 필요 없어. 그냥 이겨내란 말야!

091
p.134

There's no way to + V[that ~] ~할 방법이 없다

There is no way for me **to** earn more money working like this.

이렇게 일해서는 제가 더 많은 돈을 벌 수 있는 방법이 없어요.

There is no way that I pass the exam without studying for it.

공부하지 않고서 시험을 통과할 수 있는 방법은 없어요.

092
p.177

think over ~을 곰곰이 생각하다

Don't just reject the proposal; make sure that you **think** it **over** with your friends.

그 제안을 무조건 거절하지 말고, 친구들과 함께 그것에 대해 곰곰이 생각해 보도록 해.

Think over what you have done. What you have done isn't pleasant at all.

네가 무슨 짓을 했는지 곰곰이 생각해 봐. 네가 한 일은 절대 유쾌한 일이 아니니까.

093
p.250

to begin with 우선, 먼저

To begin with, we have to make sure that everything is in the right place.

우선, 모든 것이 다 제대로 되어 있는지 확인해야 합니다.

To begin with, we have to assign people into the right department.

우선, 우리는 사람들을 각각 적절한 부서에 배치해야 합니다.

094
p.295

We have nothing further to + V 더 이상 ~할 것이 없군요

We have nothing further to say about this matter. I think we'll keep having disagreements.

우리는 더 이상 이 문제에 대해 이야기할 것이 없어요. 계속 반대 의견만 고수할 것 같아요.

Just leave me alone. **I have nothing further to** talk to you about.

그냥 날 내버려 둬. 더 이상 너에게 할 이야기가 없어.

095
p.312

We have to agree that ~ 우리는 ~라는 사실을 인정할 수밖에 없습니다

We have to agree that we did an excellent job in taking that restaurant to him.

우리가 그 레스토랑을 그에게 넘긴 것은 아주 잘한 일이라는 것을 인정할 수밖에 없습니다.

We have to agree that even though we didn't learn anything, we had fun.

우리가 배운 것은 아무것도 없었지만 그래도 재미있었다는 것을 인정해야 합니다.

096

p.106

What if ~? 만일 ~라면 어떻게 될까?

What if I want to go and live somewhere far? Will you come?

내가 여기서 멀리 떨어진 곳에 가서 살고 싶다면 어떻게 할래? 같이 갈래?

What if she doesn't like the way I look? I would be heartbroken.

그녀가 나의 외모를 마음에 들어 하지 않으면 어떻게 하지? 상처 받을 것 같아.

097

p.52

whatever (+N) ~ ~하는 것은 무엇이든지

Whatever problems you are having, it's nothing to do with me.

당신의 문제가 무엇이든지, 저하고는 관계 없어요.

I'll do **whatever** you want me to. I can even catch you a falling star if you want.

당신이 나에게 원하는 것은 무엇이든지 하겠어요. 당신이 원한다면 별똥별이라도 가져 올 수 있어요.

098

p.77

Why don't you + V? ~하는 게 어때?

Why don't you take a long vacation? I'll try to find a replacement while you are gone.

긴 휴가를 떠나는 게 어때? 네가 없는 동안 대신할 사람을 찾아 볼게.

Why don't you go and talk to him about this? I think he needs to know.

그에게 가서 이 문제에 관해 이야기해 보는 게 어때요? 그도 알아야 한다고 생각해요.

099

p.66

Would you like me to + V? 제가 ~해 드릴까요?

Would you like me to call a taxi?

제가 택시를 불러 드릴까요?

Where **would you like me to** drop you off?

어디에 내려 드릴까요?

100 You might want to + V ~하는 게 좋겠군요

p.194

You might want to take this to your mother. I know how much she loves ruby.

어머니께 이것을 갖다 드리는 게 좋겠군요. 당신의 어머니가 루비를 얼마나 좋아하시는지 내가 알아요.

You might want to have a look at these photographs. I think you'll be very interested in these.

이 사진들을 좀 보시는 게 좋겠어요. 당신이 매우 흥미로워할 것 같아요.

Role Playing Part Ⅰ

본격적인 Role Playing에 들어가 보자. Part I에서는 우리의 일상 생활에서 흔히 접할 수 있는 상황 10개를 놓고 말하기 연습에 돌입한다. 대화 속 등장인물은 A와 B 두 사람이며 각각의 역할을 알려주는 Role Card가 초반부에 제시된다. Role Card를 통해 자신이 묻고 대답해야 할 내용을 이해하고 짤막한 Q&A 훈련을 거쳐 4분 ~ 5분 정도 분량의 실제 대화를 직접 입을 열어 완성해 보도록 하자.

01 Taking A Tour of Seoul

서울 여행하기

STEP 1 ## Understanding your task

역할 이해하기

지금 여러분 앞에는 두 개의 Role Card가 주어져 있습니다. Role Card A는 질문을 통해 알아내야 할 사항, Role Card B에는 그에 관한 정보들이 담겨 있습니다. 먼저 Role Card A, B를 보면서, 여러분 앞에 놓여진 task를 이해하도록 노력해 보세요.

Role Card **A**

You are planning on taking a trip abroad. You're considering visiting Korea. You're not sure what to see and do there. You've gotten a few numbers for tour companies from the Internet. You are calling to get more information. Ask the tour guide questions to find out as much as you can.

Some things to find out about: **Tour times**
Tour cost
Tour types
Tour route
Tour guides
Buses

Note

plan on ~을 계획하다, 계획을 세우다

take a trip 여행하다

tour guide 여행 안내자

tour route 여행 경로

Role Card **A**

당신은 해외 여행을 떠날 계획입니다. 방문지로는 한국을 고려하고 있습니다. 그렇지만 무엇을 구경하고, 가서 무엇을 해야 할지 잘 모릅니다. 그래서 인터넷에서 여행사의 전화번호를 몇 개 찾았습니다. 그곳에 전화해서 더 많은 정보를 얻으려 합니다. 여행사 직원에게 물어봐서 가능한 한 많은 정보를 알아내도록 하세요.

알아내야 할 사항:　　여행 시간

여행 비용

여행 종류

여행 경로

여행 가이드

버스

You work for a tour guide company in Seoul, Korea. Someone is calling about guided tours. Please answer their questions using the following information.

Tour times: **Service hours: 11:00 a.m. − 11:00 p.m.**
; runs every 25 minutes

Tour types: **Day tour (11:00 a.m. − 4:00 p.m.) 8,000 won**
Night tour (4:00 p.m. − 11:00 p.m.) 10,000 won
One day ticket (11:00 a.m. − 11:00 p.m.) 12,000 won; allows you to get off and on the bus an unlimited number of times

Tour route: **Gwanghwamun − Lotte Hotel − Myeong dong − Dongdaemun Market − Namdaemun Market − Seoul Station**

Tour guides: **English, Japanese, and Chinese tour guides accompany the bus.**

Buses: **Air-conditioned**
Rest rooms on each bus

Note

get off 하차하다 (↔ get on 승차하다)

unlimited 제한 없는, 무조건적인

accompany 동반하다

air-conditioned 냉난방 장치가 있는

rest room (호텔, 건물 등의) 화장실 (cf.가정에서의 화장실은 주로 bathroom이나 washroom이라고 함)

Role Card **B**

당신은 한국의 서울에서 여행사 직원으로 일하고 있습니다. 누군가가 전화로 여행 상품에 대해서 질문을 할 것입니다. 아래 주어진 정보를 이용하여 질문에 답해 보세요.

여행 시간:　　서비스 시간: 오전 11시에서 저녁 11시
　　　　　　　(25분 간격으로 운행됨)

여행 종류:　　데이 투어 (오전 11시부터 오후 4시) 8천 원
　　　　　　　나잇 투어 (오후 4시부터 저녁 11시까지) 1만 원
　　　　　　　1일 이용권 (오전 11시부터 저녁 11시까지) 1만 2천 원
　　　　　　　　 ; 횟수에 상관 없이 버스에 승하차할 수 있음

여행 경로:　　광화문 – 롯데 호텔 – 명동 – 동대문 시장 – 남대문 시장 – 서울역

여행 가이드:　　영어, 일본어, 중국어 가능한 관광 가이드들이 버스에 동승함

버스:　　　　에어컨이 설치되어 있음
　　　　　　버스마다 화장실이 있음

Getting ready

질문과 대답 연습하기

Role Card의 내용을 모두 이해하셨나요? 당신이 Card A를 가지고 있다면, 당신은 서울로 여행을 가고자 하는 사람이 되겠죠. 그리고 Card B를 가지고 있다면, 서울을 방문하고자 하는 관광객에게 여행 상품에 대한 안내를 하게 됩니다. 먼저 제시된 우리말 대화를 참고하여 짧은 informal, formal Q&A를 만들어 보세요.

1 | Tour times

A: 여행 가능 시간은 어떻게 되죠?
B: 매일 오전 11시부터 밤 11시까지입니다.

▸Informal

A: What time do the tours run?
B: From 11:00 a.m. until 11:00 p.m. daily.

▸Formal

A: Could you please tell me what time your tours run?
B: Our tours run from 11:00 a.m. until 11:00 p.m. daily.

Could you please tell me ~?　~을 말씀해 주시겠습니까?　daily　매일의, 나날의, 일상적인

2 | Tour cost

A: 여행 비용은 얼마죠?
B: 경비는 여행 종류에 따라 달라요. 연장자와 아이들에게는 할인을 해 드립니다.

▸Informal

A: How much do the tours cost?
B: That depends on the type of tour. We also offer discounts to children and senior citizens.

▸Formal

A: I was wondering what the cost of the tour is.
B: The costs are different depending on the type of tour you're interested in. We offer discounts to children and senior citizens as well.

depend on　~에 달려 있다　senior citizen　연장자, 노인

3 | Tour types

A: 여행 상품의 종류와 가격에 대해서 말씀해 주시겠어요?

B: 데이 투어는 8천 원이고 나잇 투어는 1만 원입니다. 또한 1만 2천 원짜리 일일 이용권도 있습니다.

▶Informal

A: So what kinds of tours do you have? Can you tell me about the prices first?

B: We have a day tour and a night tour for 8,000 and 10,000 won respectively. We also offer an all-day pass for 12,000 won.

▶Formal

A: Could you please tell me about the different types of tours and prices?

B: Certainly. The cost for a day tour is 8,000 won and the cost for a night tour is 10,000 won. We also offer an all-day pass for 12,000 won.

respectively 각각, 각자   all-day pass 일일 이용권

4 | Tour route

A: 어떤 곳들을 여행하게 되나요? (정확한 여행 경로가 어떻게 되죠?)

B: 광화문에서 출발해서 롯데 호텔, 명동, 동대문 시장, 남대문 시장을 거쳐 서울역에 도달하게 됩니다.

▶Informal

A: What is the exact tour route?

B: It runs from Gwanghwamun to Lotte Hotel, Myeong Dong, Dongdaemun Market, Namdaemun Market, and Seoul Station.

▶Formal

A: Could you please tell me where the tour goes?

B: Certainly. The bus goes from Gwanghwamun, Lotte Hotel, Myeong Dong, Dongdaemun Market, Namdaemun Market, and then to Seoul Station.

route 길, 경로   Certainly 그럼요, 물론이죠.

5 | Tour guides

A: 여행 중에 영어를 할 수 있는 가이드가 있나요?

B: 네, 영어뿐만 아니라 일본어와 중국어를 할 수 있는 가이드들도 있습니다.

▸Informal

A: Do you have any English-speaking tour guides?

B: Yes, we have English, Chinese, and Japanese tour guides.

▸Formal

A: I was wondering if you have any English-speaking guides along your tours.

B: Yes, of course we do. We also have Chinese and Japanese guides along on each bus.

I was wondering if ~   ~인지 궁금하군요

6 | Buses

A: 버스의 상태는 어떤가요?

B: 버스는 아주 훌륭한 시설을 갖추고 있습니다. 매우 깨끗하고 대부분의 버스가 3년도 되지 않았어요.

▸Informal

A: What are the tour buses like?

B: They're good and clean. Most of them are under three years old.

▸Formal

A: What conditions are the tour buses?

B: The buses are in very good condition. They are also very clean. Most of the buses are less than three years old.

be in good condition 상태가 좋다   less than ~보다 적은

이제 A와 B의 역할 중 하나를 맡아서 role play를 해 보세요. Step 2에서 연습한 질문과 대답을 바탕으로 다음 우리말로 표기된 부분을 영어로 직접 말해보는 연습을 해보기 바랍니다.

1 | Role playing for A

B: Seoul City Tours, **how may I help you** today?

A: 안녕하세요. 저는 한국에 대해서 잘 몰라요. 그쪽 여행 상품에 대해 물어볼 게 좀 있는데 대답해 주실 수 있나요?

B: Of course, **what can I do for you?**

Tour times

A: 우선, 여행 시간은 어떻게 됩니까?

B: Our tours **run from** 11:00 a.m. **to** 11:00 p.m. daily.

A: 그렇다면, 버스는 얼마나 자주 운행됩니까?

B: The tour buses run every 25 minutes.

Tour cost

A: 그리고 여행 경비는 얼마나 들까요?

B: The price varies **depending on** the type of tour. We offer discounts to senior citizens and children as well.

A: 어린이 티켓의 가격은 얼마인지 말씀해 주시겠어요?

B: A child ticket would **cost you 2,000 won less than** the adult ticket.

A: 아이들이 여행에 대해서 어떻게 생각하는지 물어봐도 될까요? 좋아합니까?

B: Yes, children usually enjoy the trips very much. The markets **are** usually **their favorite**. There, they can find **whatever they desire**.

Tour types

A: 고맙습니다. 기억해 두면 좋겠군요. 여행의 종류에는 어떤 것들이 있는지 말씀해 주시겠어요?

B: Of course, we have day tours, night tours, and an all-day ticket.

A: 데이 투어가 어떤 것인지 알고 싶습니다.✛

B: Our day tours run from 11:00 a.m. until 4:00 p.m. and cost 8,000 won.

A: 그렇군요. 나잇 투어에 대해서도 말씀해 주시겠어요?

B: Our night tours run from 4:00 p.m. until 11:00 p.m. and cost 10,000 won.

A: 알겠어요. 1일 이용권은 어떻습니까? 1일 이용권으로는 무엇을 할 수 있죠?

B: The all-day ticket means that, from 11:00 a.m. to 11:00 p.m., you would be able to get on and off the bus as many times as you want.

A: 1일 이용권은 가격이 비쌉니까?

B: Not at all, the all-day ticket would cost you 12,000 won.

Tour route

A: 적당한 가격인 것 같군요.* 어느 곳들을 여행하게 되는지 말씀해 주시겠어요?

B: Yes, the bus goes to Gwanghwamun, Lotte Hotel, Myeong Dong, Dongdaemun Market, Namdaemun Market, and then to Seoul Station.

A: 쇼핑하기에 좋은 장소로는 어떤 곳들이 있나요?

B: Seoul has a number of excellent places for shopping. You can find almost anything you want at either Namdaemun Market or Dongdaemun Market. Myeong Dong also has a number of little shops and several department stores.

A: 인삼을 좀 사오라고 그러던데,* 인삼이 무엇인지 말해 주시겠어요?

B: Ginseng?

A: 네, 맞아요. 저는 인삼이 뭔지 모르겠습니다. 좀 자세히 말씀해 주시겠습니까?

B: Sure, ginseng is a root often used to make tea. It's beneficial for your health. Many Koreans like to drink ginseng tea.

A: 어디서 인삼차를 구입할 수 있습니까?

B: You should be able to buy ginseng almost anywhere you go on the tour. Most markets will have shops that sell ginseng tea. You can always ask your tour guide to help you, too. Ginseng is very popular here.

Tour guide

A: 좋아요. 여행 중에 영어를 할 수 있는 가이드가 동행하는지 궁금합니다.

B: Yes, of course we do. We also have Chinese and Japanese guides on each bus.

Buses

A: 좋아요. 마지막으로 물어보고 싶은 게 하나 더 있습니다. 버스의 시설은 어떻습니까?

B: The buses **are in excellent condition.** They're very clean and most of the buses are less than three years old.

A: 그렇군요. 감사합니다

B: You're welcome.

Note for A

저는 ~에 대해 잘 몰라요, ~은 저에게 낯설어요
I'm new to ~

~해 주실 수 있나요?
I was wondering if you could ~

얼마나 자주 ~합니까?
How frequently ~?

~의 비용은 얼마나 드나요?
How much do(es) + S + cost?

~을 말씀해주시겠어요?
Could you please tell me ~?

~을 물어봐도 될까요?
May I ask ~?

명심하다, 기억하다
keep in mind

~을 알고 싶어요.
I'd like to know ~

나는 ~에 대해 잘 몰라요
I'm not familiar with ~

어디서 ~을 살 수 있을까요?
Where would I be able to purchase ~?

✚ Expression study for A

I'd like to + V ~하고 싶다

"~하고 싶어요, ~ 좀 해 주세요" 식으로 상대방에게 자신이 바라는 바나 희망을 부드럽게 표현할 때 쓰인다. 다짜고짜 I want to ~라고 얘기하는 것보다 다소 완곡한 느낌을 준다. I'd like somebody to + V의 형태로 간단히 활용해볼 수도 있는데, 이렇게 중간에 사람(somebody)이 들어가면 "~가 ~해줬으면 좋겠다"라는 공손한 부탁의 표현이 되어 의미가 돌변하게 되므로 주의해야 한다.

I would like to reserve a seat to Seoul.   서울로 가는 좌석을 예약하고 싶어요.
I'd like to be left alone for a while, if you don't mind.   괜찮으시다면, 전 잠시 혼자 있고 싶어요.

It sounds (like, as if) ~   ~인 것 같다

상대방의 말을 듣고 그에 대한 의견이나 느낌을 나타낼 때 쓰는 표현으로 "~인 것 같군요"라는 의미. 이때 sound는 보어를 필요로 하는 동사이므로, It sounds good처럼 형용사를 이어서 활용한다는 점을 기억하자. 절(clause)이 이어질 경우에는 like나 as if를 함께 써야 한다. 추측의 의미를 담고 있다는 점에서 It seems ~ 역시 유사한 의미로 사용되는 표현이다.

It sounds great.   그거 정말 멋지구나.
It sounds like he's had a hard day.   그가 힘든 하루를 보내고 있는 것 같아요.

I was told that ~   ~라고 들었어요

직역하면 '나는 ~라고 말해졌다'가 될 것 같지만 억지로 수동태의 의미를 살려 해석할 필요가 전혀 없다. Somebody told me that ~ (~가 나에게 ~라고 말했다)이 수동태로 바뀐 것이므로, "나는 ~라고 들었다"의 의미로 이해하는 것이 훨씬 자연스럽다. 흔히 '~라고 듣다'라고 하면 I heard that ~부터 떠올리는데, 두 표현에는 약간의 차이가 있다. I was told that ~의 경우는 말한 이가 직접 나를 염두에 두고 말했을 때 주로 사용되며, I heard that ~은 굳이 의도하지 않은 경우라도, 어떤 이야기를 듣게 되었을 때, 보다 일반적인 경우에 사용된다.

I was told that you were one of the best.   저는 당신이 최고에 속한다고 들었어요.
I was told that there would be no problem.   저는 아무런 문제도 없을 거라고 들었어요.

2 | **Role playing for B**

B: 서울 시티투어입니다. 무엇을 도와드릴까요?

A: Good afternoon, **I'm new to** Korea and **was wondering if you could** answer some questions I had about your tours.

B: 물론입니다. 어떻게 도와드릴까요?

Tour times

A: First of all, what time do your tours run?

B: 매일 오전 11시부터 저녁 11시까지 운행합니다.

A: OK then, **how frequently** do the tour buses run?

B: 25분 간격으로 운행됩니다.

Tour cost

A: And **how much do** the tours **cost**?

B: 경비는 여행의 종류에 따라 다양합니다.+ 그리고 노인과 아이들에게는 할인 혜택도 제공하고 있습니다.

A: **Could you please tell me** the price for a child ticket?

B: 어린이 티켓은 성인 티켓보다 2천원 더 쌉니다.

A: **May I ask** what children usually think of the tours? Do they enjoy themselves?

B: 네, 아이들은 보통 아주 좋아합니다. 특히 시장을 정말 좋아하죠. 그 곳에서 아이들은 원하는 것은 무엇이든지+ 찾을 수 있습니다.

Tour types

A: Thank you, that's good to **keep in mind.** Could you tell me what kinds of tours you have?

B: 물론입니다. 데이 투어, 나잇 투어, 그리고 일일 이용권이 있습니다.

A: **I'd like to know** what your day tours are like.

B: 데이 투어는 오전 11시부터 오후 4시까지 가능하고, 비용은 8천 원입니다.

A: All right, could you tell me about your night tours?

B: 나잇 투어는 오후 4시부터 밤 11시까지 가능하고, 비용은 1만 원입니다.

A: I see. What about the all-day tour? What does that all-day ticket entail?

B: 1일 이용권은 오전 11시부터 밤 11시까지, 원하는 대로 버스에 승하차할 수 있는 티켓을 말합니다.

A: Is the all-day ticket expensive?

B: 별로 안 비싸요. 1일 이용권은 1만 2천 원입니다.

A: **It sounds like** a reasonable price. Could you tell me where the tour goes?

B: 네, 광화문에서 출발해서 롯데 호텔, 명동, 동대문 시장, 남대문 시장을 거쳐 서울역에 도달하게 됩니다.

A: Where can I do some good shopping?

B: 서울에는 쇼핑하기 좋은 장소들이 아주 많습니다. 남대문 시장이나 동대문 시장에 가면 당신이 원하는 물건은 거의 다 찾을 수 있을 것입니다. 명동에도 소규모 상점들이 많이 있으며, 백화점도 몇 개 있습니다.

A: **I was told** I should get some ginseng. Could you please tell me what it is?

B: 인삼이요?

A: Yes, that's right. **I'm not familiar with** it. Could you please tell me more about it?

B: 물론입니다. 인삼이란 차를 만드는 데 종종 사용되는 식물의 뿌리입니다. 건강에 아주 좋은 거죠. 많은 한국인들은 인삼차를 즐겨 마셔요.

A: **Where would I be able to purchase** some ginseng tea?

B: 어디를 여행하든 거의 인삼을 살 수 있을 겁니다. 시장에는 대부분 인삼차를 파는 가게들이 있을 거에요. 언제든지 여행 가이드에게 도움을 청하시면 됩니다. 인삼은 한국에서 아주 인기가 좋아요.

Tour guide

A: Good. I was wondering if you have any English-speaking guides on your tours.

B: 물론 있습니다. 버스마다 일본어와 중국어를 할 수 있는 가이드들도 있습니다.

Buses

A: All right, I have one more question I would like to ask you. What condition are the tour buses?

B: 버스는 아주 훌륭한 시설을 갖추고 있습니다. 매우 깨끗하고, 대부분의 버스들이 3년도 되지 않은 것들입니다.

A: OK, thank you.

B: 천만에요.

Note for B

무엇을 도와 드릴까요?
How may I help you?
What can I do for you?

A부터 B까지 운행되다
run from A to[until] B

~보다 비용이 ~만큼 덜 들어요
cost somebody + 금액 + less than

~가 가장 좋아하는 것이다
be somebody's favorite

그들이 원하는 것은 무엇이든지
whatever they desire

상태가 아주 훌륭하다
be in excellent condition

✚ Expression study for B

depend on   ~에 달려 있다, ~에 따라 다르다

It depends on you(그건 너에게 달려 있어)라는 표현은 못 들어본 사람은 흔치 않을 것. depend on은 '~에 달려 있다', '~에 좌우되다' 라는 뜻의 빈출 동사구로, 주어의 결과는 on 다음에 제시되는 내용에 따라 달라진다는 의미가 된다. 주어가 분명치 않은 경우에는 위의 경우처럼 막연한 주어 it을 써 주면 되고 확실한 주어가 있을 때는 해당 주어를 명시해 주면 된다.

It **depends on** what it is.   그게 무엇이냐에 따라 달라지는 거겠죠.
Where we go **depends on** the weather.   우리가 어디로 갈 것인가는 날씨에 달려 있다.

whatever (+N) ~   ~하는 것은 무엇이든지

whatever는 '~하는 것은 무엇이든지' 라는 뜻으로 관계사 what(~하는 것)을 강조한 표현이다. whatever는 이미 선행사를 포함하고 있으므로 이어지는 S+V 다음에 또 다른 목적어가 나올 수 없다는 점은 기억해 두자. 다른 의문사에도 –ever를 붙여서 whoever(~하는 것은 누구든지), whenever(언제 ~하든지 간에) 등으로 다양하게 활용할 수 있다. 그리고 whatever 다음에 명사를 붙이면 가리키는 사물을 보다 구체적으로 묘사할 수 있다.

Please do **whatever** you want.   당신이 원하는 대로 하세요.
Whatever problems you have, you can always come to me for help.
당신이 어떤 문제를 가지고 있든 간에, 언제든지 나에게 와서 도움을 청하세요.

02 Ordering Food at A Restaurant

식당에서 음식 주문하기

STEP 1   Understanding your task

역할 이해하기

지금 여러분 앞에는 두 개의 Role Card가 주어져 있습니다. Role Card A는 질문을 통해 알아내야 할 사항, Role Card B에는 그에 관한 정보들이 담겨 있습니다. 먼저 Role Card A, B를 보면서, 여러분 앞에 놓여진 task를 이해하도록 노력해 보세요.

Role Card A

You are eating at an Italian restaurant. There are many decisions you must make when ordering. Please tell your server what you would like to order. Please use the following information to help you decide.

Some things to find out about:
Beverages
Appetizers
Entrées
Vegetarian options
Desserts
Payment

Role Card **A**

당신은 이태리 식당에서 식사를 할 것입니다. 여러 가지 사항을 결정해서 주문해야 합니다. 웨이터에게 당신이 주문하고 싶은 것들을 말해 보세요. 당신의 선택에 도움이 될 다음 정보들을 이용해 보세요.

알아내야 할 사항들: 음료

애피타이저

주요리

채식주의자를 위한 요리

디저트

지불

*** 음식 주문 Tip

레스토랑에 가면 먼저 음료를 주문하게 되는데 그냥 물을 선택해도 상관 없습니다. 웨이터가 음료를 준비할 동안 메뉴 판을 보면서 음식을 고르면 됩니다. 서양 음식은 전채 요리(애피타이저), 주요리, 후식의 순서로 식사를 하게 되며, 중간에 샐러드나, 빵, 수프를 곁들이는 식이기 때문에 메뉴에도 각 코스 별로 음식들이 따로 적혀 있습니다. 지불할 때는 앉은 자리에서 하면 되며, 10~15% 정도의 팁을 주는 것이 예의입니다.

You are a server at an Italian restaurant. You will help your customers order their meals since they have many decisions to make. Please use the following information to answer their questions.

Beverages:	**Soft drinks: cola, ginger ale, orange soda**
	Coffee: mocha, espresso, cappuccino
	Wine
	Mineral water
Appetizers:	**Stuffed mushroom caps with sausage**
	Garlic bread (Vegetarian)
	Caesar salad (Vegetarian)
	Salmon with dill
Entrées:	**Linguine with clam sauce**
	Spaghetti carbonara
	Spaghetti with meatballs
	Spinach lasagna (Vegetarian)
	Rigatoni with asparagus (Vegetarian)
Desserts:	**Cheesecake**
	Ice cream
	Chocolate mousse
Payment:	**Accepts all major credit cards**
	Cash

Role Card **B**

당신은 이태리 식당의 웨이터입니다. 당신의 손님은 여러 가지를 결정해야 하므로, 당신은 그들이 주문하는 것을 도와주게 될 것입니다. 다음 정보들을 이용해서 그들의 질문에 답해 주세요.

음료:
청량 음료: 콜라, 진저에일, 오렌지 소다
커피: 모카, 에스프레소, 카푸치노
와인
미네랄 워터

애피타이저:
소시지를 곁들인 버섯 요리
마늘 빵 (채식주의자를 위한 메뉴)
시저 샐러드 (채식주의자를 위한 메뉴)
허브 향료를 곁들인 연어

주요리:
조개 소스를 얹은 링귀네
까르보나라 스파게티
미트볼을 곁들인 스파게티
시금치 라자니아 (채식주의자를 위한 메뉴)
아스파라거스를 넣은 리가토니 (채식주의자를 위한 메뉴)

디저트:
치즈 케익
아이스크림
초콜릿 무스

지불:
주요 신용카드 모두 가능
현금

Role Card의 내용을 모두 이해하셨나요? 당신이 Card A를 가지고 있다면, 당신은 이태리 식당에서 식사하고자 하는 사람이 되겠죠. 그리고 Card B를 가지고 있다면, 당신은 이태리 식당의 웨이터입니다. 먼저 제시된 우리말 대화를 참고하여 짧은 informal, formal Q&A를 만들어 보세요.

1 Beverages

A: 어떤 종류의 음료가 있는지 말씀해 주시겠어요?
B: 콜라와 진저에일 그리고 오렌지 소다가 있습니다.

▶Informal

A: What do you have to drink?
B. We have cola, ginger ale and orange soda.

▶Formal

A: Could you please tell me what soft drinks you have?
B: Of course, we have cola, ginger ale and orange soda.

soft drink 알콜이 들어있지 않은 음료   ginger ale 진저에일, 생강을 넣은 청량음료

2 Appetizers

A: 무척 배가 고프군요. 애피타이저는 어떤 게 있나요?
B: 오늘은 소시지를 곁들인 버섯 요리와 마늘 빵을 준비했습니다. 그리고 시저 샐러드와 허브 향료를 곁들인 멋진 연어 요리도 있습니다.

▶Informal

A: I'm really hungry. What are your appetizers?
B: We have stuffed mushroom caps with sausage, garlic bread, Caesar salad, and salmon with dill.

▶Formal

A: I'm famished. I would really love to have an appetizer before I eat my meal. Would you mind telling me what kind of appetizers you have?
B: Tonight, we're offering stuffed mushroom caps with sausage. You might also like to try our garlic bread. I should also let you know that we also have a Caesar salad. And we're also offering a nice salmon with dill.

Would you mind ~ing? ~해 주시겠습니까?   famished 몹시 배고픈

3 | Entrées

A: 오늘의 스페셜 요리는 뭐죠?

B: 네, 조개 소스를 얹은 링귀네와, 시금치 라자니아, 까르보나라 스파게티 그리고 아스파라거스를 얹은 리가토니가 있습니다.

▶ Informal

A: Are there any specials today?

B: Yes, we have linguine with clam sauce, spinach lasagna, spaghetti carbonara, and rigatoni with asparagus.

▶ Formal

A: Could you tell me what the specials of the day are?

B: Yes, our specials are the linguine with clam sauce, spinach lasagna, spaghetti carbonara, and rigatoni with asparagus.

special (음식점의) 특별 요리   spinach 시금치

4 | Vegetarian options

A: 채식주의자를 위한 요리가 있나요?

B: 음, 마늘빵과 시저 샐러드가 채식주의자를 위한 애피타이저죠. 채식주의자를 위한 주요리에는 시금치 라자니아와 아스파라거스를 넣은 리가토니가 있어요.

▶ Informal

A: What do you have that's vegetarian?

B: Well, our garlic bread and Caesar salad are vegetarian. Our vegetarian entrées are the spinach salad and the rigatoni with asparagus.

▶ Formal

A: Could you please offer some vegetarian suggestions?

B: Of course, for appetizers, we offer the garlic bread and Caesar salad as vegetarian options. For entrées, I would suggest the spinach lasagna or the rigatoni with asparagus.

vegetarian 채식주의자의   option 선택권, 선택사항

<table><tr><td>**5**</td><td>

Desserts

A: 디저트로는 뭐가 좋을까요?
B: 초콜릿 무스가 좋겠군요.</td></tr></table>

5　Desserts

A: 디저트로는 뭐가 좋을까요?
B: 초콜릿 무스가 좋겠군요.

▶Informal

A: What's good for dessert?
B: Our chocolate mousse is great.

▶Formal

A: Could you tell me what desserts are good here?
B: I would suggest the chocolate mousse for your dessert. It's very nice.

be good for　~로 좋다

6　Payment

A: 신용카드로 계산할 수 있나요?
B: 네. 물론 그렇죠.

▶Informal

A: Can I pay by credit card?
B: Yes.

▶Formal

A: Do you accept credit cards?
B: Yes, of course we do.

accept　받아들이다, 수락하다

이제 A와 B의 역할 중 하나를 맡아서 role play를 해 보세요. Step 2에서 연습한 질문과 대답을 바탕으로 다음 우리말로 표기된 부분을 영어로 직접 말해보는 연습을 해보기 바랍니다.

1 | Role playing for A

B: Good evening, how are you doing?

A: 아주 좋습니다. 당신은 어떠신가요?

Beverages

B: Fine, thank you. Would you like anything to drink?

A: 네, 어떤 종류의 음료가 있는지 말씀해 주시겠어요?

B: Of course, we have orange soda, ginger ale and cola.

Appetizers

A: 오렌지 소다로 할게요. 저는 굉장히 배가 고파요. 애피타이저는 어떤 게 있나요?

B: Tonight, we're offering stuffed mushroom caps with sausage. They're quite delicious. **You might also like to** try our garlic bread. We make it from homemade bread, then we put olive oil, chopped garlic, and some herbs on it. **I should** also **let you know that** we have a Caesar salad and a nice salmon with dill.

A: 좋습니다. 시저 샐러드로 하겠습니다.

Entrées

B: Have you decided what type of entrée you would like to have?

A: 오늘의 스페셜 요리가 있나요?

B: Yes, our specials are the linguine with clam sauce, spinach lasagna, spaghetti carbonara, and rigatoni with asparagus.

Vegetarian options

A: 유감이지만, 제가 채식 식이요법 중이라는 것을 말씀 안 드렸군요. 채식주의자를 위한 메뉴도 있나요?

B: Then **might I suggest** the lasagna or the rigatoni?

A: 리가토니가 좋을 것 같습니다.

B: Wonderful. **I will be back with** your orange soda and appetizer in just a moment.

B: So, how was your meal?

A: 아주 맛있었습니다. 리가토니가 아주 맛있군요.

Desserts

B: Is that so? I'm glad you enjoyed it. Would you like me to bring you any dessert now?

A: 네, 그게 좋을 것 같습니다. 어떤 디저트들이 있는지 말씀해 주시겠어요?

B: Tonight we have chocolate mousse, ice cream, and cheesecake.

A: 추천하고 싶은 게 뭔지 물어봐도 될까요?

B: I would suggest the chocolate mousse for your dessert.

A: 그게 좋을 것 같군요.

B: Is that all for you this evening? **Is there anything else I can** help you with?

A: 그렇게 말씀하시니, 커피 한 잔을 마시고 싶어지는군요. 어떤 종류의 커피가 있는지 말씀해 주시겠어요?

B: We have regular coffee, cappuccino, espresso, and mocha.

A: 모카 커피가 좋을 것 같군요.

B: Great, **I'll bring out** your mocha.

A: 고맙습니다.

B: Here is your mocha. I also gave you a biscotti.

A: 유감이지만,✦ 전 비스코티에 대해서 들어본 적이 없어요. 비스코티가 무엇인지 말씀해 주시겠어요?

B: Certainly. A biscotti is an Italian biscuit. They're excellent for dipping into your coffee. Please try it.

A. 음, 빨리 맛보고 싶군요.✦

Payment

B: I also brought out your bill. Stay as long as you want and feel free to pay your bill whenever you are ready.

A: 네, 신용카드로도 지불할 수 있나요?

B: Yes, of course we do.

Note for A

~을 말씀해 주시겠어요?
Could you tell me ~?

~을 물어봐도 될까요?
May I ask ~?

~을 말하는 것을 잊었군요[깜박했군요]
I forgot to mention (that) ~

그렇게 말씀하시니
Now that you mention it

저는 채식 식이요법 중이에요
I'm on a vegetarian diet

~에 대해 들어본적이 없어요
I've never heard of ~

✚ Expression study for A

I'm afraid that ~   유감스럽지만 ~

afraid는 여러 가지 표현에서 다양하게 사용되는 단어이다. be afraid of(~이 두렵다)를 활용한 I'm afraid to +V(저는 ~하는 것이 두려워요) 같은 표현은 익히 들어 보았을 것이다. 하지만 이 표현에서 afraid는 '두려운'이 아니라 '유감스러운' 정도의 뜻이며, 의미상 당연히 that 절에는 뭔가 반갑지 않은 소식이나 바람직하지 않은 상황이 이어지게 된다. 회화 중에 I'm afraid ~ 어쩌구 하는 얘기를 들었을 때, 다음 이야기가 그리 좋지 못한 내용이라는 사실을 미리 예측하며 대화에 임할 수 있다는 점에서 활용가치가 매우 높은 표현이다.

I'm afraid that I have some rather bad news for you.

유감스럽지만, 당신에게 상당히 안 좋은 소식이 있어요.

I'm afraid that I really can't agree with you there.

유감스럽지만, 그 점에 대해서는 당신에게 동의할 수 없군요.

I can't wait to + V   빨리 ~하고 싶어요

'~하는 것을 기다릴 수 없다'라는 문자적인 의미로도 '뭔가를 빨리 하고 싶다'라는 본연의 의미를 손쉽게 유추할 수 있다. 부정형을 이용하여 화자의 바램을 강조하는 표현으로, 강한 소망이나 기대를 나타내는 대표 표현 look forward to와 일맥상통하는 표현이다. '거의 ~않다'라는 뜻의 준부정어 hardly를 이용하여 I can hardly wait to + V로 바꾸어 쓸 수도 있다.

I can't wait to see him again.   빨리 그를 다시 만나고 싶어요.
I can't wait to get out of there.   빨리 거기서 벗어나고 싶어요.

B: 안녕하세요. 기분은 어떠세요?

A: Very well, thank you. How about you?

Beverages

B: 좋아요. 음료부터 주문하시겠어요?

A: Yes, **could you tell me** what soft drinks you have?

B: 물론이죠. 오렌지 소다와 진저에일 그리고 콜라가 있어요.

Appetizers

A: OK, I'll have an orange soda please. I'm really hungry. What are your appetizers?

B: 오늘 저녁에는 소시지를 곁들인 버섯 요리가 준비되어 있습니다. 정말 맛있어요. 마늘 빵을 드셔보는 것도 좋겠군요. 집에서 직접 만든 빵에, 올리브 기름, 다진 마늘을 넣고, 허브를 약간 뿌린 것입니다. 또한 시저 샐러드와 허브 향료를 곁들인 멋진 연어 요리가 있다는 것도 말씀 드려야겠군요.

A: All right, I would like the Caesar salad, please.

Entrees

B: 주요리는 무엇을 드실지 결정하셨습니까?

A: Are there any specials today?

B: 네, 오늘의 스페셜 요리로는 조개 소스를 얹은 링귀네와 시금치 라자니아, 까르보나라 스파게티 그리고 아스파라거스를 넣은 리가토니가 있습니다.

Vegetarian options

A: I'm sorry, **I forgot to mention I'm on a vegetarian diet.** Could you please offer some vegetarian suggestions?

B: 그렇나번 라사니아나 리가토니가 어떨까요?

A: The rigatoni sounds excellent.

B: 그렇게 하죠. 잠시 후에 오렌지 소다와 애피타이저를 준비해서 오겠습니다.

Forty minutes later

B: 음식은 어떠셨어요?

A: It was quite delicious. I found the rigatoni was quite good.

Desserts

B: 그러셨어요? 음식이 맛있었다니 기쁘군요. 이제 디저트를 가져다 드릴까요?[+]

A: Yes, I would. That would be wonderful. Could you please tell me what kinds of dessert you have?

B: 오늘 밤에는 초콜릿 무스, 아이스크림 그리고 치즈 케익이 준비되어 있습니다.

A: **May I ask** you what you suggest?

B: 초콜릿 무스가 좋을 것 같습니다.

A: That sounds like a wonderful suggestion.

B: 다 되신 건가요? 그 밖에 제가 도와 드릴 게 있습니까?

A: Actually, **now that you mention it**, I would really like to have a cup of coffee. Could you please tell me what kind of coffee do you have?

B: 일반 커피와 카푸치노, 에스프레소, 그리고 모카 커피가 있습니다.

A: A mocha sounds really good right now.

B: 좋습니다. 모카로 가져다 드릴게요.

A: Thanks.

A few minutes later

B: 여기 모카 커피 가져 왔습니다. 비스코티도 함께 가져 왔어요.

A: I'm afraid **I have never heard of** a biscotti. Could you please tell me what a biscotti is?

B: 물론이지요. 비스코티는 이태리 비스켓입니다. 커피에 찍어 드시면 정말 맛있어요. 한 번 드셔 보세요.

A: Hmm. I can't wait to try it.

Payment

B: 계산서도 함께 가져 왔습니다. 원하시는 시간까지 느긋하게 계시고요,⁺ 준비 되시면 언제든지 계산해 드릴게요.⁺

A: Great. Do you accept credit cards?

B: 네, 물론입니다.

Note for B

~을 좋아하실 수도 있겠군요
You might also like to + V

~을 말씀드려야 할 것 같아요
I should let you know that ~

~을 제안해도 될까요?
Might I suggest ~?

~을 가지고 다시 오겠습니다
I'll be back with ~

제가 다른 ~할 것이 있나요?
Is there anything else I can ~?

~을 가져 올게요
I'll bring out ~

✚ Expression study for B

Would you like me to + V?   제가 ~해 드릴까요?

영어의 표현을 보다 공손하고 정중하게 만드는데 흔히 사용되는 방법 중 하나는 과거형 조동사 could, would 등을 이용하는 것이다. 이 표현 역시 공손함이 가득한 배려의 표현으로 "제가 ~해 드릴까요?"라며 상대방의 의향을 물어보면서 제안하는 표현이다. 대표적인 제안의 표현인 Would you like to + V? (~하시겠어요?)를 간단히 활용한 형태이므로, 두 표현을 함께 묶어서 익혀 두도록 하자.

Would you like me to replace it with a cold one?   시원한 것으로 바꿔 드릴까요?
Would you like to have lunch together?   점심 같이 드시겠어요?

as long as ~   ~하는 한, ~하기만 한다면

본문에 등장하는 Stay as long as you want는 "원하는 만큼 충분히 오래 머물러라" 즉 "네가 원하기만 한다면 있고 싶을 때까지 있어도 된다"는 의미가 된다. as long as는 겉보기 의미와는 달리 '~하기만 한다면, ~하는 한' 정도의 의미로 조건절을 이끄는 접속사구의 역할을 하는 경우가 자주 등장한다. as + 형용사 + as가 나오면 무조건 동등 비교구문으로 규정짓는 편협한 공부는 이제 그만두도록 하자.

As long as you're going, I'll go too.   네가 간다면, 나도 가겠다.
You can stay here **as long as** you want.   네가 원하는 한, 여기 머물러도 좋아.

Feel free to + V   마음 놓고 ~하세요

누군가가 무엇을 물어보았을 때 Feel free라고 말하면 "(무엇을 하든 나는 상관 없으니) 마음대로 하세요"라는 의미가 된다. 낯선 곳에 초대 받아 뭔가 눈치를 보느라 쭈뼛거리고 있는 사람에게 써먹을 수 있는 대표적인 배려의 표현으로, 편안하게 하고 싶은 대로 다 하라는 의미를 갖는다.

Feel free to look around.   맘껏 둘러 보세요.
If you have any questions at all, please **feel free to** ask me.   질문이 있으시면, 주저하지 말고 해 주세요.

Memo

03 Ordering from A Catalog

카탈로그 보고 주문하기

STEP 1 ## Understanding your task

역할 이해하기

지금 여러분 앞에는 두 개의 Role Card가 주어져 있습니다. Role Card A는 질문을 통해 알아내야 할 사항, Role Card B에는 그에 관한 정보들이 담겨 있습니다. 먼저 Role Card A, B를 보면서, 여러분 앞에 놓여진 task를 이해하도록 노력해 보세요.

Role Card A

You recently saw several items of clothing in the Maxim catalog. You want to call and order the items by phone. This is your first time ordering clothes by a catalog and you have many questions. Please ask about the following topics.

Some things to ask about:

- **Size**
- **Shipping cost**
- **Length of delivery time**
- **Payment type**
- **Color of clothes**
- **Refund policy**
- **Ordering online**

Role Card A

당신은 최근에 맥심 회사의 카탈로그에서 몇 가지 옷을 보았습니다. 당신은 전화로 그 상품들을 주문하기를 원합니다. 당신이 카탈로그를 보고 옷을 주문하는 것은 이번이 처음이라서 질문하고 싶은 것들이 많습니다. 다음의 사항들에 대해서 물어 보세요.

질문할 것들:
- 크기
- 배송료
- 배송 기간
- 지불 형태
- 옷의 색깔
- 환불 정책
- 온라인 주문

You are working for a clothing company. A customer is ordering by catalog for the first time. Please help them by giving them the following information.

Size:	**Small**	**0, 2, 4**
	Medium	**6, 8**
	Large	**10, 12**

Shipping cost:	**$66 - 75**	**$8.00**
	$75 - 85	**$9.00**
	$86 - 95	**$10.00**
	$96 - 105	**$12.00**
	$106 - 115	**$13.00**
	$116 - 125	**$14.00**
	$126 - 135	**$15.00**
	$136 - 145	**$16.00**
	$146 - 155	**$17.00**
	$156 - 165	**$18.00**

Length of delivery time: **Anywhere from 7 to 10 business days**

Payment type: **Major credit cards**
Money order
Check

Colors of clothes: **Black, navy blue, baby-blue, white, orange, green**

Refund policy: **Return the items within 30 days of purchase with the receipt for full refund or exchange.**

Ordering online: **Possible (only with a credit card)**

Note

work for ～에서 일하다	**receipt** 영수증
money order 우편환	**exchange** 교환, 대체, 주고 받기

Role Card **B**

당신은 의류 회사에서 일하고 있습니다. 한 고객이 처음으로 카탈로그를 보면서 옷을 주문
하려 합니다. 다음의 정보들을 이용해서 도와 주세요.

크기:	스몰	0, 2, 4
	미디엄	6, 8
	라지	10,12

배송료:	$66 - 75	$8.00
	$75 - 85	$9.00
	$86 - 95	$10.00
	$96 - 105	$12.00
	$106 - 115	$13.00
	$116 - 125	$14.00
	$126 - 135	$15.00
	$136 - 145	$16.00
	$146 - 155	$17.00
	$156 - 165	$18.00

배송 기간:　어느 곳이든 영업일 기준 7일에서 10일 이내

지불 형태:　주요 신용카드
우편환
수표

색상:　검정, 네이비 블루, 베이비 블루, 흰색, 오렌지색, 녹색

환불 정책:　구입 후 30일 이내에 영수증과 함께 상품을 가지고 오면 전액 환불 또는
교환이 가능함

온라인 주문:　가능함(단, 신용카드로만)

Role Card의 내용을 모두 이해하셨나요? 당신이 Card A를 가지고 있다면, 당신은 의류회사 맥심의 카탈로그를 보고 옷을 주문하고자 하는 고객입니다. 그리고 Card B를 가지고 있다면, 의류회사의 직원으로써, 고객에게 의류 주문에 관한 안내를 하게 됩니다. 먼저 제시된 우리말 대화를 참고하여 짧은 informal, formal Q&A를 만들어 보세요.

1 | Size

A: 난 보통 4 혹은 6 사이즈를 입어요. 어떤 사이즈를 주문해야 하죠?
B: 우리 회사의 사이즈는 약간 커요. 보통 4나 6을 입는다면, 스몰 사이즈가 적당할 것 같군요.

▶Informal

A: I usually wear a four or a six. What size should I order?
B: Actually, our sizes run a bit big. If you're normally a four or a six, then a smaller size would work better.

▶Formal

A: I'm usually a size four or six. Could you please recommend a size for me?
B: Of course. Our sizes run slightly large, so if you normally wear a four or a six, then a size small would most likely fit you better.

normally 보통은, 일반적으로   slightly 다소, 약간

2 | Shipping cost

A: 저의 총 구매 금액은 68달러가 되겠군요. 상품 배송료는 얼마인가요?
B: 총 배송료는 8달러예요

▶Informal

A: My total is $68.00. How much is shipping and handling for that?
B: $8.00.

▶Formal

A: My items come to a total of $68.00. Could you please tell me how much shipping and handling will be for that amount?
B: The total amount for shipping and handling will be $8.00.

come to (금액이) ~에 이르다   handling 취급, 출하

3 | Length of delivery time

A: 도착하는 데 시간이 얼마나 걸리나요?

B: 공휴일을 제외하고, 어느 지역이든지 주문하신 날로부터 7일에서 10일 이내에 배달됩니다.

▶ Informal

A: How long is it going to take to get here?

B: Anywhere from seven to ten business days from the day you place your order.

▶ Formal

A: Could you please tell me how quickly the items would be delivered to my home?

B: Your items can be delivered anywhere from seven to ten business days from the day you place your order.

place an order 주문하다   deliver 배달하다, 넘겨주다

4 | Payment type

A: 상품의 값을 어떻게 지불하는 것이 가장 편리한가요?

B: 신용카드나 우편환, 수표로 지불할 수 있죠. 아마 신용카드가 편하실 겁니다.

▶ Informal

A: What's the easiest way to pay?

B: You can pay by credit card, money order, or check. Credit card is probably easier.

▶ Formal

A: Could you tell me the most convenient way of payment for my purchases?

B: Sure, you may pay by credit card, money order or check. Most of our customers prefer to pay by credit card.

5 | Color of clothes

A: 어떤 색상의 상품이 있나요?

B: 검정, 네이비 블루, 베이비 블루, 흰색, 오렌지색, 녹색이 있어요.

▶ Informal

A: What colors can I get this in?

B: Black, navy blue, baby-blue, white, orange, and green.

▶ Formal

A: Could you tell me what colors are available for these items?

B: These items are available in black, navy blue, baby-blue, white, orange, and green.

available 유효한, 이용할 수 있는   item 품목, 항목

6 | Refund policy

A: 상품이 맞지 않거나 모양이 마음에 들지 않으면 어떻게 하죠? 환불 규정이 어떻게 되나요?

B: 저희는 포괄적인 환불 정책을 가지고 있어요. 구입 후 30일 이내에 영수증과 함께 상품을 반납하시면 됩니다. 또는 맞지 않는 경우라면 다른 것으로 교환할 수 있어요.

▶Informal

A: What if the items don't fit, or I don't like the way they look? What's your refund policy like?

B: We have a great refund policy. You can return the items within 30 days of purchase with your receipt. Or you can exchange your items for different ones if they don't fit well.

▶Formal

A: I also wonder what I should do if the items don't fit well, or if I'm not satisfied with the way they look.

B: We offer a comprehensive refund policy. You can return any of the items you purchase today, within 30 days with a copy of your receipt or you can exchange your items for different ones if they don't fit.

What if ~? ~라면 어쩔까?   be satisfied with ~에 만족하다   comprehensive 포괄적인

7 | Ordering online

A: 온라인 상으로 주문할 수도 있나요?

B: 물론입니다. 웹사이트에 명시된 지시 사항을 따르세요. 그리고 온라인 상으로 주문하려면 신용카드를 사용해야 합니다.

▶Informal

A: Can I place an order online?

B: Sure. If you visit our website, you will be given instructions which you can follow. You'll need your credit card.

▶Formal

A: May I make my purchases online?

B: Certainly, you can follow the instructions given at our website. It will be necessary to use your credit card when ordering online.

instruction 지시, 명령   follow 따르다, 이해하다

이제 A와 B의 역할 중 하나를 맡아서 role play를 해 보세요. Step 2에서 연습한 질문과 대답을
바탕으로 다음 우리말로 표기된 부분을 영어로 직접 말해보는 연습을 해보기 바랍니다.

1 │ Role playing for A

B: Maxim clothing, how may I help you?

Size

A: 안녕하세요, 새로 나온 카탈로그에 있는 몇 가지 상품을 사고 싶어요. 그런데 치수에 대해서 잘
모르겠군요. 카탈로그에는 그냥 스몰, 미디엄, 라지라고만 나와 있더군요. 미디엄 사이즈가 얼
마나 큰 건지 말씀해 주시겠어요?

B: A medium is between a six and an eight.

A: 저는 보통 4나 6을 입어요. 어떤 사이즈를 주문해야 할까요?

B: Our sizes **run slightly large**, so if you normally wear a four or a six, then a size small
would most likely fit you better.

**Shipping
cost**

A: 감사합니다. 그렇다면 스몰 사이즈를 주문하겠어요. 저의 총 구매 금액은 68달러가 되겠군요.
그 비용에 대한 배송비는 얼마나 되는지 말씀해 주시겠어요?

B: The **total amount for** shipping and handling will be $8.00

A: 그래요? 약간 비싼 것 같군요.

B: I understand that it seems expensive, but it's industry standard, and we ship very quickly.
I assure you that it is well worth the price.

A: 그렇군요. 아마 몇 가지 더 사야 할 것 같군요. 159달러 어치를 산다면, 배송비는 얼마나 들죠?

B: You said the total was $159.00?

A: 네.

B: That'd be an extra $18.00, so your total would be $177.00.

**Length of
delivery time**

A: 도착하는 데 얼마나 걸리나요?**+**

B: Anywhere between seven and ten business days from the day you place your order.

A: 오늘로부터 7일에서 10일이라고 하셨나요?

B: That's right.

A: 좋습니다. 상품의 값을 어떻게 지불하는 것이 가장 편한지 알려주시겠어요?

B: Sure, you may pay by credit card, money order, or check. Most of our customers prefer to pay by credit card.

A: 좋습니다. 신용카드로 하겠어요. 어떤 색상의 상품들이 있습니까?

B: We have those items in black, navy blue, baby-blue, white, orange, and green.

A: 자주색 제품도 있나요?

B: No, I'm afraid not.

A: 저런, 저는 자주색을 정말 좋아하거든요. **자주색 상품도 판매하는 게 어때요?**[+]

B: Purple isn't very popular these days.

A: 그렇군요. 상품이 잘 맞지 않거나, 모양이 맘에 들지 않으면 **제가 어떻게 해야 하는지도 궁금합니다.**[+]

B: We offer a comprehensive refund policy. You can return any of the items you purchase today, within 30 days with your receipt or you can exchange your items for different ones if they don't fit.

A: 좋아요. 제가 살펴볼 수 있는 회사 웹사이트가 있나요?

B: Absolutely. You can visit us at www.maxim.com. You'll also find a few sales that aren't advertised in our catalogs.

A: 오늘 주문하기 전에, 웹사이트에 들어가 보겠습니다. 온라인 상으로 주문할 수도 있나요?

B: Certainly, you can **follow the instructions given** at our website. They will instruct you on how to make your purchases. It will be necessary to use your credit card when ordering online.

A: 좋습니다. 제가 구매한 상품이 배달되는 데 얼마나 오래 걸리는지 말씀해 주시겠어요?

B: It would **be exactly the same as** ordering by phone, seven to ten business days from the date of your purchase.

A: 알겠어요. 전화를 끊고 나서, 웹사이트를 방문한 후에 결정하도록 하겠습니다. 감사합니다.

B: You're welcome. I hope your purchases work well for you.

Note for A

~에 관심이 있어요
I'm interested in ~

~에 대해서 잘 모르겠어요
I'm not sure about ~

~을 말씀해 주시겠어요?
Could you please tell me ~?

~하는 가장 편리한 방법
the most convenient way to + V

~이 마음에 들지 않는다면
if I'm not satisfied with ~

~을 살펴 볼게요
I'm going to look at ~

✚ Expression study for A

How long does it take to + V?　~하는 데 시간이 얼마나 걸리나요?

'시간이 ~만큼 걸리다' 의 의미를 갖는 동사 take를 이용하여 어떤 행위를 하는 데 어느 정도 시간이 소요되는지 묻는 표현이다. How long 대신에 How much time을 쓸 수도 있고, 좀 더 구체적으로 시간을 물어보고자 할 때는 How many hours를 사용하기도 하지만, 일반적으로는 How long이 가장 빈번하게 사용된다. 답변할 때는 It takes + 시간 + (for somebody) to + V(~가 ~하는 데 시간이 ~만큼 걸린다) 구문을 이용하여 답할 수 있다.

How long does it take to have this radio fixed?　이 라디오 고치는 데 얼마나 걸리나요?

How long does it take by taxi?　택시로는 얼마나 걸리나요?

Why don't you + V?　~하는 게 어때?

혹시나 아직도 Why don't you ~?가 "왜 ~ 안하니?"라는 뜻이라고 박박 우겨대는 사람이 있다면 각성하고 새롭게 영어 공부에 전념하기 바란다. 이 표현은 "~하는 게 어때?"의 의미로 상대방에게 뭔가를 제안할 때 사용된다. 쉬운 표현을 착각하는 우를 범하지 않으려면 예문을 통해 한 호흡에 튀어 나올 수 있도록 익혀 두도록 하자.

Why don't you give her some flowers?　그녀에게 꽃을 선물하는 게 어떠니?

Why don't you ask someone else?　다른 사람한테도 물어보는 게 어때요?

I wonder what ~　무엇이 ~한지 궁금해요

흔히 wonder라 하면 놀라운 일, 경이로움 등의 의미를 떠올리기 쉽다. 그래서 정말 멋진 일, 놀라운 일 앞에서 Wonderful!을 연발해 대는 외국인들의 모습은 많이 보았을 듯. 그러나 I wonder ~는 뭔가가 궁금하거나 누군가 혹은 어떤 일이 걱정될 때 쓰는 표현이다. 무엇이 ~한지 궁금하면 I wonder what ~, 이유가 궁금하면 I wonder why ~, 방법이 궁금하면 I wonder how ~등으로 의문사만 바꿔가며 다양한 표현들을 만들어 낼 수 있다.

I wonder what he looks like now.　그는 지금 어떤 모습일지 궁금해.

I wonder what you are thinking.　네가 무슨 생각을 하고 있는지 궁금해.

2 | **Role playing for B**

B: 맥심 의류입니다. 무엇을 도와드릴까요?

A: Hello, **I'm interested** in purchasing some items from your recent catalog. **I'm not sure about** the sizes though. In the catalog, you only list small, medium, and large. Could you please tell me what a size medium is?

B: 미디엄 사이즈는 6과 8 사이즈의 중간 정도에요.

A: I usually wear a four or a six. What size should I order?

B: 저희 회사 사이즈는 약간 커요. 그래서 당신이 보통 4나 6을 입는다면, 스몰 사이즈가 가장 잘 맞을 것 같습니다.

A: Thank you, I'll order the items in size small then. Now then, my total would be $68.00. **Could you please tell me** how much shipping and handling will be for that amount?

B: 총 배송비는 8달러가 되겠습니다.

A: Is that so? That sounds rather high.

B: 비싼 것처럼 보일 수도 있지만, 업계 표준 가격이에요. 그리고 저희는 굉장히 빨리 배송해 드립니다. 틀림없이 그 값을 받을 만한 가치가 있다고[+] 생각합니다.[+]

A: All right then. Perhaps I should purchase a few more items. If I got $159.00 worth of stuff, how much would shipping and handling be?

B: 159달러라고 말씀하셨죠?

A: Yes.

B: 18달러가 추가되니까 다 합쳐서 177달러가 되겠군요.

A: How long does it take to get here?

B: 주문하신 날로부터 7일에서 10일 이내에 어느 지역이든지 배달됩니다.

A: So, seven to ten days from today?

B: 네 그렇습니다.

A: Excellent, could you tell me **the most convenient way to** pay for my purchases?

B: 신용카드, 우편환 또는 수표로 지불할 수 있습니다. 저희 고객들은 대부분 신용카드 결제를 선호합니다.

A: All right, I'll do that then. What colors do these items come in?

B: 검정, 네이비 블루, 베이비 블루, 흰색, 오렌지색 그리고 녹색이 있습니다.

A: Are any of the items I purchased available in purple?

B: 아니요. 유감이군요.

A: That's too bad. I really like purple. Why don't you sell those items in purple?

B: 자주색은 요즘에는 별로 인기가 없어서요.

A: OK. I also wonder what I should do if the items don't fit well, or if **I'm not satisfied with** the way they look.

B: 저희는 포괄적인 환불 정책을 가지고 있어요. 손님께서는 오늘 구입한 상품을 영수증과 함께 30일 이내에 반납하시면 되고, 상품이 맞지 않는다면 다른 것으로 교환할 수 있습니다.

A: Great. Do you have a website I could visit?

B: 그럼요. www. maxim.com으로 들어 오시면 됩니다. 카탈로그에 광고되지 않은 다른 상품들을 볼 수도 있습니다.

A: **I'm going to look at** the website before I place my order today. May I make my purchases online?

B: 물론입니다. 웹사이트에 명시된 지시 사항을 따르세요. 당신이 어떻게 구매할 수 있는지 알려 줄 것입니다. 온라인 상으로 주문하려면 신용카드를 사용해야 합니다.

A: All right. Could you tell me how long it will take for my items to be delivered?

B: 전화로 구매하시는 것과 똑같습니다. 영업일 기준으로 구매일로부터 7일에서 10일 이내에요.

A: I see. I'll take a look at your website after this phone call and decide then. Thanks for all your help.

B: 천만에요. 마음에 꼭 드는 상품을 구입하시길 바랍니다.

Note for B

다소 크다
run slightly large

당신에게 ~이 더 잘 맞을 것 같아요
~ would most likely fit you better

~의 총액
total amount for

주어진 지시대로 따르다
follow the instructions given

~의 경우와 똑같다
be exactly the same as

✚ Expression study for B

I assure you that ~   제가 ~을 보장해요

assure라는 단어에는 말하는 바를 확신한다는 강한 자신감이 듬뿍 들어 있다. 어떤 말을 하기 전에 앞에 덧붙임으로써 이어지는 말이 틀림없다는 사실을 강조하고 있다. 미래의 일에 대해 강한 확신을 보이거나 "내가 보장하는 데 성공할 거에요. 아무 일 없을 거에요."라는 식으로 상대방을 안심시키는 경우에 주로 사용된다.

I assure you that it is quite important.   제가 장담하건대, 이건 정말 중요한 일이에요.
I assure you that he is innocent.   제가 그의 결백을 보증합니다.

be worth + N[~ing]   ~할 만한 가치가 있다

worth는 뒤에 명사나 동명사를 취하여 그것의 가치를 묘사하는 데 사용되는 표현이다. 즉, "~해 볼 만해, ~할 만한 가치가 있어" 정도의 의미로 이해하면 된다. It's worth it(그만한 가치가 있어), It's worth visiting(가볼 만 해). It's worth the time(시간을 투자할 만 해) 정도의 간단한 표현은 한방에 외워두었다가 적재적소에서 덩어리째 써먹어 보도록 하자.

I don't think their pizzas **are worth** the money.   그 집 피자는 제 값을 못하는 것 같아요.
The movie **is worth** going to.   그 영화는 보러 갈만 해요.

Memo

04 Asking about Public Transportation

대중 교통에 대해서 물어보기

STEP 1   Understanding your task

역할 이해하기

지금 여러분 앞에는 두 개의 Role Card가 주어져 있습니다. Role Card A는 질문을 통해 알아내야 할 사항, Role Card B에는 그에 관한 정보들이 담겨 있습니다. 먼저 Role Card A, B를 보면서, 여러분 앞에 놓여진 task를 이해하도록 노력해 보세요.

Role Card **A**

You have recently moved to a new city. You are unfamiliar with the area. You are asking someone about transportation in the city. Please ask them about the following things.

Some things to find out about:
Types of transportation
Time table
Transportation cost
Traffic problems

Note

be unfamiliar with ~에 대해서 잘 모르다, 낯설다   **cost** 비용
public transportation 대중 교통 수단

Role Card **A**

당신은 최근에 새로운 도시로 이사 왔습니다. 당신은 이 지역에 대해서 잘 알지 못합니다.
그래서 지금 누군가에게 이 도시의 교통에 대해서 물어보려 합니다. 그에게 다음 사항들을
물어 보세요.

알아내야 할 사항들:　　　교통 수단의 종류
　　　　　　　　　　　　운행 시간
　　　　　　　　　　　　교통비
　　　　　　　　　　　　교통 문제

Someone recently moved to your city. He/she wants to know how to use the public transportation system. Please answer his/her questions with the following information.

Type of transportation: **Buses, taxis, trains, and subways**

Time table: **1) Buses run from 6:30 a.m. to 12:50 a.m. every day of the week.**
2) Taxis are not very common If you need one you can call and have one pick you up.
3) Trains aren't as frequent. You should call the train station for more information.
4) Subway lines run from 6:30 a.m. to 11:50 p.m.

Transportation cost: **1) Buses cost $1.50.**
2) Taxi costs $2.00, every additional mile costs $1.00.
3) Train costs vary depending on the destination.
4) Subway costs vary according to the length of your trip.

Traffic problems: **Rush hour is between 7:30 a.m. - 9:00 a.m. & 6:00 p.m. - 7:30 p.m. Monday - Friday**

Role Card B

어떤 사람이 최근 당신이 사는 도시로 이사 왔습니다. 그는 대중 교통을 어떻게 이용하는지 알고 싶어합니다. 다음 정보들을 바탕으로 질문에 답해 보세요.

교통 수단의 종류: 버스, 택시, 기차, 지하철

운행 시간:

1) 버스는 매일 오전 6시 반부터 새벽 12시 50분까지 운행한다.
2) 택시는 그리 흔하지 않다.
   택시를 타고자 할 때 전화를 하면 데리러 온다.
3) 기차는 자주 없다. 더 많은 정보를 얻고 싶으면 철도 역에 전화하면 된다.
4) 지하철은 오전 6시 반부터 저녁 11시 50분까지 운행한다.

교통비:

1) 버스비는 1달러 50센트이다.
2) 택시는 2달러이며, 1마일 당 1달러의 추가 비용이 든다.
3) 기차 요금은 목적지에 따라 다르다.
4) 지하철 요금은 승차 거리에 따라 다르다.

교통 문제:

월요일부터 금요일까지 오전 7시 반에서 9시까지, 오후 6시에서 7시 반까지는 교통이 매우 혼잡하다.

Role Card의 내용을 모두 이해하셨나요? 당신이 Card A를 가지고 있다면, 당신은 낯선 도시로 막 이사 온 사람이 되겠죠. 그리고 Card B를 가지고 있다면, 이 도시에 사는 사람으로서, 새로 이사 온 사람에게 교통 수단에 대해서 알려 주게 됩니다. 먼저 제시된 우리말 대화를 참고하여 짧은 informal, formal Q&A를 만들어 보세요.

1 │ Types of transportation

A: 저에게 이 곳의 교통 수단에 대해 말해 주시겠어요?
B: 이 도시에는 버스, 택시, 기차 그리고 지하철이 있어요.

▶Informal

A: How do you get around here?
B: We have buses, taxis, trains, and the subway.

▶Formal

A: Could you please tell me the different types of transportation available here?
B: This city has buses, taxis, trains, and a subway system.

get around 돌아다니다, 이리저리 다니다   **available** 이용 가능한, 유효한, 쓸모있는

2 │ Time table; buses

A: 버스가 얼마나 자주 운행하죠?
B: 버스는 오전 6시 반부터 밤 12시 50분까지 운행해요.

▶Informal

A: How often do the buses run?
B: The buses run from 6:30 a.m. to 12:50 a.m.

▶Formal

A: Could you tell me how frequently the buses run?
B: I believe that the buses run from 6:30 a.m. to 12:50 a.m.

frequently 자주

<table><tr><td>

3</td><td>

Time table; trains</td></tr></table>

A: 기차에 대해서도 말씀해 주실 수 있나요?

B: 제가 알기로는, 기차는 자주 운행되지 않아요. 사람들은 보통 짧은 거리를 이동할 때는 기차를 이용하지 않죠.

▶Informal

A: What about the trains?

B: The trains aren't as frequent. People don't really use them for short trips.

▶Formal

A: Could you also please tell me about the trains?

B: Actually, I should mention that the trains don't operate that frequently. From what I understand, people usually decide against using trains for shorter excursions.

short trip 단거리 여행   mention 언급하다, 발언하다   operate 움직이다, 작동하다

<table><tr><td>

4</td><td>

Time table; taxis</td></tr></table>

A: 택시는 어떻습니까?

B: 저는 아주 좋다고 생각해요. 택시의 수가 많은 것은 아니지만, 택시 회사에 전화하면 직접 태우러 옵니다.

▶Informal

A: What about taxis?

B: The taxis are pretty good. There aren't a lot in this city though. You can call the taxi company if you really need one.

▶Formal

A: May I ask you your opinion of the taxis here?

B: I think that the taxis are actually quite good. You should know that there aren't a large number of them in the city though. However, you can telephone the taxi company to have one come pick you up.

a large number of 많은

5 | Time table; subways

A: 지하철 운행 시간을 알고 있나요?

B: 오전 6시 반부터 저녁 11시 50분까지에요.

▸Informal

A: What time do the subways run?

B: They run from 6:30 a.m. to 11:50 p.m.

▸Formal

A: Do you by any chance know the hours of operation for the subways?

B: The subway's operating hours are from 6:30 a.m. to 11:50 p.m.

by any chance 혹시, 만약

6 | Transportation cost; subways

A: 지하철 요금이 얼마인지 알고 있나요?

B: 저는 지하철 이용 요금이 적절하다고 생각해요. 그렇지만, 비용은 승차 거리에 따라 달라지죠. 보통 한 번 타는 데 1달러 정도 들어요.

▸Informal

A: How much does the subway cost?

B: Subways are pretty cheap. The cost depends on the length of your trip. But it usually costs about $1.00 per trip.

▸Formal

A: Do you know how much it costs to use the subway? Is it very expensive?

B: I think that the subways are pretty reasonable to use. However, the cost is contingent on the length of your trip.

length 길이, 거리   reasonable 합리적인, 적당한   be contingent on ~에 따라 달라지다

7 | Transportation cost; buses

A: 버스는 어떤가요? 요금이 얼마입니까?

B: 버스는 한 번 타는 데 1달러 50센트 정도의 비용이 들어요. 이 가격은 편도 요금이에요.

▸Informal

A: What about buses? How much are they?

B: The buses cost $1.50 per trip, one way.

A: What is your opinion of the cost of transportation in general? For example, could you tell me how much it costs to use the bus?

B: The buses cost $1.50 per trip. However, that price is just for one way.

one way 편도

8 | Transportation cost; taxis

A: 택시 요금은 얼마죠?

B: 미터기는 2달러부터 시작합니다. 그리고 1마일씩 늘어날 때마다 1달러의 추가 비용이 들어요.

▸Informal

A: And for taxis?

B: The meter starts at $2.00, each additional mile costs $1.00.

▸Formal

A: I understand. And how much do taxis cost?

B: The meter starts at $2.00. Then, each additional mile will cost you $1.00.

additional 별도의, 추가적인

9 | Traffic problems

A: 이 곳은 교통 체증이 심한가요?

B: 이 곳의 교통은 그리 나쁘지 않아요. 러시아워만 피하면 괜찮을 거에요.

▸Informal

A: Are there a lot of traffic jams here?

B: Traffic usually isn't that bad in our city. You should be OK as long as you don't get stuck during rush hour.

▸Formal

A: Could you please tell me if the traffic congestion is bad in this city?

B: You will find that traffic usually isn't a problem in our city. But if possible, you should avoid traveling during rush hour; it can be quite unbearable.

as long as ~하는 한   get stuck 꽉 붙들리다   traffic congestion 교통 체증, 교통 혼잡   if possible 가능하면   unbearable 견딜 수 없는, 참기 어려운

이제 A와 B의 역할 중 하나를 맡아서 role play를 해 보세요. Step 2에서 연습한 질문과 대답을 바탕으로 다음 우리말로 표기된 부분을 영어로 직접 말해보는 연습을 해보기 바랍니다.

1 | Role playing for A

A: 저는 차를 사야 할지 말아야 할지 모르겠어요. 전에 살았던 도시에서는 필요하지 않았어요. 그 곳에는 아주 훌륭한 교통 시설이 갖추어져 있었어요. 사실, 그 도시에서 차를 이용하는 것은 대중 교통을 이용하는 것보다 오히려 더 불편했죠. 이 곳에서는 제가 차가 필요하다고 생각하십니까?

B: No, **you don't have to** buy a car. It might be more convenient if you have one, but it's not really necessary.

Types of transportation

A: 이 곳에는 어떤 교통 수단들이 있는지 말씀해 주시겠어요?

B: This city has buses, taxis, trains, and a subway system.

A: 당신은 이 곳의 교통 수단들이 편리하다고 생각하나요?

B: **In my opinion**, it's quite good. **I should mention**, though, **that** I actually don't use public transportation very often anymore. I haven't used it **on a regular basis** in about a year. It was quite good then, though.

Time table

A: 버스가 얼마나 자주 운행하나요? +

B: From about 6.30 a.m. to 12.50 a.m. **At least**, last year they did. I'm pretty sure it's the same this year. **I can check it out** for you if you want.

A: 고맙습니다. 그래주시면 좋겠어요. 기차에 대해서도 말씀해 주시겠어요? +

B: From what I understand, the trains don't operate that frequently. People usually decide against using trains for shorter excursions. They aren't very convenient for shorter trips. They**'re more suitable for** longer ones.

A: 어떻게 하면 기차에 대해서 더 많은 정보를 얻을 수 있는지 알고 계시나요?

B: I would call the train station for more details, or you can go online and find out more. I've been told they have a very informative website. I would think that you could find out the necessary information there.

A: 택시는 어떤가요?

B: I think the taxis are actually quite good. There aren't a large number of them in the city but you can always call the taxi company to have one come pick you up. They're very reliable and usually they can come pick you up promptly. I've had excellent service with them.

A: 기억해 둘 만한 좋은 얘기군요. 사실, 저는 결국엔 지하철을 가장 많이 이용하게 될 것 같아요.⁺ 지하철에 대해서는 어떻게 생각하시나요?

B: I used to take the subway a lot. It's pretty good. It's usually not too crowded and it's pretty clean.

A: 지하철 운행 시간을 알고 있나요?

B: From 6:30 a.m. to 11:50 p.m.

A: 근처에 지하철 역이 있나요?

B: There's one rather close by. You'll find one two blocks from here right next to the McDonald's.

Transportation cost

A: 아주 좋군요. 지하철 요금이 얼마인지 알고 있나요?

B: Pretty cheap. The cost depends on the length of your trip. But it usually only costs about $1.00 per trip.

A: 좋아요. 아주 유용한 정보군요. 다른 것들은요? 버스 요금은 얼마인가요?

B: The buses cost $1.50 per trip, one way.

A: 택시는요?

B: The meter starts at $2.00 and each additional mile costs $1.00.

Traffic problems

A: 교통 체증이 심한가요?

B: Traffic usually isn't that bad. We're pretty lucky. Only rush hour is bad.

A: 교통 체증이 가장 심할 때는 언제인가요?

B: Usually between 7:30 a.m. and 9:00 a.m. when everyone's going to work and 6:00 p.m. to 7:30 p.m. when everyone's coming home. If possible, you should avoid traveling during those two times; it can be quite unbearable.

A: 기억해 두도록 하겠습니다. 당신의 제안에 감사 드립니다. 차를 사야 할지 결정하는 데 도움이 될 것 같군요.

Note for A

충분히 잘 운영되다
work well enough

알아둘 만하다
be good to know

어떻게 하면 제가 ~할 수 있는지 아시나요?
Do you know how I could ~?

언제 ~이 가장 심각한가요?
When is ~ the worst?

기억하다, 명심하다
keep in mind

결정하다, 결심하다
make a decision

✚ Expression study for A

How often ~?　얼마나 자주 ~하나요?

아마 영어를 공부하면서 수도 없이 접해본 표현일 테지만 자주 쓰이고 그만큼 유용하므로 다시 한 번 짚고 가도록 하자. How often ~?은 "얼마나 자주 ~하세요?"라는 식으로 어떤 행위의 빈도수를 묻는 표현이다. 횟수를 물어보고 있으므로 답변은 A couple of times a week(1주일에 몇 번쯤), At least once a month(적어도 한 달에 한 번쯤) 등의 형태로 이어지는 것이 보통이다.

How often do you go to the theater?　얼마나 자주 극장에 가니?

How often do you go fishing?　얼마나 자주 낚시 하러 가시나요?

I was wondering if you could ~　~해 주시겠어요?

'궁금해 하다' 라는 wonder의 문자적 의미를 그대로 살려서 우리말로 옮기자면 "~해 주실 수 있는지 궁금하네요" 정도가 되어, 결국 의문보다는 공손한 부탁의 의미를 나타낸다는 것을 쉽게 눈치 챌 수 있을 것이다. 아울러 I'd appreciate it if you could ~(~해 주시면 감사 드리겠습니다)나 I'd like you to + V(~ 좀 해 주시면 좋겠어요) 등도 모두 '공손 부탁 科' 의 대표 표현들로 활용도가 매우 높다.

I was wondering if you could tell me where Mr. Brown's office is.

브라운 씨의 사무실이 어디에 있는지 말씀해 주시겠어요?

I was wondering if you could give me a hand.　저 좀 도와주시겠어요?

end up ~ing　결국 ~하게 되다

"결국은 ~하게 되고 말았어요"라는 뉘앙스로 주어의 원래 의도와는 무관하게 어떤 특정한 상황 혹은 결과에 이르게 되었을 때 쓸 수 있는 표현이다. end up 뒤에는 동사의 ~ing 형이 등장하는 것이 일반적이나 명사나 형용사를 사용하기도 하며, 때로는 end up in serious trouble(결국 심각한 어려움에 봉착하게 되다)처럼 부사구가 이어지기도 한다.

At first they hated each other, but they **ended up** getting married.

처음에 그들은 서로를 싫어했지만, 결국은 결혼하게 되었다.

If he carries on driving like that, he'll **end up** dead.

그가 계속 그런 식으로 운전한다면, 언젠가는 죽음에 이르게 될 것이다.

2 | Role playing for B

A: I'm wondering whether I should buy a car. I didn't need one in my old city. The transportation system there was pretty good. It was actually more of a pain to use a car than it was to use public transportation. Do you think I need a car here?

B: 아니오. 살 필요 없어요. 차가 있다면 더 편리할 수도 있지만 꼭 필요한 건 아니에요.

A: Could you please tell me the different types of transportation they have here?

B: 버스, 택시, 기차 그리고 지하철이 있습니다.

A: Do you think the transportation system **works well enough**?

B: 제 생각에는 아주 좋습니다. 그렇지만 제가 사실 대중 교통을 자주 이용하지 않는다는 말씀을 드려야겠군요. 1년 가량 대중 교통을 **규칙적으로**⁺ 이용하지는 않았어요. 하지만 전에 이용했을 때는 아주 좋았었죠.

A: How often do the buses run?

B: 버스는 오전 6시 반부터 밤 12시 50분까지 운행해요. 적어도 작년까지는 그랬었죠. 저는 올해도 똑같을 거라고 생각해요. 원한다면, 정확한 정보를 알아봐 드리겠습니다.

A: Thank you. I would appreciate that. I was wondering if you could tell me something about the trains as well.

B: **제가 알기로는,**⁺ 기차는 그리 자주 운행되지 않습니다. 사람들은 보통 단거리 여행에는 기차를 이용하지 않죠. 단거리 여행에는 기차가 불편한 것 같아요. 기차는 장거리 여행에 더 적합하죠.

A: **Do you know how I could** find out more information about the train system?

B: 저라면 더 자세한 것을 알고 싶으면 철도 역으로 전화하겠어요. 아니면 온라인 상에서 찾을 수도 있죠. 아주 유용한 정보가 많은 사이트라고 하더군요. 그 곳에서 당신이 필요한 정보를 찾을 수 있을 거라고 생각합니다.

A: And how are the taxis?

B: 아주 좋다고 생각해요. 택시의 수가 많은 것은 아니지만, 언제든지 택시 회사에 전화를 하면 직접 당신을 태우러 옵니다. 택시는 매우 신뢰할 만 하죠. 보통 순식간에 와서 태우고 갑니다. 저도 이 도시에서 아주 훌륭한 택시 서비스를 받은 적이 있어요.

A: That's good to **keep in mind**, thanks. I think I'll end up using the subway the most. What do you think about it?

B: 저도 지하철을 많이 이용했었죠. 아주 좋아요. 보통 별로 혼잡하지도 않고, 아주 깨끗하죠.

A: What time does it run 'til?

B: 오전 6시 반부터 밤 11시 50분까지입니다.

A: Is there a stop nearby?

B: 근처에 한 개가 있습니다. 이 곳에서 두 블록 떨어진 맥도날드 바로 옆에 있어요.

A: Excellent. Do you know how much it costs to use the subway?

B: 아주 싸요. 비용은 승차 거리에 따라 달라지죠. 그렇지만 보통 한 번 타는 데 1달러 정도에요.

A: OK, that'**s good to know**. How expensive is everything else? What about the buses?

B: 버스는 한 번 타는 데 1달러 50센트 정도의 비용이 들어요. 편도 요금이죠.

A: And taxis?

B: 미터기 요금이 2달러부터 시작합니다. 그리고 1마일씩 늘어날 때마다 1달러의 추가 비용이 들어요.

A: Are there a lot of traffic jams here?

B: 그렇게 나쁘지 않아요. 운이 좋은 셈이죠. 러시아워때만 좀 심각해요.

A: **When is** the traffic congestion **the worst**?

B: 가장 심각할 때는 모든 사람들이 출근하는 7시 반부터 9시까지 그리고 모두들 퇴근하는 저녁 6시부터 7시 반 사이입니다. 가능하다면, 이 두 시간대에는 이동을 피하는 것이 좋아요. 이 시간대에 교통 체증이 아주 끔찍할 수도 있거든요.

A: I will make a note of that. Thank you for your suggestions. They will help me **make a decision** about a car.

Note for B

~할 필요가 없어요
You don't have to + V

적어도
at least

저의 견해로는
in my opinion

제가 확인해 볼게요
I can check it out

~라는 얘기를 해야겠군요
I should mention that ~

~에 더욱 적합하다
be more suitable for

✦ Expression study for B

on a regular basis   규칙적으로, 꾸준하게

기초, 근거를 나타내는 단어 basis를 기초로 하여 규칙적으로(regularly) 반복되는 상황을 나타낼 때 쓰는 표현. on a ~ basis를 기본 틀로 하여 on a daily basis(매일 같이), on a weekly basis(매주)와 같이 형용사만 바꿔가며 다양한 표현들을 만들어 낼 수 있다. on the basis of + N까지 활용표현으로 함께 익혀두자.

I've been studying English **on a regular basis.**   저는 영어 공부를 꾸준히 해 왔습니다.

We meet **on a regular basis** to discuss that problem.
우리는 그 문제에 관해 논의하기 위해 규칙적으로 모입니다.

from what I understand   내가 알기로는

100% 확신, 장담하는 것은 아니지만 "내가 알기로는 이러이러하다"라며, 사견임을 전제로 자신의 지식이나 의견을 밝히는 표현. From what I understand는 한 덩어리의 부사구이므로, 자신이 말하고자 하는 바는 그 뒤에 완전한 문장의 형태로 덧붙이면 된다. 유사 표현으로 As far as I know, according to what I know, according to my knowledge 등도 함께 익혀두자.

From what I understand, it's not true.   내가 알기로는 그것은 사실이 아닙니다.
From what I understand, she lived in Chicago.   내가 알기로는 그녀는 시카고에 살았어요.

05 Joining A Sports Club

스포츠 클럽 회원 가입하기

STEP 1   ## Understanding your task

역할 이해하기

지금 여러분 앞에는 두 개의 Role Card가 주어져 있습니다. Role Card A는 질문을 통해 알아내야 할 사항, Role Card B에는 그에 관한 정보들이 담겨 있습니다. 먼저 Role Card A, B를 보면서, 여러분 앞에 놓여진 task를 이해하도록 노력해 보세요.

Role Card A

You want to join the new gym in your city. Ask the receptionist about the following topics.

Some things to find out about: **Membership fee**

Facilities

Hours of operation

Fitness trainers

Available classes

Recommended classes

Fitness routine

Role Card **A**

당신은 당신이 사는 도시에 새로 생긴 체육관에 다니기를 원합니다. 접수원에게 다음 사항들에 대해서 물어 보세요.

알아내야 할 사항들:

    회원비

    시설

    개장 시간

    트레이너

    수강 가능한 강좌

    추천 강좌

    정해진 수업 시간

You work at the front desk at a new gym. Answer the customer's questions with the following information.

Membership fee:	**$450 membership fee a year or $45 per month**
Gym offers:	**Fitness classes** **Weight training room** **Track** **Swimming pool** **Sauna**
Hours of operation:	**Monday to Friday 6:00 a.m. - 10:30 p.m.** **Saturday 6:00 a.m. - 10:00 p.m.** **Sunday 7:00 a.m. - 9:00 p.m.**
Fitness Trainers:	**Personal trainers available upon request for an extra fee**
Classes:	**Yoga, aerobics, hip-hop, tai chi**
Suggested class:	**Tai chi, or hip-hop class**
Fitness routine:	**Exercise daily 7:00 a.m. - 8:00 a.m.**

Role Card **B**

당신은 새로 생긴 체육관의 접수계에서 일합니다. 다음의 정보들을 이용해서 고객의 질문
에 답해 주세요.

회원비: 1년에 450달러 또는 1개월에 45달러

체육관에서 제공하는 것:
헬스 강좌
체력 단련실
트랙
수영장
사우나

개장 시간:
월요일부터 금요일까지, 오전 6시 ~ 저녁 10시 반
토요일, 오전 6시 ~ 저녁 10시
일요일, 오전 7시 ~ 저녁 9시

트레이너:
요청하면 별도의 비용을 내고 개인 트레이너로부터
훈련 받을 수 있음

강좌: 요가, 에어로빅, 힙합, 태극권

추천 강좌: 태극권 또는 힙합 강좌

정해진 강좌 시간: 매일 오전 7시 ~ 8시

Role Card의 내용을 모두 이해하셨나요? 당신이 Card A를 가지고 있다면, 당신은 새롭게 체육관에 등록하려는 사람이며 Card B를 가지고 있다면, 체육관 접수계에서 일하는 직원으로서 체육관 시설과 수업에 대해 안내를 하게 됩니다. 먼저 제시된 우리말 대화를 참고하여 짧은 informal, formal Q&A를 만들어 보세요.

1 Membership fee

A: 이 클럽의 회원이 되려면 얼마의 비용이 드는지 알고 싶어요.

B: 두 가지 종류의 회원이 있어요. 연간 회원비는 450달러입니다. 한 달에 45달러인 월 회원도 가능합니다.

▸Informal

A: How much is the membership?

B: We have two different memberships. The yearly membership costs $450.00. We also have monthly membership for $45.00 per month.

▸Formal

A: I would like to know how much it costs to become a member at your club.

B: We have two different types of membership packages. The first membership package is valid for one year. The year-long package would cost you $450.00. The second package is a monthly one that would cost you $45.00 per month.

membership 회원 자격   **yearly** 1년의, 매년의   **package** 한데 묶어서 판매하는 상품   **valid** 유효한, 효력 있는

2 Facilities

A: 이 체육관에서는 어떤 시설과 활동들을 제공하는지 말씀해 주시겠어요?

B: 헬스 강좌를 들으실 수 있어요. 또한 체력 단련실, 달리기 트랙, 수영장 그리고 사우나 실도 있어요.

▸Informal

A: What's there to do here?

B: We have fitness classes, a weight training room, a running track, a swimming pool, and a sauna.

▸Formal

A: Could you tell me what facilities and activities your club offers?

B: All of our members are able to participate in any number of our exercise classes.
We also have a weight training room, a running track, a swimming pool, and a
sauna.

participate in　～에 참여하다, 참가하다

3 | Hours of operation

A: 언제 개장하나요? 제가 원할 때는 언제든지 이용할 수 있나요?
B: 매일 엽니다. 시간은 요일에 따라서 달라집니다.

▶Informal

A: When are you open? Can I work out whenever I want?
B: The gym is open every day of the week. The hours are different every day.

▶Formal

A: Could you tell me when the club is open for business? I'd like to have a flexible
workout schedule.
B: Our club is open seven days a week. The hours vary from day to day.

flexible　마음대로 바꿀 수 있는, 융통성 있는　vary　다양하다, 변경하다, 고치다　from day to day　나날이, 매일

4 | Fitness trainers

A: 전 개인 트레이너가 필요한데, 개인 트레이너들도 있나요?
B: 네, 별도의 비용을 내시면 개인 트레이너로부터 훈련 받을 수 있습니다.

▶Informal

A: I think I want a personal trainer. Do you have those?
B: Yes, we have personal trainers that are available for an extra fee.

▶Formal

A: I might be interested in having a personal trainer. Is that something that could be
worked out?
B: Yes, we have personal trainers that are available for an additional fee.

extra　별도의　be interested in　～에 흥미가 있다　additional　추가적인

5 | **Available classes**

A: 트레이너가 필요 없는 경우에는 어떻게 해야 하죠? 저에게 일반적인 헬스 강좌에 대해서 말씀해 주시겠어요?

B: 많은 헬스 강좌가 준비되어 있습니다. 회원이 되시면, 원하시는 강좌를 선택하실 수 있습니다. 태극권, 요가, 힙합, 에어로빅 강좌가 있습니다.

▶Informal

A: If I don't want a trainer, do you have any exercise classes?

B: We have tai chi, yoga, hip-hop, and aerobics.

▶Formal

A: What if I decide that using a trainer isn't in my best interest? Could you please tell me about the exercise classes that you are able to offer? What are those like?

B: Actually, we have a number of exercise classes that, as a member, you would be able to choose from. We have tai chi, yoga, hip-hop, and aerobics.

trainer 훈련자, 조련자   be in somebody's best interest ~에게 이익이 되다, 도움이 되다
a number of 많은   choose from ~에서 고르다

6 | **Recommended classes**

A: 저에게 적절한 강좌를 추천해 주실 수 있으신가요?

B: 힙합 강좌를 수강하시는 게 좋을 것 같네요.

▶Informal

A: What classes do you think I should take?

B: I think you'd probably enjoy our hip-hop class.

▶Formal

A: Could you suggest a type of class that would fit my needs?

B: Considering your workout goals, I would suggest taking our hip-hop class.

fit somebody's needs ~의 필요에 부합하다, ~의 요구에 들어 맞다   considering ~을 고려해 보면
workout goal 운동의 목표

7 | Fitness routine

A: 몇 시에 그 수업을 들을 수 있나요?
B: 수업은 매일 오전 7시에서 8시까지입니다.

▸Informal

A: What time is that class available?
B: From 7:00 a.m. to 8:00 a.m. every day.

▸Formal

A: What time would that class be available?
B: We offer that class from 7:00 a.m. to 8:00 a.m. every day.

이제 A와 B의 역할 중 하나를 맡아서 role play를 해 보세요. Step 2에서 연습한 질문과 대답을 바탕으로 다음 우리말로 표기된 부분을 영어로 직접 말해보는 연습을 해보기 바랍니다.

1 | Role playing for A

A: 안녕하세요. 저는 이 곳의 회원이 되고 싶어요. 몇 가지 질문에 대답해 주실 수 있으신가요?

B: Certainly. I'd be happy to. Just **let me know** how I can be of service.

Membership fee

A: 고맙습니다. 이 클럽의 회원이 되려면 비용이 얼마나 드는지 알고 싶어요.

B: Actually, we have two different types of memberships. The first membership package is valid for one year. The year-long package would cost you $450.00. The second package is a monthly one that would cost you $45.00 per month.

Facilities

A: 알겠습니다. 이 체육관에는 어떤 시설이 있고 어떤 활동을 할 수 있는지 말씀해 주시겠어요?

B: First of all, we offer several exercise classes. We also have a weight training room, a running track, a swimming pool, and a sauna. As a member, you would be able to **participate in** any of the exercise classes and use any of the facilities.

A: 그렇군요. 언제 개장하나요? 제가 원할 때는 언제든지 이용할 수 있나요?

B: Our club is open seven days a week.

Hours of operation

A: 그리고 개장 시간과 관련해서요.＋ 매일 시간이 똑같은가요?

B: No, the hours **change depending on** the day. The gym is open from Monday-Friday from 6:00 a.m. to 10:30 p.m. Then, on Saturdays we are open from 6:00 a.m. until 10:00 p.m. On Sundays we are open for business from 7:00 a.m. until 9:00 p.m.

Fitness trainers

A: 개인적으로 저의 운동을 도와줄 사람이 있었으면 하는데요. 개인 트레이너가 있나요?

B: Yes, they're available for an extra fee.

A: 어떻게 개인 트레이너를 구할 수 있죠?

B: We would introduce you to one of our trainers for a preliminary meeting to discuss what type of fitness routine you'd be interested in. Then, the trainer would create an exercise plan to **suit your particular needs** and set up a schedule to accommodate both of you.

A: 좋습니다. 트레이너가 별로 도움이 되지 않는다고 생각되면,✝ 어떻게 해야 하죠?✝ 일반 강좌도
있나요?

B: We have a number of exercise classes including tai chi, yoga, hip-hop, and aerobics.

A: 유감이지만, 저는 태극권이 무엇인지 잘 모르겠습니다. 그것에 대해 정확히 설명해 주시겠습
니까?

B: Tai chi is a Chinese form of martial arts. It's very slow-moving and relaxing. It's become
pretty popular. It's good for toning your muscles. You won't really lose a lot of weight,
but it's good for your overall health.

A: 사실, 저는 살을 빼는 데 도움이 될 좀 더 빠른 움직임이 필요한 운동에 관심이 있습니다. 제 필
요에 걸맞는 적절한 강좌를 추천해 주실 수 있으신가요?

B: I think you'd probably enjoy our hip-hop class.

A: 재미있을 것 같군요. 힙합 강좌에 대해서 더 설명해 주세요.

B: Our hip-hop class **combines** dance movements **with** the benefits of an aerobics class. I
know that our clients find it very enjoyable. The hip-hop class is always full. I think
you'll like it if you like to dance. It won't even feel like exercise to you.

A: 정말 굉장하군요. 몇 시에 강좌를 들을 수 있나요?

B: We offer that class from 7:00 a.m. to 8:00 a.m. every day.

A: 저에게 아주 좋은 강좌일 것 같군요. 지금 힙합 강좌에 등록할 수 있나요?

B: Sure, we can start taking care of the paper work right now. You can even start the class
tomorrow morning if you'd like. I have no doubt that you'll find the class **to your liking**.
Please be sure to let me know if I can assist you in any other way.

A: 당신의 도움에 정말 감사 드립니다. 지금 바로 서류 처리를 해 주시겠어요?

B: Certainly.

Note for A

~에 관심이 있어요, ~하고 싶어요
I'm interested in ~

~에 대해 알고 싶어요
I'd like to know ~

~에 대해 잘 모르다
be unfamiliar with

~를 ~에 등록시키다
sign ~ up for

✚ Expression study for A

as for   ~에 대해 말하자면, ~에 관해서는

'~에 대해서는, ~에 관해서는' 이라 하면 regarding, concerning, speaking of, considering 등 여러 표현들이 떠오를 것이다. As for 역시 같은 그룹에 속한다. 말하려는 주제를 먼저 언급하고자 할 때 맨 앞에 As for something이라고 덧붙여 주면 되며, as to로 바꾸어 써도 무방하다

As for food for the party, that's all being taken care of.
파티에 쓸 음식에 관한 것은 모두 잘 처리되고 있어.

As for clothing, she is always in shorts.   옷에 관해 말하자면, 그녀는 늘 반바지 차림이다.

be in somebody's best interest   ~에게 가장 유리하다, 이익이 되다

interest에는 우리가 흔히 알고 있는 '흥미, 이자' 뿐만 아니라 '이익'(profit)의 뜻이 있다. 따라서 be in one's interest라고 하면 '~에게 이익이 되다' 라는 뜻을 갖게 된다. 물론 앞에 best를 붙이면 가장 큰 이익이 된다는 강조의 뜻이 된다. 그러나 be in my best interest의 경우에는 다소 이기적인 (selfish) 뉘앙스를 풍길 수 있으므로 유의할 것. 신문 사설 같은 곳에서도 be in the general interest(공공의 이익이 되다)라는 형태로 종종 등장하곤 한다.

It's not **in his interest** to reveal any more information.
더 많은 정보를 누설하는 것은 그에게 도움이 되지 못해.

It's **in your best interest** to go there.   거기에 가는 것이 너에게 가장 좋을 거야.

What if ~?   만일 ~라면 어쩌죠?

미래에 발생할 수 있는 상황이나 그 결과 등 가상의 상황에 대해 묻고자 할 때 사용할 수 있는 표현. 경우에 따라서는 예상치 못한 일이 발생할 가능성에 대한 우려를 표현하기도 한다. What if 뒤에 우려되는, 발생 가능한 상황을 절(clause)의 형태로 이어주면 된다.

What if you don't pass your exams?   너 시험에 통과하지 못하면 어떻게 할 거니?
What if the train is late?   기차가 늦으면 어떡하지?

2 | Role playing for B

A: Hello, **I'm interested in** becoming a member here. Could you answer some questions for me please?

B: 물론입니다. 기꺼이 해 드려야죠. 어떻게 도와 드려야 할지 말씀해 주세요.

Membership fee

A: Thanks, **I'd like to know** how much it costs to become a member at your club.

B: 사실, 두 가지 종류의 회원이 있습니다. 첫 번째 상품은 1년간 유효한 것입니다. 연간 회원은 회원비가 450달러입니다. 두 번째 상품은 월 회원권으로 비용은 45달러랍니다.

Facilities

A: I see. Could you also tell me what facilities and activities your club offers?

B: 우선, 헬스 강좌가 여러 개 있습니다. 또한 체력 단련실, 달리기 트랙, 수영장 그리고 사우나 실도 있어요. 회원이 되시면 강좌를 모두 들으실 수 있고 어떤 시설도 이용하실 수 있습니다.

A: All right. When are you open? Can I work out whenever I want?

B: 일주일에 7일 모두 엽니다.

Hours of operation

A: And as for your hours of operation, are they the same every day?

B: 아니요. 시간은 요일에 따라서 달라집니다. 월요일부터 금요일까지는 오전 6시부터 저녁 10시 30분까지 엽니다. 그리고 토요일에는 오전 6시부터 저녁 10시까지, 일요일에는 오전 7시부터 저녁 9시까지 엽니다.

Fitness trainers

A: I might be interested in having someone work with me personally. Do you have personal trainers here?

B: 네, 별도의 비용을 내시고 개인 트레이너를 구할 수 있습니다.**+**

A: How would I set that up?

B: 당신이 관심을 가지는 강좌의 종류와 수업 시간에 대해 함께 이야기할 수 있도록 저희 트레이너 중 한 명과 미리 만날 수 있는 기회를 마련해 드리겠습니다. 그러면 트레이너가 당신의 요구에 맞는 운동 계획을 세우고, 당신과 함께 적절한 일정을 잡게 될 것입니다.

Available classes

A: All right. What if I decide that using a trainer isn't in my best interest? Do you have any exercise classes?

B: 태극권, 요가, 힙합, 에어로빅과 같은 헬스 강좌가 많이 준비되어 있습니다.

A: I'm afraid I**'m unfamiliar with** tai chi. Could you please explain what that is exactly?

B: 태극권은 중국의 무술입니다. 긴장을 풀고 매우 천천히 움직이는 것이죠. 매우 인기가 좋아졌습니다. 근육을 단련하는 데도 도움이 되죠. 꼭 살이 빠지게 해 주는 것은 아니지만, 건강에 전반적으로 큰 도움이 될 것입니다.

A: Actually, I want something fast-moving that would help me lose weight. Could you suggest a type of class that would fit my needs?

B: 힙합 강좌를 좋아하실 것 같아요.

A: That sounds interesting. Please tell me more about the hip-hop class.

B: 힙합 강좌는 춤 동작과 에어로빅의 효과를 결합시킨 것입니다. 저희 회원들은 그것을 아주 좋아하시죠. 힙합 강좌는 항상 꽉 차요. 춤을 좋아하신다면, 힙합 강좌도 마음에 드실 거라고 생각해요. 아마 운동한다는 생각도 들지 않으실 거에요.

A: That sounds fabulous. What time would that class be available?

B: 매일 오전 7시부터 8시까지에요.

A: That's the perfect class for me then. Could you **sign** me **up for** the hip-hop class?

B: 물론입니다. 지금 즉시 서류상으로 필요한 것을 처리할 수 있습니다. 당신이 원하신다면 내일 아침에 바로 시작하실 수도 있습니다. 당신이 원하던 강좌를 제대로 찾으신 게 틀림없어 보이네요.✦ 다른 일이라도 제 도움이 필요하신 것이 있으면 언제든지 말씀해 주십시오.

A: Thank you for all of your help. Could you please begin the paperwork now then?

B: 그러도록 하죠.

✚ Expression study for B

be available (to+V) ~하는 데 이용할 수 있다, ~할 시간이 있다

주어가 사물인지 사람인지에 따라 available의 뉘앙스가 다소 달라지므로 주의하자. 사물이 주어인 경우 The cell phone is available(휴대폰을 사용할 수 있다)에서처럼 의미 파악이 비교적 명료하다. 하지만 사람이 주어인 경우에는 문제가 다소 복잡해지는데, He is available now와 같은 말을 "그 친구를 이용할 수 있어"라고 이해해서는 안 된다는 얘기다. 이 경우 available은 그 사람이 지금 뭔가 특정한 일을 하고 있지 않아서 다른 일을 할 시간이 된다(not busy and having time to do some other things)는 의미를 갖는다.

Is this dress **available** in a larger size?   이 옷보다 좀 더 큰 것도 있나요?
I'm afraid I**'m** not **available to** help you.   유감스럽게도 널 도와줄 수 없을 것 같아.

I have no doubt that ~   나는 ~을 의심치 않아요, 확신해요

이것의 의미를 제대로 파악하려면, 그 뿌리가 되는 표현인 I doubt that ~부터 확실하게 이해하는 것이 효과적이다. I doubt that ~은 말 그대로 '~라는 것이 의심스럽다', 다시말해 '~가 아닌 것 같다' 라는 의미이다. 이때 동사로 쓰인 doubt를 명사로 활용하여 부정형으로 바꾸면 I have no doubt that ~이라는 표현이 완성된다. 즉 that 이하의 내용들은 의심의 여지가 전혀 없다는 말로 보다 강력한 확신의 표현이 되는 셈이다.

I have no doubt that you're wonderful father.   당신은 정말 훌륭한 아빠인 것 같군요.
I have no doubt that it is true.   나는 그것이 사실이라는 것을 믿어 의심치 않는다.

06 Booking A Movie Ticket

영화표 예약하기

STEP 1   **Understanding your task**   역할 이해하기

지금 여러분 앞에는 두 개의 Role Card가 주어져 있습니다. Role Card A는 질문을 통해 알아내야 할 사항, Role Card B에는 그에 관한 정보들이 담겨 있습니다. 그리고 정보를 얻고 난 후, 서로 합의해야 할 사항들이 제시되어 있습니다. 먼저 Role Card A, B를 보면서, 여러분 앞에 놓여진 task를 이해하도록 노력해 보세요.

Role Card A

You and a co-worker want to see the new Tom Cruise film. Your co-worker has agreed to find out the information about the movie. Ask your co-worker about the following topics.

Some things to find out about:
    Film times
    Length of film
    Ticket price
    Address of the theater
    Seating

Negotiation:
You want to watch the movie at 9:00 p.m. on Friday night; however, all of these seats are booked. You don't want to watch the 11:30 p.m. film because it's too late.

Note

co-worker 동료, 같이 일하는 사람   book 좌석을 예약하다
seating 좌석 지정, 좌석의 배치

Role Card **A**

당신은 동료와 새로 나온 Tom Cruise의 영화를 보기를 원합니다. 당신의 동료가 영화에 대한 정보를 알아 오기로 했습니다. 동료에게 다음의 사항들에 대해서 질문해 보세요.

알아내야 할 사항들:　상영 시간대
　　　　　　　　　　영화 상영 시간
　　　　　　　　　　영화 관람료
　　　　　　　　　　극장 주소
　　　　　　　　　　좌석

협의사항:
당신은 금요일 밤 9시에 영화를 보고 싶지만, 이미 좌석이 매진되었습니다.
당신은 11시 30분에 상영하는 영화는 너무 늦어서 보고 싶지 않습니다.

You're going to see a movie with a co-worker. You agreed to find out the information for the new Tom Cruise film. Please give your co-worker the following information.

Film times:	**11:00 a.m.**
	1:30 p.m.
	4:00 p.m.
	6:30 p.m.
	9:00 p.m.
	11:30 p.m.
Length of film:	**2 hours and 15 minutes**
Ticket price:	**Adults $7.00**
	Children (under age 12) $5.50
	Students (with a school I.D.) $5.50
	Senior Citizens $5.50
Address:	**1456 Sycamore Street, near the H-mart**
Seating:	**General seating, no assigned seating**

Negotiation:

You suggest watching the movie at a different time. Suggest a different movie, not the Tom Cruise film.

Role Card **B**

당신은 동료와 함께 영화를 보러 가기로 했습니다. 당신이 새로 나온 Tom Cruise 영화에 대한 정보들을 알아 보기로 했습니다. 당신의 동료에게 다음의 정보들을 알려 주세요.

상영 시간대:	오전 11시, 오후 1시 30분, 4시, 6시 30분, 9시, 11시 30분
상영 시간:	2시간 15분
영화 관람료:	성인 7달러 어린이 (12세 미만) 5달러 50센트 학생 (학생증 제시) 5달러 50센트 노인 5달러 50센트
주소:	시커모어 가 1456번지, H 마트 근처
좌석:	일반 좌석제, 지정 좌석 없음

협의 사항:

당신은 다른 시간대의 영화를 보기를 제안합니다. Tom Cruise의 영화가 아닌 다른 영화를 보자고 제안합니다.

Role Card의 내용을 모두 이해하셨나요? 당신이 Card A를 가지고 있다면, 당신은 동료와 함께 영화 관람을 가고자 하는 사람이죠. 동료가 미리 영화에 대한 정보를 알아 보기로 했구요. 그리고 Card B를 가지고 있다면, 당신은 영화에 대한 정보를 알아 보고 동료의 질문에 답하게 됩니다. 먼저 제시된 우리말 대화를 참고하여 짧은 informal, formal Q&A를 만들어 보세요.

1 | Film times

A: 몇 시에 상영하는지 알아 봤나요?

B: 내가 어제 밤에 인터넷으로 확인해 봤어요. 오전 11시, 오후 1시 30분, 4시, 6시 30분, 9시, 그리고 11시 30분에 상영하더군요.

▸Informal

A: Did you find out what time it plays?

B: I checked out the times last night on the Internet. It plays at 11:00 a.m., 1:30 p.m., 4:00 p.m., 6:30 p.m., 9:00 p.m., and 11:30 p.m.

▸Formal

A: Were you able to find out what times the movie screens?

B: Yes, I was. There are showings at 11:00 a.m., 1:30 p.m., 4:00 p.m., 6:30 p.m., 9:00 p.m., and then the final showing is at 11:30 p.m.

play 상영하다, 공연하다   screen 영사하다, 상영하다

2 | Length of film

A: 2시간 반 동안이요? 정말 길군요. 그만한 가치는 있겠지만요.

B: 아니요. 영화는 2시간 15분 동안 상영하는 거에요.

▸Informal

A: Two and a half hours? That's really long. It should be worth it though.

B: No, the movie's only two hours and fifteen minutes.

▸Formal

A: You're telling me the film is two and a half hours long? My goodness, that's a considerable amount of time.

B: Actually, the film is only two hours and fifteen minutes long.

be worth ~만한 가치가 있다   considerable 상당한, 적지 않은

3 | Ticket price

A: 관람료가 얼마죠?

B: 각각 7달러에요.

A: 사촌과 함께 간다면 어떤가요? 사촌은 대학생이에요.

B: 5달러 50센트만 지불하면 되요. 학생이기 때문에 할인 받을 수 있죠. 하지만 반드시 학생증을 가지고 와야 해요. 학생증 없이는 할인을 받을 수 없어요.

▶Informal

A: How much does it cost?

B: It's $7.00 for each of us.

A: What if I bring my cousin along? She's in college.

B: She has to pay $5.50. She gets a discount because she's a student. But, remind your cousin to bring along her student ID.

▶Formal

A: Do you know the ticket price?

B: The price is $7.00 for each of us.

A: What if I decide to bring my cousin along to the movie? She's a college student.

B: In that case, your cousin will only have to pay $5.50. But you should tell her to bring along her university identification card. Without her ID card she'll be unable to use the discount.

bring ~ along ~을 데려가다   get a discount 할인 받다   remind A to + V A에게 ~하라고 상기시키다
identification card 신분증

4 | Address of the theater

A: 저는 이 극장에 가본 적이 없는데, 주소가 어떻게 되죠?

B: 시커모어 가 1465번지에요. H 마트 근처에요.

▶Informal

A: I've never been to this theater. What's the address?

B: It's 1465 Sycamore Street. It's near the H-mart.

▶Formal

A: Do you know the address?

B: Yes, the address is 1465 Sycamore Street. It's located near the H-mart.

near ~의 가까이에   be located ~에 위치하다

5 | Seating

A: 좋은 좌석을 예매했나요?

B: 아니요. 지정 좌석이 없어요. 일반 좌석 밖에 없어요.

▸Informal

A: Did you get us good seats?

B: They didn't have reserved seats. They just had general seats.

▸Formal

A: Were you able to find good seats?

B: I'm afraid we don't have reserved seats. We only have general seats here.

reserved seat 지정석, 예약석   general 일반적인, 보편적인

6 | Negotiation

A: 금요일 밤 9시 표를 예매하셨나요?

B: 이미 그 시간 표는 매진되었어요. 11시 30분은 어떤가요?

A: 너무 늦어요. 프로젝트 때문에 다음 날 아침 7시까지 출근해야 하잖아요.

B: 맞아요. 9시에 다른 영화를 보는 것은 어때요?

A: 다른 영화는 어떤 것들이 있어요?

B: Jodie Foster가 나오는 영화가 있어요.

A: 9시에 볼 수 있을까요?

B: 그럴 거에요.

A: 그걸 보도록 하죠.

▸Informal

A: So, you got the 9:00 tickets on Friday night?

B: No, the theater was sold out for that showing. How about the 11:30 showing?

A: Nah, that's too late. We have to be at work by 7:00 the next morning for the project.

B: That's right. Do you want to see a different movie at 9:00?

A: What other movies are there?

B: We can see the new Jodie Foster film.

A: Can we see it at 9:00?

B: Probably.

A: Let's give it a try.

▸Formal

A: So were you able to purchase tickets for the Friday 9:00 screening?

B: No, all the tickets for that particular showing were sold out. Would you like to see the 11:30 screening?

A: I don't think so. Remember we have to work early the next morning.

B: You're absolutely right. Perhaps we could watch a different movie at 9:00.

A: Would you happen to know what other films are playing?

B: I believe the Jodie Foster film screens at that time as well.

A: Will we be able to see the screening at 9:00 on Friday?

B: I'm almost certain that we can.

A: That sounds fine then.

be sold out (상품 등이) 다 팔리다, 매진되다   be at work 근무 중에 있다, 일하고 있다   give a try 노력하다, 시도하다   Would you happen to know ~? 혹시 ~을 아세요?

이제 A와 B의 역할 중 하나를 맡아서 role play를 해 보세요. Step 2에서 연습한 질문과 대답을 바탕으로 다음 우리말로 표기된 부분을 영어로 직접 말해보는 연습을 해보기 바랍니다.

1 | Role playing for A

Film times

A: 저는 Tom Cruise가 나오는 영화를 보기를 굉장히 기대하고 있어요.✦ 제 동생이 그 영화 참 좋았다고 하더군요. 영화 상영 시간대를 알아 보셨나요?

B: Yes, **I checked out** the times last night on the Internet. It plays at 11:00 a.m., 1:30 p.m., 4:00 p.m., 6:30 p.m., 9:00 p.m., and 11:30 p.m.

Length of film

A: 그러면 영화가 2시간 30분 동안 상영된다는 말입니까?✦ 굉장히 길군요. 물론 그만한 가치는 있겠지만요.

B: Actually, the film is only two hours and fifteen minutes long.

A: 이해가 안 되는군요. 중간의 15분은 왜 필요한거죠?

B: It gives them time to clean out the theater between movies. You know film theaters can get quite dirty. There's always popcorn, spilled soda, candy wrappers, and crumbs everywhere. It gives them time to clean up some of that mess.

Ticket price

A: 그런데, 관람료가 얼마인지 알고 있나요?

B: The price is $7.00 for each of us.

A: 만약에 사촌과 함께 영화를 보러 간다면요?

B: Can you tell me how old she is?

A: 대학생이에요.

B: **In that case**, your cousin will only have to pay $5.50. Students receive a discount.

A: 그렇습니까? 저도 그런 할인을 받을 수 있었으면 좋겠군요.

B: But, remind your cousin to bring along her student ID. Without it she can't get the discount.

Address of the theater

A: 네, 꼭 기억해 둘게요. 이 극장은 가본 적이 없는 것 같은데, 주소가 어떻게 되나요?

B: It's 1465 Sycamore Street.

A: 그곳이 어디죠? 전에 들어 본 적이 없어요.

B: It's near the H-mart.

A: 아, 어딘지 알겠어요.

B: **You shouldn't have any problem** finding the theater then.

A: 극장이 H 마트 바로 옆에 위치해 있습니까?

B: Not exactly, no. **It's** actually **located behind** the H-mart. There shouldn't be any problems. You should see the theater sign when you see the H-mart.

A: 우리 함께 갈까요?

B: I'm afraid that it wouldn't work out. I'll be coming from somewhere else. So, **it'll** just **be easier to** meet you there.

Seating

A: 좋아요. 어쩔 수 없죠. 좋은 좌석으로 예매하셨나요?

B: I'm afraid they don't have reserved seats.

A: 그걸 몰랐네요.

B: They only have general seats here. **It's best that** we arrive early if we want good seats.

A: 그래서 금요일 밤 9시 표를 예매하셨나요?

B: No, I'm afraid it wasn't.

A: 왜요? 난 그 때 가는 걸로 생각했는데요.

Negotiation

B: All the tickets for that particular showing were sold out. As you know, Tom Cruise is quite popular these days. How about the 11:30 showing?

A: 너무 늦어요. 프로젝트 때문에 다음 날 아침 7시까지 출근해야 하잖아요.

B: You're absolutely right. Perhaps we could watch a different movie at 9:00.

A: 혹시 어떤 다른 영화를 상영하는지 알고 계시나요?+

B: I believe the Jodie Foster film screens at that time as well.

A: 그 영화도 괜찮나요?

B: **I've heard** it's quite good.

A: 그럼 9시에 상영되는 것을 볼 수 있을까요?

B: Probably.

A: 좋아요. 당신이 표를 구매하시겠어요?

B: I'll buy them online.

A: 그럼 극장에서 만나는 거죠?

B: Yes, let's meet at the theater at 8:45 p.m.

A: 그러도록 하죠.

┌───┐

Note for A

~을 알아 봤나요?
Did you find out ~?

제가 ~라고 결정한다면요?
What if I decide to + V?

나도 ~할 수 있었으면 좋겠어요
I wish I were able to + V

~을 들어본 적이 없어요
I've never heard of ~

└───┘

✚ Expression study for A

I'm looking forward to ~ing　~하는 것이 아주 기대되요

자신의 바람이나 소망을 나타내는 표현. anticipate with pleasure(기쁜 마음으로 뭔가를 고대하다)의
뜻으로 이해하면 된다. '~하기를 기대하다, 고대하다' 라는 뜻으로 어떤 일이 발생하기를 간절히 기다
리는 화자의 마음을 표현하고 있다. look forward to 다음에 동사 원형이 아니라 동사의 ~ing형이 온
다는 점을 꼭 기억해 두도록 하자.

I'm looking forward to hearing from you soon.　당신의 답장을 기다리고 있겠습니다.

I've been looking forward to meeting you for a long time.

오랫동안 당신을 만나기를 고대해 왔습니다.

Are you telling me (that) ~?　지금 ~라고 말하는 건가요?

상대방이 한 말을 제대로 알아듣지 못했거나, 너무 믿기 어려운 말을 해서 재차 확인하고자 할 때 쓸 수
있는 말이다. 의사 소통 과정에서 오해를 불러 일으키거나 실수를 하지 않으려면 이런 표현을 자주 이용
해서 제대로 짚고 가는 것이 좋을 듯. 한편 상대방의 말에 전적으로 동의하거나 찬성할 때 You're
telling me!라고 말할 수도 있다.

Are you telling me that I need to go to the office first?

내가 사무실에 먼저 가야 한다는 얘기인가요?

Are you telling me that the only way I can get there would be by bus?

내가 그곳에 갈 수 있는 방법이 버스밖에 없다는 말씀인가요?

Do you happen to know…?　혹시 ~을 아시나요?

공손하게 예의를 갖추어 물어보고자 할 때 쓸 수 있는 표현. Do you know ~?라고 직설적으로 물어보
는 것보다 happen to라는 표현을 넣으면 '혹시' 의 뜻이 가미되어 좀 더 정중한 느낌을 준다. 상대에게
무엇에 대해 좀 알려 달라고 부탁을 하는 입장에서 "~좀 알려 줄래?"라고 말하는 것보다 "혹시 ~을 아
시나요?"라고 공손하게 물어볼 때 더욱 친절한 답변이 올 거라는 사실은 당연지사. by any chance를
넣어 Do you by any chance know ~?라고 말할 수도 있다.

Do you happen to know where the meeting will take place?

회의가 어디에서 열리는지 혹시 알고 계세요?

Do you happen to know if there's a pay phone around here?　혹시 이 근처에 공중전화가 있나요?

2 | Role playing for B

A: I'm really looking forward to seeing the new Tom Cruise film. My brother said it was really good. **Did you find out** what time it plays?

B: 네, 지난 밤에 인터넷으로 알아봤어요. 오전 11시, 오후 1시 30분, 4시, 6시 30분, 9시 그리고 11시 30분에 상영하더군요.

Length of film

A: So are you telling me the film is two and a half hours long? My goodness, that's really long. It should be worth it though.

B: 사실 영화 상영 시간은 2시간 15분이에요.

A: I don't get it. Why is there 15 minutes between films?

B: 그 휴식 시간 동안 극장을 청소하도록 하는 거죠. 당신도 알다시피 극장은 쉽게 더러워지잖아요. 항상 팝콘이나 음료수 쏟아진 것, 사탕껍질, 과자 부스러기들이 여기저기 널려 있죠. 지저분한 것을 청소할 수 있는 시간을 주는 거예요.

Ticket price

A: Well, do you know the ticket price?

B: 우리 각자 7달러입니다.

A: **What if I decide to** bring my cousin along to the movie?

B: 사촌이 몇 살인데요?✲

A: She's a college student.

B: 그렇다면 5달러 50센트만 내면 되요. 학생들은 할인을 받을 수 있어요.

A: Is that so? **I wish I were able to** have that sort of discount.

B: 사촌 동생에게 학생증을 반드시 가져오라고 얘기해 주세요. 학생증이 없으면, 할인 혜택을 받을 수가 없어요.

Address of the theater

A: OK, I'll remember that. I've never been to this theater. What's the address?

B: 시커모어 가 1465번지입니다.

A: Where is that? **I've never heard of** that street.

B: H 마트 근처에 있어요.

A: Oh OK, I know where that is.

B: 이제 문제 없이 극장을 찾으실 수 있겠죠.

A: So the theater is located next to the H-mart?

B: 바로 옆은 아니고요, H 마트 뒤쪽에 있죠. 찾는 데 문제 없으실 거에요. H 마트에 가면 극장 간 판이 보일 겁니다.

A: Do you want to go together?

B: 유감이지만, 그렇게는 할 수 없을 것 같아요. 다른 곳에 있다가 갈 거거든요. 거기서 만나는 게 편할 것 같아요.

Seating

A: All right, I understand. Were you able to find good seats?

B: 안됐지만, 지정 좌석이 없더군요.

A: I wasn't aware of that.

B: 일반 좌석 밖에 없어요. 좋은 좌석을 차지하려면 일찍 가는 것이 좋을 것 같습니다.

A: So you got the tickets on Friday 9:00 screening?

B: 아니요, 안타깝지만 못했어요.

A: Why not? I thought we were going then.

Negotiation

B: 9시에 상영되는 표는 모두 매진되었더군요. 알다시피, Tom Cruise는 요즘 인기가 매우 좋죠. 11시 30분에 상영하는 것을 보는 것은 어떤가요?

A: That's too late. We have to be at work by 7:00 the next morning for the project.

B: 맞아요. 9시에 하는 다른 영화를 보는 것이 좋겠어요.

A: Do you happen to know what other films are playing?

B: 그 시간 대에 Jodie Foster가 나오는 영화도 있을 겁니다.+

A: Do you know if that film is any good?

B: 아주 재밌다고 들었어요.

A: Can we see it at 9:00?

B: 그럴 거에요.

A: That sounds fine then. Could you purchase the tickets?

B: 제가 인터넷에서 살게요.

A: Then shall we meet at the theater?

B: 네, 극장에서 8시 45분에 만나도록 하죠.

A: Wonderful.

Note for B

제가 ~을 확인해 보았어요
I checked out ~

그 경우라면
in that case

~하는 데 문제 없겠죠
You shouldn't have any problem ~ing

~ 뒤에 위치해 있어요
It's located behind ~

~하는 것이 더 낫겠어요
It'll be easier to + V

~하는 것이 가장 좋아요
It's best that ~

~라고 들었어요
I've heard ~

✚ Expression study for B

Can you tell me ~?　~을 말해 주겠어요?

"~을 말해 주겠어요?"라고 뭔가를 물어볼 때 쓸 수 있는 표현. Could you tell me ~?라고 물어보면 보다 더 공손한 표현이 되지만, 그렇다고 해서 can을 쓰면 impolite하다는 것은 아니다. 매우 격식을 차릴 경우가 아니라면, 일상 회화에서는 can이 더욱 많이 애용된다. Can you tell me 다음에 다양한 의문사를 넣어 who(~가 누구인지), what(~이 무엇인지), why(왜 ~인지), if(~인지 아닌지) 등으로 물어볼 수 있다.

Can you tell me what time it is in Seoul right now?　지금 서울은 몇 시인지 말해 주시겠어요?
Can you tell me if you have any secretarial openings?　비서직에 공석이 있는지 말해 주시겠어요?

I believe (that) ~　~라고 생각해요, ~일 것 같아요

우리가 흔히 알고 있는 believe의 뜻 '믿다'를 살려서 굳이 "~라는 것을 믿어요"라고 해석하지 않아도 된다. I believe는 뭔가에 대해 사실이라고 생각하지만, 화자가 확신할 수는 없을 때 "~라고 생각해요"라는 의미로 쓰인다.

I believe that she is not right for you.　그녀는 당신에게 맞지 않는 것 같아요.
I believe you have something of mine.　당신 지금 저의 것을 가지고 계시는 것 같은데요.

07 Inquiring to Study An English Course

영어 강좌 수강에 대해 질문하기

STEP 1 Understanding your task

역할 이해하기

지금 여러분 앞에는 두 개의 Role Card가 주어져 있습니다. Role Card A는 질문을 통해 알아내야 할 사항, Role Card B에는 그에 관한 정보들이 담겨 있습니다. 그리고 정보를 얻고 난 후, 서로 합의해야 할 사항들이 제시되어 있습니다. 먼저 Role Card A, B를 보면서, 여러분 앞에 놓여진 task를 이해하도록 노력해 보세요.

Role Card A

It's your first semester at an American university. You're not quite sure what English classes are being offered at this time. You need to go to the Overseas Studies Department and speak with a counselor. Ask questions to find out the necessary information.

Some things to think about:

Available classes

Proficiency test

Course fees

Class times

Students per class

University facilities

Follow-up questions:

Ask a counselor if it is possible to hire a private tutor.

How much would a private tutor cost? Ask a counselor for suggestions on hiring a tutor.

Note

semester 학기

counselor 상담원, 의논 상대자

available 이용할 수 있는, 쓸모 있는

fee 요금, 수업료

proficiency test (어학) 능력 시험

facilities 시설, 설비

hire 고용하다, 채용하다

private tutor 개인 교사

Role Card A

당신은 미국에 있는 대학에서 첫 학기를 맞았습니다. 이 시점에서 당신은 어떠한 영어 수업들이 있는지 잘 알지 못합니다. 당신은 해외 유학생 담당 부서에 가서 상담원과 상담을 해야 합니다. 필요한 정보들을 얻기 위해 질문해 보세요.

알아내야 할 사항:　　수강 가능한 수업들

　　　　　　　　　　영어 능력 테스트

　　　　　　　　　　코스 비용

　　　　　　　　　　수업 시간

　　　　　　　　　　수업 당 학생수

　　　　　　　　　　대학 시설

다음 질문:　　　　　상담원에게 개인 교사를 고용하는 게 가능한지 물어 보세요.

　　　　　　　　　　비용은 얼마나 드는지, 개인 교사를 구하는 데 있어서 상담원에게 조언을 구하세요.

You are a counselor at the Overseas Studies Department at an America university. A new student has come in wanting more information about English classes offered. Please use the following information to answer his/her questions.

Available classes:	**Twelve English classes** **Four different levels**
Proficiency test:	**English proficiency test is required to ascertain student's English level.** **Proficiency tests are given by the Overseas Studies Department.**
Course Fees:	**$5,500 per semester** **(allows you to take up to 18 credits)**
Class times:	**9:00 a.m. - 1:00 p.m.(M/W/F)** **2:00 p.m. - 5:00 p.m. (T/TR)**
Students per class:	**Varies; class limit is fifteen.**
University facilities:	**Overseas students have rights to access the same facilities as regular students.** **All libraries with a library pass** **Computer labs with University ID**
Private tutor:	**The Overseas Studies Department has not yet implemented a private tutoring program.**
Suggestions:	**Go to informal student international groups meet for studying and social activities. This is an excellent way to practice English.** **Advertise for an English tutor. Many university students do this to make some extra money.**

Role Card **B**

당신은 미국에 있는 어느 대학의 해외 유학생 담당 부서의 상담원입니다. 신입생이 영어 수업에 대해 더 많은 정보를 구하기 위해 왔습니다. 아래의 정보를 이용하여 질문에 답해 주세요.

들을 수 있는 수업: 12개의 영어 수업
4가지의 다른 레벨

영어 능력 테스트: 영어 수준 측정을 위해 영어 능력 테스트를 치러야 한다.
영어 능력 테스트는 Overseas Studies Department 에서 주관한다.

수업 비용: 학기당 $5,500 (18학점까지 이수 가능)

수업 시간: 9:00 a.m.- 1:00 p.m. (월, 수, 금)
2:00 p.m.- 5:00 p.m. (화, 목)

수업 당 학생수: 다양함; 한 반 정원은 15명

대학 시설: 유학생들은 일반 학생들과 동일한 시설을 이용할 권리가 있음
도서관 출입증으로 모든 도서관 통행 가능
학생증으로 컴퓨터실 이용 가능

개인 교사: Overseas Studies Department 에는 아직 개인 교습 프로그램이 없음

제안 사항: 공부와 사교적인 활동을 위한 비공식적 외국인 모임에 참여하라. 이것은 영어를 연습하는 아주 좋은 방법이다.
영어 과외 교사 구인 광고를 하라. 여유 돈을 벌기 위해 이러한 일을 하고 있는 대학생들이 많다.

Role Card의 내용을 모두 이해하셨나요? 당신이 Card A를 가지고 있다면, 당신은 미국의 대학으로 유학을 온 학생이 되겠죠. 그리고 Card B를 가지고 있다면, 미국 대학에서 외국 학생들을 위한 부서의 상담원으로서 등록하기 위해 온 학생에게 정보를 주게 됩니다. 먼저 제시된 우리말 대화를 참고하여 짧은 informal, formal Q&A를 만들어 보세요.

1 | Available classes

A: 어떤 수업들이 있습니까?
B: 12개의 다양한 수업이 있으며 4개의 레벨로 나뉘어져 있어요. 수업을 신청하기 전에 먼저 영어 능력 테스트를 치러야 합니다.

▶Informal

A: How many classes do you have?
B: We have twelve different classes and there are four levels. You need to take a proficiency test first before you can register for an English class.

▶Formal

A: I was also wondering if I would be able to enroll in an English course.
B: There are four different levels of English classes. You'd have to take a proficiency test before registering for an English class.

register 등록하다, 기재하다   I was wondering if ~ ~인지 궁금해요   enroll 등록하다, 입학하다, 가입하다

2 | Proficiency test

A: 시험을 치르기 위해 무엇을 해야 하죠?
B: 특별한 것은 없습니다. 그냥 이 과로 다시 오시면 시험을 치를 수 있습니다. 시간 약속을 정하시고요.

▶Informal

A. What do I have to do to take that test?
B: Not much. You just come back to this Department to take it. You just make an appointment.

▶Formal

A: What would I have to do to take the exam?
B: It's no trouble. You simply return to this Department for the proficiency test. You should make an appointment in advance.

make an appointment 약속을 정하다   simply 단지, 간단하게   in advance 미리, 사전에

3 | Course fees

A: 여기서 영어 공부하는 데는 비용이 얼마나 드나요? 많이 비싼가요? 그렇게 비싼 편은 아니라고 들었는데요.

B: 한 학기당 $5,500에요.

▶Informal

A: How much does it cost to study English here? Is it very expensive? I heard it wasn't that bad.

B: It costs $5,500 per semester.

▶Formal

A: Do you know how much it costs to study English here?

B: The fees for studying here would cost you $5,500 per semester.

fee 요금, 수업료

4 | Class times

A: 수업 시간은 어떻게 되나요?

B: 수업은 월요일, 수요일 그리고 금요일에 있습니다. 수업은 9시부터 1시까지입니다.

A: 화요일과 목요일에 수업을 들을 수 있나요? 언제 시작되는지 알려 줄 수 있어요?

B: 네. 화요일과 목요일 수업은 오후 2시에 시작하여 5시에 끝납니다.

▶Informal

A: What are your class times?

B: Let me finish giving you the Mondays, Wednesdays, Fridays schedule. We have classes from nine to one.

A: What about Tuesdays and Thursdays? Can you tell me when they meet?

B: OK. On Tuesdays and Thursdays we have classes from 2:00 p.m. until 5:00 p.m.

▶Formal

A: Would you tell me the class times offered for this semester?

B: Our classes are conducted on Mondays, Wednesdays, and Fridays. They begin at nine in the morning. They are finished at 1:00 p.m.

A: Would I be able to take a class on Tuesdays and Thursdays? Could you tell me when those classes meet?

B: There are classes on Tuesdays and Thursdays. Those classes are held from 2:00 p.m. until 5:00 p.m.

conduct 수행하다, 실시하다   hold 개최하다, 열다

5 | Students per class

A: 수업마다 몇 명의 학생들이 있나요?

B: 학생수는 얼마나 많은 학생들이 그 학기에 수강 신청하느냐에 따라 달라요. 대략 10~12 명 정도이고요. 정원은 15명이에요.

▶Informal

A: How many students are there in each class?

B: The number of students depends on how many students enroll for that semester. It's usually about 10-12 students. The class limit is fifteen.

▶Formal

A: Do you know how many students there are in each class?

B: The number of students varies but it's usually about 10-12 students in each class. The maximum number of students allowed is fifteen members.

depend on ~에 따라 다르다, ~에 달려 있다   vary 변화하다, 달라지다   maximum 최대한, 최고의

6 | University facilities

A: 여가 시간에는 어떤 활동을 할 수 있을까요?

B: 등록하시면, 도서관 출입증으로 도서관 출입이 가능하게 됩니다. 또한 당신의 ID 카드를 이용하여 컴퓨터실을 이용할 수도 있습니다.

▶Informal

A: What sort of things can I do in my free time?

B: You get a library pass when you register, so you can use our libraries. Also, you can use all the computer labs with your ID card.

▶Formal

A: Could you tell me what activities are available when I'm not studying?

B: Once you are registered, you'll be allowed to have a library pass. The library pass will allow you access to all of our libraries. Also, you will be able to use the computer labs with your university identification card.

library pass 도서관 출입증   computer lab 컴퓨터실   once 일단 ~하면

Follow-up questions

A: 저는 영어 공부를 도와 줄 개인 과외 교사를 원하는데요.

B: 우리는 아직 영어 개인 교습 프로그램을 실시하고 있지 않아요. 지금 준비 중입니다.

A: 어떻게 개인 과외 교사를 구할 수 있습니까?

B: 당신을 도와 줄 스터디 모임들이 많습니다. 또한 영어 개인 과외 교사를 구한다는 광고를 내셔도 될 거에요.

▶**Informal**

A: I really want a private tutor to help me with my English.

B: We don't have a private English tutor program yet. We're working on it now.

A: How can I get a private tutor?

B: There are many study groups that could help you. You could also put an advertisement up saying that you want someone to tutor you in English.

▶**Formal**

A: Actually, I would really like to find a private tutor to assist me with my English.

B: I'm afraid that we haven't started a private English tutoring program yet. We're still in the process of working on it.

A: Would I be able to get a private tutor?

B: I believe there are a number of study groups that would be able to assist you. Also, you could place an advertisement looking for someone to tutor you in English.

assist 돕다, 거들다   place an advertisement 광고를 내다

이제 A와 B의 역할 중 하나를 맡아서 role play를 해 보세요. Step 2에서 연습한 질문과 대답을
바탕으로 다음 우리말로 표기된 부분을 영어로 직접 말해보는 연습을 해보기 바랍니다.

1 | Role playing for A

A: 안녕하세요, 도움이 좀 필요한데요. 저는 이번에 입학한 신입생이에요. 무엇을 어떻게 해야 할
지 잘 모르겠어요.

B: Certainly, I can assist you however you need. Would you first sign your name here for our
records? **Did you mention that** you've already registered?

A: 아니오, 제가 등록하는 것을 좀 도와 주셨으면 하는데요. 그렇게 해주실 수 있나요?

B: It's not a problem. I'd be happy to help.

Available classes

A: 감사합니다. 제가 영어 수업을 들을 수 있을지 궁금한데요.

B: There are a number of English courses available that you could enroll in.

A: 그것에 대해 말씀해 주시겠어요?

Proficiency test

B: There are four different levels of English classes. You'd have to take a proficiency test
before registering for an English class. It's important that we ascertain what your level is
before we place you into a class.

A: 시험을 보려면 무엇을 해야 하나요?

B: It's no trouble. You simply return to this Department for the proficiency test. You should
make an appointment in advance. We will be offering the test once a day. It's possible
that you could come in tomorrow **if you so desired**.

A: 아쉽지만 내일은 시험을 볼 수 없을 것 같군요.✦ 오늘 시험을 볼 수 있습니까?

B: I'm sorry, we administered it an hour ago.

A: 제가 목요일에 다시 와도 될까요?✦

B: Sure. That shouldn't be a problem.

Course fees

A: 여기서 영어 공부하는 데 드는 비용이 얼마나 되나요?

B: The fees for studying here would cost you $5,500 per semester.

A: 영어 수업을 듣는 데만 비용이 그 정도 드나요?

B: No, that fee would allow you to enroll in a number of classes.

A: 이번 학기에 제공되는 수업 시간들에 대해 말씀해주시겠습니까?

B: Our classes are conducted on Mondays, Wednesdays, and Fridays. They begin at nine in the morning. They are finished at 1:00 p.m.

A: 제가 화요일과 목요일에 수업을 들을 수 있습니까? 언제 수업이 시작되는지 알려 주시겠어요?

B: There are classes on Tuesdays and Thursdays. Those classes are held from 2:00 p.m. until 5:00 p.m.

A: 저녁 시간에 수업을 들을 수 있습니까?+

B: Unfortunately, that's not possible.

Students per class

A: 매 수업마다 얼마나 많은 학생들이 수업을 받나요?

B: The number of students varies but it's usually about 10-12 students in each class. The maximum number of students allowed is fifteen members.

University facilities

A: 수업이 없는 시간에 어떤 활동이 가능한지 말씀해 주시겠어요?

B: Actually, there are a number of activities that you may be interested in. Once you are registered, you'll be allowed to have a library pass. The library pass will allow you access to all of our libraries. Also, you will be able to use the computer labs with your University identification card.

A: 좋군요. 여기서 생활하는 것에 관해서 질문이 있을 때 어디로 가야 하나요?

B: Please **feel free to return here** if you require any sort of assistance.

Follow-up questions

A: 감사합니다. 꼭 그렇게 하겠습니다. 사실, 저는 영어 공부를 도와 줄 개인 과외 교사가 절실히 필요합니다. 저는 아직 영어로 대화하는 것을 꺼려하거든요.

B: I'm afraid that we haven't started a private English tutoring program yet. We're still in the process of working on it.

A: 개인 교사를 구할 수 있을까요?

B: I believe there are a number of study groups that would be able to assist you. Also, you could place an advertisement looking for someone to tutor you in English. There are a number of American college students that are always interested in earning some additional income.

A: 조언해 주셔서 고맙습니다. 시간 내주셔서 감사합니다. 더 질문이 있으면 다시 찾아 오겠습니다.

Note for A

당신이 ~해 주었으면 좋겠어요
I was hoping you might be able to + V

꼭 그렇게 하겠습니다
I'll be sure to do that

제가 ~할 수 있을지 궁금해요
I was wondering if I would be able to + V

정말 ~하고 싶어요
I would really like to + V

~하는 데 비용이 얼마인가요?
How much does it cost to + V?

~하는 것을 꺼리다, ~하기 싫어하다
be reluctant to + V

✚ Expression study for A

There's no way to + V [that ~]   ~할 방법이 없다, ~할 수 없다

불가능함을 나타내는 표현. 누군가가 무엇을 부탁했을 때 "내가 ~을 할 방법이 없다" 즉 "나는 ~을 할 수 없다"라는 식으로 거절하거나, 어떤 일이 결코 일어날 리가 없음을 강조하고자 할 때 쓸 수 있는 표현이다. 특히 누군가가 부탁 혹은 요청을 했을 때 No way!라고 대답하면 매우 단호한 거절을 나타내게 된다.

There is no way I could have known.   내가 알고 있었을 리가 없죠.
I'm sorry but **there's no way** we can help you.   미안하지만, 너를 도와 줄 수 있는 방법이 없구나.

Do you think it would be all right to + V?   ~해도 괜찮을까요?

to 이하의 것을 해도 될지 허가를 구하고자 할 때 쓸 수 있는 표현이다. 보다 표현을 공손하게 하는 조동사 would에 Do you think까지 붙어 허가를 요청하는 예의 바른 표현이 되었다. 상대방은 허가해 줄 경우에는 보통 Sure, Of course, Certainly 등으로, 안 된다고 할 때는 I'm afraid not이나 I don't think so 라고 대답한다.

Do you think it would be all right to take a day off tomorrow?   내일 하루 쉬어도 될까요?
Do you think it would be all right to add a point or two?   제가 한두 마디 덧붙여도 될까요?

Is it possible to + V?   ~하는 것이 가능할까요?

바로 앞에서 배운 표현 Do you think it would be all right to ~?와 마찬가지로 허락을 요청할 때 쓸 수 있는 표현이다. possible이 이미를 살려 가능성에 대해 질문 할 수도 있지만, "~하는 것이 가능할까요?"를 한 번 더 깊이 생각해 보면, "~해도 될까요?"라는 식으로 허가를 요청하거나, "당신이 ~좀 해 주시겠어요?"라는 부탁의 의미를 띠게 된다.

Is it possible for me **to** leave a message for her?   그녀에게 메시지를 남길 수 있을까요?
Is it possible for you **to** locate John Smith?   John Smith라는 분을 찾을 수 있을까요?

2 | Role playing for B

A: Hello, I would like some assistance please. I'm a new student here. I don't know what I should do.

B: 무엇이든 도와드리겠습니다. 먼저 학생 카드에 이름을 적어 주시겠어요? 이미 등록했다고 하셨던가요?

A: Actually, **I was hoping you might be able to** help me register. Is that possible?

B: 별 문제 아니에요. 기꺼이 도와드리죠.﹢

Available classes

A: Thank you. **I was** also **wondering if I would be able to** enroll in an English course.

B: 당신이 수강할 수 있는 영어 수업은 많이 있어요.

A: Could you tell me about them?

Proficiency test

B: 우선, 4단계의 영어 수업이 제공되고 있습니다. 영어 수업을 신청하시기 전에 영어 능력 테스트를 치러야 합니다. 당신에게 적절한 수업을 배치하려면 당신의 수준이 어느 정도인지 알아 보는 것이 중요하거든요.

A: What would I have to do to take the exam?

B: 별로 어려울 건 없습니다. 능력 테스트를 위해 다시 이리로 오시기만 하면 됩니다. 단, 미리 시간 약속을 하셔야 합니다. 우리는 하루에 한 번 테스트를 실시하고 있습니다. 원하신다면 내일 오셔도 가능합니다.

A: I'm afraid there's no way I would be able to take the exam tomorrow. Could I take it today?

B: 죄송합니다만. 우리는 테스트를 1시간 전에 실시했습니다.

A: Do you think it would be all right to come back on Thursday?

B: 물론입니다. 괜찮습니다.

Course fees

A: **How much does it cost to** study English here?

B: 학비는 학기당 5,500달러입니다.

A: Would that price be just for enrolling in the English classes?

B: 아닙니다, 그 금액으로 다른 수업들도 들을 수 있습니다.

Class times

A: Would you tell me the class times offered for this semester?

B: 수업은 월요일, 수요일 그리고 금요일에 있습니다. 아침 9시에 시작되어서 오후 1시에 끝납니다.

A: Would I be able to take a class on Tuesdays and Thursdays? Could you tell me when those classes meet?

B: 화요일과 목요일에도 수업이 있습니다. 그 수업들은 오후 2시에 시작하여 5시까지 진행됩니다.

A: Is it possible to take a class in the evening?

B: 죄송합니다만, 그건 불가능합니다.

Students per class

A: Do you know how many students there are in each class?

B: 학생 수는 다양합니다만, 대략 10–12명 정도입니다. 수업 당 학생 수를 15명으로 제한하고 있습니다.

University facilities

A: Could you tell me what activities are available when I'm not studying?

B: 당신이 흥미를 느낄 만한 활동들이 많이 있습니다. 일단 등록을 하시면,✝ 당신은 도서관 출입증을 발급 받게 됩니다. 도서관 출입증으로 모든 도서관의 이용이 가능하며, 또한 대학 ID 카드를 이용하여 컴퓨터실 출입도 가능합니다.

A: That sounds great. Where should I go if I have any questions about living here?

B: 도움이 필요하시면, 언제든지 이곳을 방문해 주십시오.

Follow-up questions

A: Thank you, **I'll be sure to do that**. Actually, **I would really like to** find a private tutor to assist me with my English. **I'm** still a bit **reluctant to** speak it.

B: 유감스럽게도, 우리는 아직 개인 영어 과외 교육 프로그램을 실시하고 있지 않습니다. 지금 그 제도를 만들기 위해 작업 중입니다.

A: Would I be able to get a private tutor?

B: 당신에게 도움이 될 만한 스터디 모임들이 많이 있을 것 같고, 또한 영어 과외 해 줄 사람을 찾는다는 광고를 내 볼 수도 있죠. 여기엔 부수입을 벌고자 하는 미국 대학생들이 많이 있거든요.

A: Thank you so much for your advice. I appreciate your time today. I will be sure to return if I have any more questions.

Note for B

~라고 말씀하셨던가요?
Did you mention that ~?

당신이 그렇게 원한다면
if you so desired

미리 약속을 정하다
make an appointment in advance

언제든지 이곳에 다시 들르세요
Feel free to return here

✛ Expression study for B

I'd be happy to + V 기꺼이 ~하겠습니다

화자가 자진해서 뭔가를 하겠다고 말할 때 쓸 수 있는 표현. 유사 표현으로는 I'm willing to + V가 있다. 이 표현에는 억지로 한다거나 꺼리는 듯한 태도는 전혀 담겨 있지 않다. 무엇을 부탁하는 상대방은 이렇게 말해줄 경우 훨씬 더 고마움을 느낄 것이다. 이왕 해줄 거라면 기쁜 마음으로 이 표현을 써먹어 보자. 훨씬 부드러운 대화를 이끌어 나갈 수 있을 것이다.

I'd be happy to give you a ride.   기꺼이 제 차로 모셔다 드리겠습니다.
I'd be happy to cover shipping expenses.   운송 비용은 제가 부담하겠습니다.

Once ~ 일단 ~하면, ~하자마자

'한 번'이라는 부사로 가장 유명한 once가 접속사로 활용된 경우. 접속사이므로 뒤에는 당연히 S + V의 절이 이어지게 된다. '일단 ~하면', '~하자마자' 정도의 의미로 동시성과 즉각성을 강조하게 된다. once가 비슷한 개념으로 활용된 부사구로 at once(당장, 즉시), all at once(갑자기) 등의 표현들도 함께 익혀 두도록 하자.

Once he hesitates, we have him.   그가 망설이기만 한다면, 우리는 그를 잡은 것이나 마찬가지다.
Once I've found somewhere to live, I'll send you my address.
거처를 마련하는 대로 제 주소를 보내드리겠습니다.

08 Renting A Vehicle

자동차 렌트하기

STEP 1 Understanding your task

역할 이해하기

지금 여러분 앞에는 두 개의 Role Card가 주어져 있습니다. Role Card A는 질문을 통해 알아내야 할 사항, Role Card B에는 그에 관한 정보들이 담겨 있습니다. 먼저 Role Card A, B를 보면서, 여러분 앞에 놓여진 task를 이해하도록 노력해 보세요.

Role Card A

You are planning to travel across the country with friends for the duration of two weeks. You will also be taking some luggage. You have been looking for a car to rent and you have found the car you really like. Ask your partner about the following topics.

Some things to find out about: **Type of vehicle**

Cost of rental

Deposit

Year vehicle was manufactured

Vehicle features

Option available

Negotiation:

You dislike the car seats. You have found several stains on the back seat, and there are some burn marks. You think the dealer should replace the seats.

Note

duration 지속, 존속 기간　　　　　　　**feature** 특징, 특색

luggage 수하물, 짐　　　　　　　　　**stain** 얼룩, 오점, 흠

rental 임대　　　　　　　　　　　　**burn mark** 그을린 자국, 탄 자국

deposit 예약금, 기탁금, 보석금　　　　**dealer** 상인, 판매업자

manufacture 제조하다, 제작하다

Role Card **A**

당신은 친구들과 함께 2주 동안 전국 일주를 할 계획입니다. 당신은 또한 약간의 짐을 가지고 갈 것입니다. 빌릴 만할 차를 찾고 있었고, 정말로 마음에 드는 차를 마침내 찾았습니다. 당신의 파트너에게 다음 사항들에 대해 질문해 보세요.

알아내야 할 사항들:　차의 종류

　　　　　　　　　　임대료

　　　　　　　　　　예치금

　　　　　　　　　　차의 연식

　　　　　　　　　　차의 특징

　　　　　　　　　　선택 가능한 사항들

협의 사항:

당신은 차의 좌석이 마음에 들지 않습니다. 뒷 좌석에 몇 개의 얼룩과 그을린 자국들이 있는 것을 발견했습니다. 당신은 딜러가 좌석 시트를 교체해 주어야 한다고 생각합니다.

You are a car dealer, working at a rent-a-car company. You receive your income through commission, so you have to persuade your partner to rent this car out. Assist your partner with details given below.

Type of vehicle: **Hyundai Accent**

Cost of rental: **$130 per week including insurance fee of $50**

Deposit: **150% of the rental charges**

Year vehicle was manufactured: **1996**

Vehicle features: **Automatic transmission / Air conditioning / Driver's airbag / AM/FM radio and cassette / Power steering**

Option available: **Neverlost Navigational System**
  -a route-guidance system, providing turn-by-turn directions
  4-inch LCD video screen, with computer-activated voice instruction dash mounted
  The fee of $8.00 per day, $40.00 per week

Negotiation : **Your partner wants the car seats replaced. You can't replace the car seats. Tell your partner that you can supply them with new seat covers but not the whole car seats.**

Role Card **B**

당신은 렌터카 회사에서 일하는 딜러입니다. 커미션이 당신의 수입원이므로, 당신은 상대
방이 이 차를 빌려 가도록 설득해야 합니다. 아래 제시된 세부 사항들을 참고로 당신의 파
트너를 도와 주세요.

차량의 종류:　　　현대 액센트

임대료:　　　보험료 50달러를 포함하여 주 당 130달러

예치금:　　　임대료의 150%

차의 연식:　　　1996

차의 특징:　　　자동 변속기 / 에어컨 / 에어백
　　　　　　　AM/FM 라디오와 카세트 / 파워 스티어링

선택 가능한 옵션:　　　네버로스트 네비게이션 시스템
　　　　　　　 – 도로 정보 안내 장치, 방향을 바꿀 때마다 안내해 준다.
　　　　　　　4인치 LCD비디오 화면. 목소리로 길을 알려주는 컴퓨터 장치가 부
　　　　　　　착되어 있다.
　　　　　　　1일 사용료는 8달러, 1주일에는 40달러

협의 사항:　　　손님이 좌석 시트를 교체해 달라고 합니다. 그러나 당신은 좌석 시
　　　　　　　트를 바꿀 수는 없습니다. 손님에게 새 좌석 시트 커버를 줄 수는 있
　　　　　　　지만 시트를 통째로 바꿀 수는 없다고 말해 주세요.

Role Card의 내용을 모두 이해하셨나요? 당신이 Card A를 가지고 있다면, 당신은 여행을 위해 차를 빌리려 하는 사람이 되겠죠. 그리고 Card B를 가지고 있다면, 차를 임대하는 곳에서 차를 관리하는 딜러입니다. 먼저 제시된 우리말 대화를 참고하여 짧은 informal, formal Q&A를 만들어 보세요.

1 | Type of vehicle

A: 이 차는 어떤 종류의 차죠?
B: 현대 액센트에요.

▶**Informal**

A: What kind of car is it?
B: It's a Hyundai Accent.

▶**Formal**

A: Could you tell me the type of vehicle, please?
B: Certainly, the vehicle is a Hyundai Accent.

type 종류, 유형   Certainly 물론이죠

2 | Cost of rental

A: 차의 임대료는 얼마인가요?
B: 차를 빌리는 기간에 따라 달라져요. 1일, 주간, 주말로 나뉘어집니다.
A: 저는 약 2주 정도 빌릴 예정이에요.
B: 그렇다면 주당 130달러에요. 차의 상태를 감안하면 괜찮은 가격이죠.

▶**Informal**

A: I was just wondering, how much does it cost to rent?
B: Well, it depends how long you are going to rent the car. We have daily, weekly, and weekend deals.
A: I'll be renting the car for about two weeks.
B: Well then, it'll be $130 per week. I think it's a fair price looking at the condition of the car.

A: Could you please tell me the price for the rental?

B: The prices will differ depending on the duration of the rental. We have daily, weekly, and weekend deals available.

A: The duration of the rent will be approximately two weeks.

B: In that case, the rental fee will be $130 per week. This is considered to be an adequate price bearing in mind the quality of the car.

fair 적당한, 공정한   condition 상태, 조건   approximately 대략, 대체로   adequate 알맞은, 적절한
bear in mind 기억하다, 명심하다

3 | Deposit

A: 차를 빌리는 데 별도로 부과되는 돈이 있나요?

B: 네, 빌려갈 때 예치금을 내야 합니다. 그 돈은 차를 반납하실 때 다시 돌려드릴 거에요.

A: 예치금은 얼마죠?

B: 1주일 이상 빌린다면, 임대료의 150%를 지불하셔야 해요. 그렇다면 합계가 390달러가 되겠죠.

▸Informal

A: Are there any other charges that I have to pay to rent out the car?

B: Well, there will be a deposit, which you need to pay when you rent it out. You'll get your deposit back when you return the car.

A: How much is the deposit then?

B: If you are renting it out more than a week, then it'll be 150% of the rental charge, so it'll amount to $390.

▸Formal

A: Will there be any surcharges that are necessary for the rental of the vehicle?

B: Yes. You must pay a deposit. However, you will have the deposit back on the return of the vehicle.

A: How much will be the deposit then?

B: Since you will be renting more than a week, it'll be 150% of the rental charge, which will amount to $390 in total for the deposit.

charge 청구 금액, 요금   deposit 보증금, 예치금   amount to (금액이) ~에 이르다   surcharge 추가
요금, 할증금

4 | Year vehicle was manufactured

A: 그냥 궁금해서 물어보는데요. 이 차는 언제 생산된 거죠?
B: 1996년형입니다.

▶Informal

A: Just wondering, when was this car manufactured?
B: It was manufactured in 1996.

▶Formal

A: Out of curiosity, can you please tell me when this vehicle was manufactured?
B: This vehicle is a 1996 model.

manufacture 제조하다, 제작하다   out of curiosity 호기심에서

5 | Vehicle features

A: 이 차의 특징은 무엇인가요?
B: 이 차에는 자동 변속 장치, 에어컨, 운전자 에어백, AM/FM 수신 라디오와 카세트가 설치되어 있습니다. 물론 파워 스티어링 장치도 되어 있구요.

▶Informal

A: What are some of the features of this car?
B: For this car, it has automatic transmission, air conditioning, driver's airbag, AM/FM radio and cassette. And of course the power steering is available.

▶Formal

A: Can you tell me several features of this vehicle?
B: Sure. This vehicle has automatic transmission, air conditioning, driver's airbag, AM/FM radio and cassette, and the power steering.

feature 특징

6 | Option available

A: 차의 옵션은 어떤 것들이 있죠?

B: 정말 잘 물어보셨네요. 네버로스트 네비게이션 시스템이라고 불리는 장치가 있어요. 지난 달에 막 출시된 제품이죠.

A: 그래요? 어떤 점이 그렇게 좋은가요?

B: 전자 지도라고 생각하시면 되요. 방향을 바꿀 때마다 길을 알려주는 도로 안내 시스템이에요. 4인치 LCD 비디오 스크린이 부착되어 있는데 거기서 컴퓨터 기계음이 나와 길을 알려주죠.

A: 멋진 장치인 것 같지만, 비싸지 않나요?

B: 생각만큼 비싸지는 않아요. 하루에 8달러이고, 1주일에 40달러에요. 여행하는 사람에게는 괜찮은 조건이죠.

▶ **Informal**

A: Are there any options available with this car?

B: I'm glad you have asked me that question. We have new navigation equipment which is called the Neverlost Navigational System. It just came on the market last month.

A: Really? What is so good about it?

B: Think of it as an electronic map. It's a route guidance system, providing turn-by-turn directions. You'll have a mounted 4-inch LCD video screen, with computer-activated voice instruction.

A: That sounds all great but I guess it'll be expensive, right?

B: Actually, it's not as expensive as it sounds. It costs $8 per day or $40 per week. It's a great deal for travelers.

▶ **Formal**

A: Will there be any options available for this type of vehicle?

B: I'm most delighted to be able to answer this question. We have adopted new navigation equipment, which is newly out in the market last month called the Neverlost Navigational System.

A: What are the advantages of this system?

B: This system is similar to an electronic map. It is a route guidance system, providing turn-by-turn directions. A 4-inch LCD video screen, with computer-activated voice instruction will be mounted in the vehicle.

A: The system sounds like great equipment, however, I assume the price of it will be expensive.

B: Fortunately, the price of this equipment is not so expensive. The charged rates are $8 per day or $40 per week. It will be a great opportunity for travelers.

---

equipment 장치, 설비   come on the market 출시되다   adopt 채택하다

7 | Negotiation

A: 다른 것에 관한 건데, 뒷 좌석에 얼룩과 그을린 자국들이 있더군요. 시트를 교체해 주시겠어요?

B: 뒷 좌석 시트를 바꾸어 드릴 수는 없습니다만, 시트 커버를 드릴게요.

▶Informal

A: Just another thing about the car, I've realized that there are a couple of stains and burn marks on the back seat. Can you replace the car seats?

B: I can't replace the back seat but I'll tell you what, I'll supply you with seat covers.

▶Formal

A: I have one last query concerning the vehicle. It came to my attention that there are a couple of stains and burn marks on the back seat. Will you be able to replace the car seats?

B: Unfortunately, I won't be able to replace the back seat for you; however, I can provide you with seat covers.

I'll tell you what 들어보세요, 다음 얘기를 하기 전에 잠시 뜸을 들일 때 쓰는 표현(=Let me tell you something) supply 제공하다, 지급하다   query 질문, 의혹   It comes to somebody's attention that ~ ~라는 사실을 깨닫게 되다   a couple of 두세 개의

이제 A와 B의 역할 중 하나를 맡아서 role play를 해 보세요. Step 2에서 연습한 질문과 대답을 바탕으로 다음 우리말로 표기된 부분을 영어로 직접 말해보는 연습을 해보기 바랍니다.

1 | Role playing for A

B: How are you today?

A: 네, 안녕하세요.

B: Is there anything I can help you with?

A: 네, 친구들과 함께 2주 동안 **전국 일주를 하려고 하거든요.** ✱ 그래서 차가 필요해요.

B: I see, **do you have any particular** car **in mind**, or do you want me to recommend a vehicle for you?

Type of vehicle

A: 사실, 이 차가 마음에 들어요. 상태도 좋아 보이구요. 이 차의 종류는 뭔가요?

B: It's a Hyundai Accent. It is quite popular among young drivers. It is one of the most economical cars we have here. Do you want to take a look at it?

A: 그게 좋겠네요.

B: Well, let me go and get the keys. I'll be right back.

A: 네, 저는 잠깐 둘러 보고 있을게요.

B: Here we go, **sorry about making you** wait.

Cost of rental

A: 임대료는 얼마인지 궁금한데요.

B: Well, **it depends how long** you are going to rent the car. We have daily, weekly, and weekend deals.

A: 2주 정도 빌릴 예정이에요.

B: Well then, it'll be $130 per week. I think it's a fair price looking at the condition of the car.

A: 그런 것 같군요. 별도로 부과되는 요금이 있나요? **보험도 가능하다고 들었는데요.** ✱

B: Yes. You also need to pay additional $50 in case of any accidents. You'll be fully insured from any accidents.

A: 사고가 나지 않을 경우에는 돈을 돌려 받을 수도 있나요?

B: Unfortunately you don't get this money back. But the reason we have this policy is that anything can happen while you travel. I'm sure **you know better than I do** So by paying only $50, you don't need to worry about repairs of the car or the other car involved in the accident.

A: 정말 좋은 제도이군요. 차를 빌리는 데 내야 되는 돈이 또 있나요?

B: Well, there will be a deposit, which you need to pay when you rent it out. You'll get your deposit back when you return the car.

A: 얼마인가요?

B: If you are renting it out more than a week, then it'll be 150% of the rental charge, so it'll amount to $390.

A: 좋아요. 그냥 궁금해서 여쭤보는데요. 이 차는 언제 생산된 거죠?

B: It was manufactured in 1996. But this car is in good condition. I guarantee it.

A: 이 차의 특징은 무엇인가요?

B: For this car, it has automatic transmission, air conditioning, driver's airbag, AM/FM radio and cassette. And of course the power steering is available.

A: 이 차에 또 다른 옵션들도 있나요?

B: I'm glad you have asked me that question. We have new navigation equipment which is called the Neverlost Navigational System. It just came on the market last month.

A: 그래요? 어떤 점이 그렇게 좋죠?

B: Think of it as an electronic map. It's a route guidance system, providing turn-by-turn directions. You'll have a mounted 4-inch LCD video screen, with computer-activated voice instruction.

A: 정말 멋진 장치인 것 같기는 하지만, 비싸지 않나요?

B: Actually, it's not as expensive as it sounds. It costs $8 per day or $40 per week. It's a great deal for travelers.

A: 그렇겠군요. 다른 것에 관한 건데, 뒷 좌석에 얼룩과 그을린 자국들이 있더군요. 좌석 시트를 교체해 주시겠어요?

B: I can't replace the back seat but **I'll tell you what**, I'll supply you with seat covers. How does that sound?

A: 그 정도면 됐어요. 도와 주셔서 감사 드려요. 다른 친구들과 먼저 이야기해 보고 다시 와도 될까요?

B: Sure, I hope to see you soon. Here is my business card. Just look for me when you decide to come back.

A: 감사합니다.

✚ Expression study for A

be planning to + V　~할 계획이다

앞으로 하게 될 일이나 자신의 의도를 밝힐 때 쓸 수 있는 표현이다. 전치사 on을 이용하여 I'm planning on ~ing로 표현하거나 for를 이용하여 I am planning for a dinner party(만찬회 계획을 세우고 있어요)라는 식으로 표현할 수도 있다.

I am planning to stay here for two weeks, or maybe longer.
여기서 2주일 혹은 그 이상 머무를 예정입니다.

I am planning to go home during the summer vacation.　저는 여름 방학 동안 집에 갈 생각이에요.

I've heard that ~　~라고 들었어요

that절 이하의 사실을 이미 들어서 알고 있다는 뜻이다. 굳이 누군가가 자신에게만 특별히 알려줘서 듣게 되었다기보다는, 그냥 일반적으로 뭔가를 들었을 경우에 쓸 수 있다. 따라서 이 표현을 쓸 때는 누구에게 들었는지도 굳이 언급하지 않기 마련이다.

I've heard that you are leaving soon.　당신이 곧 떠난다고 들었어요.
I've heard that he went to America.　그가 미국으로 갔다고 들었어요.

2 | **Role playing for B**

B: 안녕하세요?

A: Good thanks.

B: **제가 뭐 도와드릴게 있나요?**[+]

A: Actually yes. A couple of my friends and I are planning to travel across the country for a couple of weeks and we need a car.

B: 아, 그렇군요. 특별히 생각해 두신 차가 있나요? 아니면 제가 적당한 차를 추천해 드릴까요?

Type of vehicle

A: Well, **as a matter of fact**, I'm interested in this car. It seems to **be in good condition**. What kind of car is it?

B: 현대 액센트에요. 젊은 운전자들 사이에서 꽤 인기가 좋죠. 저희가 보유한 차량 중에서 가장 저렴한 것 중 하나이기도 하구요. 한 번 보시겠어요?

A: I think I better.

B: 가서 열쇠를 가져 올게요. 금방 오겠습니다.

A: OK, I'll just **look around a bit**.

B: 여기 있어요. 기다리시게 해서 죄송해요.

Cost of rental

A: I was just wondering, how much does it cost to rent?

B: 음, 차를 얼마 동안 빌리느냐에 따라 달라요. 1일, 주간, 주말로 단위가 나누어져요.

A: I'll be renting the car for about two weeks.

B: 음, 그렇다면 주 당 130달러가 되겠네요. 차의 상태를 감안하면 적당한 가격이라고 생각하는데요.

A: **I guess so**. Are there any other charges? I've heard that insurance is also available.

B: 네, 사고를 대비해서 50달러를 추가로 내셔야 합니다. 어떤 사고의 경우에도 보험 혜택을 받으실 수 있습니다.

A: If I don't have an accident, do I get this money back?

B: 돈을 돌려 받으실 수는 없어요. 이 제도를 시행하는 이유는 당신이 여행하는 동안 어떤 일이 일어날지 모르기 때문이죠. 저보다 손님이 더 잘 아실 거라고 생각하는데요. 그래서 50달러만 내시면 이 차나 사고와 관련된 다른 차량의 수리비에 대해서 걱정하실 필요가 없는 거죠.

Deposit

A: I guess it's a good policy. Are there any other charges that I have to pay to rent out the car?

B: 네, 차를 빌려 가실 때 예치금을 내셔야 해요. 차를 반납하실 때 예치금은 돌려 받으실 수 있습니다.

A: How much is the deposit then?

B: 1주일 이상 빌리신다면, 임대료의 150%를 내셔야 해요. 그러면 390달러가 되겠네요.⁺

Year
vehicle was
manufactured

A: All right. Just wondering, when was this car manufactured?

B: 1996년에 생산된 거에요. 하지만 이 차는 상태가 좋은 편이죠. 제가 보장해요.

Vehicle
features

A: What are some of the features of this car?

B: 이 차에는 자동 변속 장치, 에어컨, 에어백, AM/FM 수신 라디오와 카세트가 설치되어 있어요. 물론 파워 스티어링 장치도 이용하실 수 있고요.

Option
available

A: Are there any options available with this car?

B: 정말 잘 물어보셨네요.⁺ 저희는 네버로스트 네비게이션 시스템이라고 불리는 새로운 도로 안내 장치를 가지고 있어요. 지난 달에 막 출시된 거죠.

A: Really? What is so good about it?

B: 전자 지도라고 생각하시면 되요. 방향을 바꿀 때마다 길을 알려주는 시스템이에요. 4인치 LCD 비디오 스크린이 부착되어 있는데 거기서 컴퓨터 기계음이 나와 길을 알려주죠.

A: That sounds all great but I guess it'll be expensive, right?

B: 사실 생각만큼 비싸지는 않아요. 하루에 8달러이고 1주일에 40달러에요. 여행하는 사람에게는 괜찮은 조건이죠.

Negotiation

A: I guess so. Just another thing about the car, I realized that there are a couple of stains and burn marks on the back seat. Can you replace the car seats?

B: 뒷 좌석 시트를 바꾸어 드릴 수는 없습니다만, 시트 커버를 드릴게요. 어떠세요?

A: That sounds good enough. Thanks for your help. **I need to talk with** my other friends **first** and then I'll get back to you, OK?

B: 네, 물론이죠. 곧 다시 뵙기를 바랍니다. 제 명함이에요. 다시 오실 때 저를 찾으시면 되요.

A: Thank you.

Note for B

특별히 생각해 두신 ~이 있나요?
Do you have any particular ~ in mind?

~하게 해서 죄송해요
Sorry about making you + V

얼마나 오랫동안 ~하느냐에 따라 달라져요
It depends how long ~

당신이 저보다 더 잘 아실 텐데요
You know better than I do

그런데 있잖아요, 이 점은 말씀드릴게요
I'll tell you what

✚ Expression study for B

Is there anything that I can ~?   제가 ~할 수 있는 게 뭐 있나요?

주로 "제가 도움이 될 만한 ~이 있습니까?"라고 도움을 제안할 때 많이 쓰인다. can 대신에 should를 써서 Is there anything that I should ~?라고 하면 "제가 ~해야 할 것이 있습니까?" 라는 뜻으로 자신이 해야 할 일을 누군가가 시키기 전에 먼저 적극적으로 물어보고자 할 때 쓰는 표현이다.

Is there anything I can do for you?   당신에게 도움이 될 만할 일이 있을까요?
Is there anything I should be aware of?   제가 알아야 할 것이 있나요?

amount to   (금액, 총합이) ~에 달하다

양을 나타내는 단어 amount가 동사로 쓰이면 amount to 뒤에 구체적인 금액을 언급하여 '(금액이) ~에 달하다' 라는 뜻이 되며, 특히 다 더했을 때 '총합이 ~에 달하다' 라고 표현할 때 많이 쓰인다. 혹은 This answer amounts to a refusal(이 대답은 거절이나 마찬가지다)라는 문장에서처럼 '결과적으로 ~이 되다, ~이나 마찬가지다' 라는 의미로 쓰이기도 한다.

The annual net profit **amounts to ten million dollars.   연간 순익이 1,000만 달러에 달한다.
Your debts **amount to $50,000.   당신의 빚은 5만 달러에 달합니다.

I'm glad (that) ~   ~하게 되어 기뻐요

어떤 일에 대한 즐거움이나 기쁨을 나타내고자 할 때 쓸 수 있는 표현. I'm glad about something, I'm glad to + know[hear, see] that ~ 등 다른 구문들을 이용하여 다양한 표현들을 만들어 낼 수 있다.

I'm glad that you are feeling better.   당신이 회복되고 있다니 다행이에요.
I am glad to find myself in accord with your view.
저의 견해가 당신의 견해와 같다는 것을 알게 되어 기쁩니다.

09 Visiting A Doctor

병원 방문하기

STEP 1 **Understanding your task**   역할 이해하기

지금 여러분 앞에는 두 개의 Role Card가 주어져 있습니다. Role Card A는 질문을 통해 알아내야 할 사항, Role Card B에는 그에 관한 정보들이 담겨 있습니다. 먼저 Role Card A, B를 보면서, 여러분 앞에 놓여진 task를 이해하도록 노력해 보세요.

Role Card A

Your patient has come in complaining of stomach pains. You are the attending doctor. Please ask questions to get a better idea of what the symptoms are.

Some things to find out about:	**Description of complaints; pain, weight, fever, digestion**
	Duration of the pain
	Consistency of the pain
	Medical history of the family
	About the patient's life
	Eating habits
Diagnosis:	**Irritable bowel syndrome**

Note

stomach pain 복통

attending doctor 주치의

symptom 징후, 증상

description 묘사, 설명

fever 열, 열병

digestion 소화, 소화작용

consistency 지속성, 일관성

diagnosis 진단, 분석

irritable bowel syndrome 과민성 대장증상

Role Card **A**

환자가 와서 복통을 호소하고 있습니다. 당신은 그 환자의 주치의입니다. 증상이 어떠한지 잘 알아보기 위해서 다음의 질문들을 해 보세요.

알아내야 할 사항들:　고통 호소의 내용; 통증, 체중, 열, 소화

　　　　　　　　　통증의 지속 기간

　　　　　　　　　통증의 지속성

　　　　　　　　　가족의 병력

　　　　　　　　　환자의 일상 생활에 관하여

　　　　　　　　　식습관

진단:　　　　　　과민성 대장증상

You have been having some stomach problems recently. You finally have decided to see a doctor. Please answer the doctor's questions using the following information below.

Description of complaints:	**A sharp pain on both sides of the lower abdomen**
	Excessive appetite but weight loss
	Low-grade fever
	Difficulties digesting food early in the morning
Duration of the pain:	**Three months**
Consistency of the pain:	**Pain has largely been consistent; however, pain is more intense in the morning.**
Medical history of the family:	**No history of any stomach or abdomen problems**
Factors:	**University student**
	Stress
	Irregular sleep patterns
	Poor diet
	A high amount of caffeine intake

Role Card **B**

당신은 최근에 복통을 느껴 왔습니다. 마침내 병원에 가기로 결정했습니다. 다음의 정보를 바탕으로 의사의 질문에 답해 보세요.

통증의 내용 설명: 하복부 양쪽의 심한 고통
과도한 식욕, 그러나 몸무게 감소
미열
이른 아침 소화 장애

복통의 지속 기간: 3개월

복통의 지속성: 통증은 대개 꾸준히 지속되지만, 아침에 더욱 심함

가족의 병력: 위나 복부와 관련된 병력 없음

요인: 대학생
스트레스
불규칙적 수면 습관
나쁜 식습관
과다한 카페인 섭취

Role Card의 내용을 모두 이해하셨나요? 당신이 Card A를 가지고 있다면, 당신은 복통을 호소하는 환자의 주치의입니다. 그리고 Card B를 가지고 있다면, 최근에 계속된 복통으로 괴로워 하다가 주치의를 찾아온 환자입니다. 먼저 제시된 우리말 대화를 참고하여 짧은 informal, formal Q&A를 만들어 보세요.

1 Description of complaints

A: 체중은 어떤가요? 지난 번보다 더 마르신 것 같군요. 살이 빠졌나요?

B: 항상 배가 고파요. 하루에 다섯 끼씩 먹어요. 더 먹을 때도 있고요. 참 이상해요. 이렇게 많이 먹는데 왜 살이 빠지는지 모르겠어요.

A: 열은 있나요?

B: 가끔씩이요. 그렇지만 심하지는 않아요.

A: 아침에 위의 상태는 어떤가요?

B: 위장이 편안하지 않아요. 아침마다 소화가 잘 되지 않아요.

▶ **Informal**

A: How is your weight? You look skinnier than the last time.

B: I'm always hungry. I eat about five meals a day, sometimes more. But I've been losing weight. I don't know how since I'm eating so much.

A: Have you had any fevers?

B: Sometimes. Nothing serious.

A: How does your stomach feel in the mornings?

B: Pretty shaky. I can't digest food very well in the mornings.

▶ **Formal**

A: You look thinner than the last time I saw you. Have you lost weight?

B: It's been very strange, I'm actually losing weight no matter how much I eat.

A: Have you experienced any fevers lately?

B: On occasion I have a very low grade fever. It doesn't seem serious.

A: Could you tell me how your stomach feels in the mornings?

B: It's particularly sensitive in the mornings and I'm unable to digest food properly then.

skinny 삐쩍 마른   lose weight 체중이 감소하다   serious 심각한   shaky 변동이 심한   digest 소화하다   no matter how 아무리 ~한다 할지라도   on occasion 때때로, 가끔

2 | Duration of the pain

A: 통증은 얼마나 지속된 거죠?

B: 몇 개월 됐어요. 더 빨리 병원에 왔어야 한다는 것을 알지만 저는 그저 일시적인 거라고 생각했어요.

▶Informal

A: How long have you had the pain?

B: About several months. I know I should have come sooner, but I really thought it was just a passing thing.

▶Formal

A: How long would you say you've had the pain?

B: I would say I've had it for several months. As I mentioned, I would have come earlier but I thought the pain was merely temporary.

should have + p.p.　~했어야 했다　passing 지나가는, 순간적인　mention 언급하다, 말하다
merely 오직, 단지　temporary 한때의, 일시적인

3 | Consistency of the pain

A: 통증이 일정하게 지속되나요?

B: 비교적 그런 편이에요. 그렇지만 아침에 좀 더 심해져요.

▶Informal

A: Has the pain been regular?

B: Pretty much. But it gets worse in the morning.

▶Formal

A: Now please tell me, has this been a consistent pain?

B: It's relatively consistent, although the pain gets worse in the morning than other times.

get worse 악화되다, 나빠지다　consistent 일관된, 지속적인　relatively 비교적, 상대적으로

4 | Medical history of the family

A: 가족 중에서 위장 장애가 있었던 사람이 있나요?

B: 아니오. 어머니 말씀이, 저의 경우는 가족 중에서 좀 특이하다고 하시더군요.

▸Informal

A: Does your family have a history of stomach problems?

B: No, my mom said that my case is pretty unusual for our family.

▸Formal

A: Could you tell me about your family's medical history?

B: We have no history of this problem. My mother said that my situation is pretty abnormal for our family.

case 경우, 상황, 사례   unusual 보통이 아닌   medical 의학의, 의료의   abnormal 비정상의

5 | About the patient's life

A: 지금 당신의 생활에 대해서 말해 보세요. 지금 대학생이죠. 그래서 학교 공부 때문에, 그리고 친구들과 노느라 바쁘겠네요.

B: 네, 할 일이 매우 많아요.

▸Informal

A: Tell me more about your life right now. You're in college, so I take it you're really busy with your school and your friends, right?

B: Yes. I have a lot of things to do.

▸Formal

A: Please give me more details about your life. You're currently a university student, so may I assume you're preoccupied with your schoolwork and friends?

B: Yes, I have many obligations to attend to.

be busy with ~하느라 바쁘다   currently 지금, 현재의   assume 추측하다, 가정하다
be preoccupied with ~의 일로 골몰하다   obligation 의무, 책임

6 | Eating habits

A: 당신의 식습관에 대해서 말해 보시겠어요?

B: 대부분 패스트 푸드를 먹습니다. 햄버거나 피자같은 것을 아주 많이 먹어요. 제대로 챙겨 먹을 시간이 충분하지가 않아요.

A: 카페인이 포함된 음료도 많이 마시나요?

B: 네, 카페인이 들어있는 소다를 많이 마셔요.

A: What do you eat?

B: Fast food mostly. Burgers, pizzas, that kind of thing. I don't really have time to eat well.

A: Do you drink a lot of caffeinated drinks?

B: Yeah, a lot. Sodas and stuff.

▶Formal

A: Could you describe your diet for me?

B: Unfortunately, it consists mostly of fast food. I eat a lot of hamburgers and pizzas. I'm aware that I have a very poor diet. But I just don't have enough time to eat properly.

A: Do you consume a lot of caffeine?

B: I do drink a lot of caffeinated sodas.

mostly 대부분, 대개   and stuff (말 끝에 붙여서) ~같은 그런 것   describe 묘사하다, 설명하다
consist of ~로 이루어져 있다   aware 인식하고 있는, 알아차리는   properly 제대로, 올바르게

7 | Diagnosis

A: 당신은 과민성 대장증상인 것 같아요. 심하지는 않지만, 당신이 생활 방식을 개선하지 않는 다면 심해질 수 있어요. 잠을 더 자고, 카페인 섭취를 줄이세요. 당신의 스트레스와 생활 습관이 복통의 원인이 되고 있어요.

B: 그렇게 할 수 있을지는 잘 모르겠어요. 저는 정말 정신 없는 하루하루를 보내고 있거든요.

▶Informal

A: It sounds like you have irritable bowel syndrome. It's not serious, but it will be if you don't shape up. You need more sleep and less caffeine. You're putting a lot of stress on your body and it's causing you stomach pain.

B: I don't know if I can do that. I'm so busy.

▶Formal

A: Your condition is called irritable bowel syndrome. It's not serious, but it could get worse if you don't cut down on caffeine and get some more sleep. Your stomach pain is directly related to your stress and lifestyle.

B: I'm not sure what I could change. I have a pretty hectic schedule.

shape up 개선하다, 좋게 하다   cut down on ~을 줄이다, 감소하다   be related to ~과 관련되다
lifestyle 생활 방식   hectic 바쁜, 정신 없는

이제 A와 B의 역할 중 하나를 맡아서 role play를 해 보세요. Step 2에서 연습한 질문과 대답을 바탕으로 다음 우리말로 표기된 부문을 영어로 직접 말해보는 연습을 해보기 바랍니다.

1 │ Role playing for A

A: 정말로 오랜만에 보는 것 같군요. 그 동안 어떻게 지내셨나요?

Description of complaints

B: I've been well, thank you. **My only problem is** this persistent pain in my abdomen.

A: 그렇군요. 통증에 대해서 더 자세히 말해 보겠어요?

B: **I wasn't concerned** until recently. I should have come earlier, but I thought it was just a passing thing.

A: 통증을 느끼는 곳이 배의 어느 부분인지 말씀해 주시겠어요?

B: It's on the sides of my stomach.

A: 통증이 어떻게 느껴지는지 설명해 보시겠어요?

B: It's a piercing sort of pain.

A: 격렬하게 아프다는 얘기입니까?

B: No, not like a cramp. It's just this sharp twinge of pain that happens sometimes.

A: 그 밖에 또 어떤 증상이 있죠?

B: My appetite is insatiable. I eat about five meals a day, sometimes even more than that.

A: 지난 번 만났을 때보다 더 야윈 것 같은데요. 체중이 줄었나요?

B: It's been very strange, I'm actually losing weight **no matter how much I eat.**

A: 최근에 열이 오른 적이 있습니까?

B: On occasion I have a very low-grade fever. It doesn't seem serious.

A: 아침에 위의 상태는 어떤지 말해 주시겠어요?

B: It's particularly sensitive in the mornings and I'm unable to digest food properly then.

Duration of the pain

A: 고통이 얼마나 오랫동안 지속된 것인가요?

B: I would say that I've had it for several months. As I mentioned, I should have come earlier but I thought the pain was merely temporary.

Consistency of the pain

A: 건강 문제는 항상 주의를 기울이는 것이 상책이죠. 자, 이제 통증이 일정하게 지속되는지 말씀해 주시겠어요?

B: It's relatively consistent, although sometimes the pain gets worse than other times.

A: 가장 심하게 아플 때는 언제입니까?

B: I would say I notice it the most in the mornings. I can't eat very well right after I get up.

A: 가족의 병력에 대해서 말씀해 주시겠어요?

B: We have no history of this problem. My mother said that my situation is pretty abnormal
for our family.

A: 당신의 생활에 대해서 더 자세히 말씀해 주세요. 현재 대학생이죠, 맞습니까?

B: Yes, I am.

A: 그렇다면, 당신이 학교 공부 하느라, 그리고 친구들과 시간을 보내느라 아주 바쁘다고 생각할
수 있겠죠?✦

B: Yes, I have many obligations to attend to.

A: 잠은 잘 자고 있나요?

B: I'm afraid I don't get the opportunity very often.

A: 매일 밤 몇 시간 정도 수면을 취하나요?

B: I would say I'm able to get five or six hours at most.

A: 어떤 음식을 먹나요?

B: Unfortunately, it consists mostly of fast food. I eat a lot of hamburgers and pizzas. **I'm
aware that** I have a very poor diet. But I just **don't have enough time to** eat properly.

A: 카페인을 많이 섭취하나요?

B: I do drink a lot of caffeinated sodas.

A: 대략 소다를 얼마나 마시나요?

B: Let me think. I probably drink anywhere from six to seven cans per day, possibly more.
I'm afraid I'm not too sure.

A: 소다 섭취를 좀 줄일 수 있겠어요?

B: I don't know if I could. I need to stay awake.

A: 습관을 바꾸려고 노력하는 것이 중요합니다. 당신은 과민성 대장증상인 것 같습니다. 심각하지
는 않지만, 카페인 섭취를 줄이지 않고 잠을 더 많이 자지 않으면, 심해질 수 있습니다.✦ 당신의
복통은 스트레스나 생활 습관과 직접적으로 관련이 있습니다. 건강에 이롭도록 좀 바꿔 보라고
말씀드리고 싶군요.

B: I'm not sure what I could change. I have a pretty hectic schedule.

A: 건강해지기를 원한다면 그렇게 해야 합니다.

Note for A

~을 말씀해 주시겠어요?
Could you please tell me ~?

~라고 말할 수 있나요?
Would you say ~?

~하는 것이 상책입니다
It's best to + V

당신이 ~을 줄이지 않는다면
if you don't cut down on ~

~과 직접적으로 관련되다
be directly related to

✛ Expression study for A

May I assume (that) ~?　~라고 생각해도 될까요?

assume은 특별한 증거는 없지만 that 이하의 말을 사실이라고 가정할 때 쓰는 동사이다. may는 허가를 요청하는 조동사이므로 이 표현은 "~라고 가정 [추측] 해도 될까요?"라는 뜻이 된다. Let's assume that ~의 표현도 많이 사용되는데 "~이 사실이라고 생각해 보자, 그 결과는 어떻게 될까?"라는 식으로 이야기를 전개할 때 아주 유용하다.

May I assume that you have a prior engagement?　당신이 선약이 있다고 생각해도 될까요?

May I assume that he had gone out to avoid me?

그가 나를 피하기 위해 나간 것이라고 생각해도 될까요?

get worse　악화되다

get은 다양한 의미로 사용될 수 있는 동사지만, get 다음에 형용사, 특히 형용사의 비교급이 올 경우에는 '점점 더 ~해지다' 라는 의미로 상황의 추이를 표현하게 된다.

The weather **got worse** during the day.　날씨가 낮 동안 더욱 나빠졌다.

It's **getting worse** and worse.　일이 점점 더 꼬이기만 하네요.

2 | Role playing for B

A: It's been a long time since I last saw you. How have you been doing?

B: 잘 지냈어요. 고맙습니다. 그렇지만 복부에 계속적인 통증이 느껴지는 것이 문제죠.

A: I see. **Could you please tell me** more about this pain?

B: 최근까지는 그렇게 걱정하지 않았어요. **더 빨리 왔어야 했지만,**[*] 저는 그냥 일시적인 거라고 생각했거든요.

A: Could you tell me where on the abdomen you feel the pain?

B: 배의 양쪽 옆 부분이에요.

A: How would you describe the pain when it occurs?

B: 콕콕 찌르는 듯이 아파요.

A: **Would you say** it's like a cramp?

B: 심각한 것은 아니구요. 때때로 배가 쑤시는 듯이 아파요.

A: What else do you feel?

B: 식욕이 왕성해졌어요. 하루에 다섯 끼 정도를 먹어요. 더 많이 먹을 때도 있고요.

A: You look thinner than the last time I saw you. Have you lost weight?

B: 참 이상한 일이죠. 아무리 많이 먹어도 체중이 줄고 있어요.

A: Have you experienced any fevers lately?

B: 가끔씩 미열이 나기도 합니다. 심각한 것 같지는 않아요.

A: How does you stomach feel in the mornings?

B: 특히 아침에 민감해요. 제대로 음식을 소화시킬 수가 없어요.

A: How long would you say you've had the pain?

B: **몇 달 지속된 것 같습니다.**[*] **말씀 드렸던 것처럼,**[*] 더 일찍 왔어야 했지만, 그냥 이 통증이 일시적인 것이라고 생각했었습니다.

A: **It's best to** be cautious in matters of health. Now please tell me, has this been a consistent pain?

B: 비교적 일정하게 지속되는 편입니다. 가끔 통증이 다른 때보다 더 심할 때도 있긴 하지만요.

A: When is it that you are aware of the pain the most?

B: 아침에 가장 심하게 느껴요. 아침에 일어나자마자는 잘 먹지 못해요.

A: Could you tell me about your family's medical history?

B: 가족 중에는 이런 문제가 있었던 사람이 없었어요. 저희 어머니는 저의 경우가 우리 가족에게는 매우 특이하다고 그러시더군요.

A: Please give me more details about your life. You're currently a university student, correct?

B: 네, 그렇습니다.

A: May I assume you're preoccupied with your schoolwork and friends?

B: 네, 해야 할 일들이 아주 많죠.

A: Do you sleep well?

B: 유감이지만, 그럴 기회가 별로 없습니다.

A: About how many hours of sleep do you get per night?

B: 기껏해야 5 ~ 6시간 정도 자는 것 같습니다.

A: What do you eat?

B: 별로 안 좋지만, 대부분 패스트 푸드를 먹습니다. 햄버거나 피자를 아주 많이 먹어요. 제가 아주 나쁜 식습관을 가지고 있다는 것을 압니다. 그렇지만 제대로 챙겨 먹을 시간이 충분하지가 않아요.

A: Do you consume a lot of caffeine?

B: 저는 카페인이 들어 있는 소다를 많이 마셔요.

A: About how much soda do you drink?

B: 생각해 보죠. 음. 아마 하루에 6, 7개 정도는 마실 거에요. 더 많이 마실 수도 있구요. 그렇지만 확실히는 모르겠네요.

A: Can you cut back?

B: 그렇게 할 수 있을지 잘 모르겠어요. 잠을 자지 않으려면요.

A: It's important that you try and change your habits. Your condition is called irritable bowel syndrome. It's not serious, but it could get worse **if you don't cut down on** caffeine and get some more sleep. Your stomach pain **is directly related to** your stress and lifestyle. I recommend you make some healthy changes.

B: 무엇을 바꿀 수 있을지 모르겠어요. 저는 정말 정신 없는 하루하루를 보내고 있거든요.

A: It's something you will have to do if you want to be healthy.

Note for B

저의 유일한 문제는 ~입니다
My only problem is ~

저는 걱정하지 않았어요
I wasn't concerned

아무리 많이 먹어도
no matter how much I eat

저는 ~을 알아요
I'm aware that ~

~할 시간이 넉넉하지 않아요
I don't have enough time to + V

✚ Expression study for B

should have + p.p.   ~했어야 했는데

should가 have + p.p.와 함께 쓰이면 과거에 그렇게 했어야 했는데, 하지 못했던 일에 대한 유감이나 후회를 나타내게 된다. 즉 "~했어야 했는데, 하지 못해서 정말 유감이다"라는 뜻으로 이해할 수 있다. 반대로 부정어 not과 함께 쓰이면 "~하지 말았어야 했는데, 왜 그렇게 했을까"라는 뜻으로 잘못한 일에 대한 반성, 후회를 나타내는 표현이 된다.

I **should have phoned** her this morning, but I forgot.
오늘 아침에 그녀에게 전화 했어야 했는데, 깜박 잊어버렸다.

You **should have been** there to hear what she said.
그녀가 뭐라고 하는지 듣기 위해 거기 있었어야 했는데.

I would say that ~   ~라고 말할 수 있겠군요

화자가 자신이 말하려는 바를 100% 확신할 수 없는 경우 추측의 의미를 담아 쓸 수 있는 표현이다. 또한 would를 쓸 경우는 그냥 I say that ~이라고 직설적으로 말하는 것보다 좀 더 부드럽고 완곡한 표현이 되어 공손한 어투가 된다. I would imagine[think]~(~라고 짐작할 수 있겠네요, ~라고 생각할 수 있겠네요)의 표현도 마찬가지 경우이다.

I'**d say that** she was about fifty.   아마 그녀는 50세 정도 되었을 거에요.
I'**d say that** ABC company is in financial difficulties.
ABC 회사는 지금 재정난을 겪고 있는 것 같아요.

as I mentioned   내가 말한 대로

이전에 언급했던 사실을 다시 반복하게 될 때 쓸 수 있는 표현이다. as I said도 마찬가지로 쓸 수 있는 표현이지만, mention은 보다 공손하고 정중한 느낌을 주므로, 공식석상이나 예의를 갖추어야 할 경우라면 이 표현을 쓰는 것이 더 좋을 듯. 아울러 not to mention(~은 말할 것도 없이), Don't mention it(천만의 말씀이에요)처럼 mention을 활용한 다른 표현들도 함께 외워 두도록 하자.

As I mentioned, it was not John who broke the window.
내가 말했던 것처럼, 유리창을 깬 사람은 John이 아니었다.

As I mentioned, he made it as a banker.   내가 말했던 것처럼, 그는 은행가로서 성공했다.

STEP 1 Understanding your task

역할 이해하기

지금 여러분 앞에는 두 개의 Role Card가 주어져 있습니다. Role Card A는 질문을 통해 알아내야 할 사항, Role Card B에는 그에 관한 정보들이 담겨 있습니다. 그리고 정보를 얻고 난 후, 서로 합의해야 할 사항들이 제시되어 있습니다. 먼저 Role Card A, B를 보면서, 여러분 앞에 놓여진 task를 이해하도록 노력해 보세요.

Role Card A

You are at your local bank. You are a businessman and want to put some of your profits into the bank for more security. Ask questions to your partner.

Some things to find out about:	Different bank accounts
	Recommended account
	Interest rates
	Terms and conditions
	Procedure
	Benefits

Note

profit 이득, 이윤
security 안전, 보호
interest rate 금리, 이자율

procedure 과정, 절차
open an account 계좌를 개설하다

Role Card A

당신은 근방의 은행에 와 있습니다. 당신은 사업가이며, 안전을 위해 수익의 일부를 은행에 맡겨 두고자 합니다. 파트너에게 다음 질문을 해보세요.

알아내야 할 사항:　　　　**다양한 은행 계좌들** ***
　　　　　　　　　　　　추천 계좌
　　　　　　　　　　　　이자율
　　　　　　　　　　　　거래 조건
　　　　　　　　　　　　계좌를 개설하는 절차
　　　　　　　　　　　　혜택

*** **은행 계좌의 종류**

- general savings account: 보통 예금 계좌. 자유로운 입출금 가능.
- checking account: 당좌 예금 계좌. 일정 금액의 돈을 계좌에 넣어 두고 그 금액의 한도 내에서 개인 수표를 발행할 때마다 당좌 구좌에서 예금이 빠져 나가는 것.
- fixed deposit account: 정기 적립 예금 계좌. 매달 똑같은 시기에 똑같은 액수의 돈을 일정 기간 동안 은행에 넣은 후 만기가 되면 원금과 이자를 함께 찾는 예금.
- term deposit account: 자유 적립 예금 계좌. 매달 돈을 적립하나, 돈의 액수나 기한 등에 제약이 없음.

You are a bank teller at a bank. A potential customer came in
wanting to know about accounts that are available at your bank.
Use the information below to answer the questions.

Different bank accounts:	**General savings account** **Checking account** **Fixed deposit account** **Term deposit account**

Recommended account:	**Term deposit account**
	    - Deposit money at least once per month
	    - Amount may vary
	    - Low risk
	    - Can choose the number of years

Interest rates:	**Variable rate** **Fixed rate: 6.45% p.a**
Terms and conditions:	**Customers can't access the money** **till the end of the contract term.** **Late deposit fines** **Fee applies when closing an account before** **the term ends.**
Procedure:	**Necessary documents** **e.g.) Proof of ID and address** **Fill out the application form**
Benefits:	**Internet banking** **Depositing money through ATM**

Note	
bank teller 은행원	**access** 접근하다, 이용하다
at least 적어도, 최소한	**fine** 요금, 벌금, 연체료
vary 다양하다, 변하다	**document** 문서, 서류, 기록
p.a. 해마다, 연간(per annum)	**fill out** (서류 등을) 작성하다

Role Card **B**

당신은 어느 은행의 은행원입니다. 한 고객이 당신의 은행에서 개설할 수 있는 계좌에 대해 알아 보려고 찾아왔습니다. 아래 정보를 이용해서 질문에 답해 주세요.

다양한 은행 계좌들:	보통 예금 계좌
	당좌 예금 계좌
	정기 적립 예금 계좌
	자유 적립 예금 계좌

추천 계좌:　　　　　자유 적립 예금 계좌
　　　　　　　　　　　－ 적어도 한 달에 한 번씩은 돈을 적금해야 함
　　　　　　　　　　　－ 액수는 제한 없음
　　　　　　　　　　　－ 위험 부담이 적다
　　　　　　　　　　　－ 적립 기간은 선택 가능함

이자율:　　　　　　　변동 금리
　　　　　　　　　　　고정 금리: 연 6.45%

거래 조건:　　　　　　고객은 계약 기간이 만료되기 전에는 출금 불가
　　　　　　　　　　　돈의 적립이 늦어지면 연체료 부과
　　　　　　　　　　　계약 기간이 끝나기 전에 계좌를 해지할 경우 수수료 부과

계좌 개설 절차:　　　구비 서류
　　　　　　　　　　　　예) 신분증과 주소
　　　　　　　　　　　신청서 작성

혜택:　　　　　　　　인터넷 뱅킹
　　　　　　　　　　　현금인출기로 입금 가능

Role Card의 내용을 모두 이해하셨나요? 당신이 Card A를 가지고 있다면, 당신은 계좌를 개설 하여 은행에 돈을 넣어두고자 은행에 찾아온 사업가가 되겠죠. 그리고 Card B를 가지고 있다면, 은행원으로서 계좌를 개설하고자 하는 고객의 질문에 답하며 그를 도와주게 됩니다. 먼저 제시된 우리말 대화를 참고하여 짧은 informal, formal Q&A를 만들어 보세요.

1 ｜ Different bank accounts

A: 어떤 계좌들이 있나요?
B: 보통 예금, 당좌 예금, 정기 적립 예금, 자유 적립 예금이 있습니다.

▶Informal

A: What accounts do you have?
B: We have general savings accounts, checking accounts, fixed deposit and term deposit accounts.

▶Formal

A: Could you tell me some of the accounts you have available?
B: Certainly. We have four major accounts, general savings accounts, checking accounts, fixed deposit and term deposit accounts.

2 ｜ Recommended account

A: 저에게는 어떤 것이 좋을까요?
B: 당신의 경우에는 자유 적립 예금 계좌가 좋을 것 같습니다. 당신은 사업가라서 수입이 일정 하지 않으니까요.

▶Informal

A: What do you think I should do?
B: In your case, a term deposit account will be a better choice for you.

▶Formal

A: What do you suggest?
B: As a matter of fact, a term deposit account may be a better option for you, sir. Since you are a businessman, your income will vary.

better choice 더 나은 선택　　suggest 제안하다, 추천하다　　as a matter of fact 사실은
income 수입, 소득　　vary 변하다, 다양하다

3 | Interest rates

A: 자유 적립 예금 계좌의 이자율은 얼마인가요?

B: 두 가지 종류의 금리 중 선택하실 수 있습니다. 매달 이자율이 달라지는 변동 금리와 고정 금리가 있는데. 지금 고정 금리는 연 6.45%입니다.

▶ Informal

A: What's the interest rate for the term deposit account?

B: There are two interest rates for you to choose from. There is the variable rate and the fixed rate, which is 6.45% p.a.

▶ Formal

A: Do you mind telling me the interest rate for the term deposit account?

B: Certainly, Sir. There are two types of interest rates that are available. First, it's the variable interest rate, which varies every month. And then there is the fixed interest rate. At the moment, the rate is 6.45% p.a.

variable interest rate 변동 금리   fixed interest rate 고정 금리   at the moment 지금은, 현 시점에서

4 | Terms and conditions

A: 이 계좌를 택할 경우 거래 조건이 있을 거라고 생각하는데요. 어떤 것들인가요?

B: 고객들은 만기가 되기 전에는 돈을 인출할 수 없습니다. 돈을 늦게 입금할 경우 연체료가 부과됩니다. 그리고 물론 만기가 되기 전에 계좌를 해지한다면 별도의 요금이 부과됩니다.

▶ Informal

A: I take it that there are terms and conditions for this account. What are those?

B: Customers can't access their money till the contract finishes. Then if you deposit money late, then there is a late fee. And of course if you close your account before the contract term, there will be a fee as well.

▶ Formal

A: I'm sure there are terms and conditions for this account. Can you briefly explain those for me?

B: Sure I can. First, customers won't be able to make withdrawals from the account until the contract term ends. Second, if you do not deposit at least once per month, a late fee will be applied. And lastly, there will also be a fee if you close your account before the contract term.

take it that ~ ~라고 생각하다   deposit 맡기다, 예금하다   close an account 계좌를 해지하다
withdrawal 인출, 회수   apply 적용하다

5 | Procedure

A: 계좌를 개설하려면 어떻게 해야 하죠?

B: 신분을 증명할 수 있는 것과 주소가 필요하고, 이 신청서를 작성하시면 됩니다.

▶Informal

A: What do I have to do to open an account?

B: We need your proof of ID and address and then just fill out the application.

▶Formal

A: What do I need to go through to open an account?

B: It's a very simple and quick procedure. You need to have necessary documents with you. We need your proof of ID and address, and fill out the application form.

6 | Benefits

A: 다른 은행과 차별화 되는 혜택이 있습니까?

B: 훌륭한 인터넷 뱅킹 제도와 새로운 입금 시스템을 갖추고 있습니다. 고객은 현금인출기를 이용해 현금이나 수표를 입금할 수 있습니다. 은행 창구 직원을 직접 만날 필요가 없어요.

▶Informal

A: What are some of the benefits that are different from other banks?

B: We have a great Internet banking system and a new deposit system. Our customers can deposit cash or check using the ATM. You don't have to see a teller.

▶Formal

A: What are the benefits, which will differentiate your bank from other banks?

B: We have a great Internet Banking system and a new deposit system. Our customers can deposit cash, or check through the ATM, thus, no need for you to go through a teller.

이제 A와 B의 역할 중 하나를 맡아서 role play를 해 보세요. Step 2에서 연습한 질문과 대답을 바탕으로 다음 우리말로 표기된 부분을 영어로 직접 말해보는 연습을 해보기 바랍니다.

1 | Role playing for A

A: 안녕하세요.

B: Good afternoon sir, how may I help you?

A: 저는 시내 중심가에서 사업을 하고 있습니다. 은행에 수익금을 좀 맡겨 두고 싶어요.

B: Excellent. Do you **have** any specific account **in mind**, sir?

Different bank accounts

A: 아니요. 어떤 것들이 있는지 설명해 주시겠어요?

B: Certainly. We have four major accounts, general savings accounts, checking accounts, fixed deposit and term deposit accounts. They all have different interests and terms and conditions of course.

A: 정기 적립 예금 계좌와 자유 적립 예금 계좌의 차이점을⁺ 간단하게 설명해 주시겠어요?

B: With a fixed deposit account, you need to deposit the same amount every month whereas, with a term deposit account, it is more flexible. **There are no restrictions on** the amount or the contract term.

A: 말씀해 주신 대로라면, 정기 적금이 더 좋을 것 같군요.

B: Actually, **it depends on** your circumstances, sir.

Recommended account

A: 제 경우라면 어떤 것을 추천하시겠어요?

B: As a matter of fact, a term deposit account may be a better option for you Sir. Since you are a businessman, your income will vary. Therefore, I feel that a term deposit, perhaps, will be a better choice.

A: 왜 그것을 추천하시는 거죠?

B: First, you may deposit money **at least** once per month. Amount may vary. It has low risk and you can choose the number of years, thus it is more flexible.

A: 아주 합리적이군요. 자유 적립 예금 계좌의 금리는 얼마나 되는지 **말씀해 주시겠어요?** [+]

B: Certainly, sir. There are two types of interest rates that are available. First, it's the variable interest rate, which varies every month. And then there is the fixed interest rate. At the moment, the rate is 6.45% p.a. As you are aware, this interest rate will be applied till the end of the term.

A: 이 예금 계좌에 거래 조건들이 있을 텐데요. 간단하게 설명해 주시겠어요?

B: Sure I can. First, customers won't be able to make withdrawals from their account until the contract term ends. Second, if you do not deposit at least once per month, a late fee will be applied. And last, there will also be a fee if you close your account before the contract term.

A: 아 그렇군요. 그 정도면 충분하군요. 계좌를 개설하려면 어떤 절차가 필요하죠?

B: It's a very simple and quick procedure. You need to have necessary documents with you. We need your proof of ID and address and then simply **fill out the application**.

A: 정말 간단하고 빠르군요. 다른 은행과 차별화 되는 특별한 혜택이 있나요?

B: We have a great Internet banking system. Our customers can access their account 24 hours a day seven days a week with no extra cost. And we have recently adopted a new deposit system. Our customers can deposit cash, or check through the ATM, thus, no need for you to go through a teller. Therefore, there is no waiting in line so it'll save your valuable time.

A: 정말 그렇군요. **생각 좀 해 보고** [+] 이번 주에 다시 오겠습니다.

B: Sure, **if you have any other queries**, I'll be more than happy to assist you in any way I can.

A: 감사합니다.

B: Have a great day, sir.

Note for A

사업체를 운영하다
run a business

말씀하신 대로라면
from what you have told me

~을 간단히 설명해 주시겠어요?
Can you briefly explain ~?

✚ Expression study for A

the difference between A and B A와 B의 차이

difference는 '차이점'을 뜻하는 명사로 알다시피 기초 형용사 different의 명사형이다. 뜬금 없이 'A와 B의 차이점'이라는 우리말을 영어로 옮기려고 하면, 이렇게 쉬운 표현조차도 잘 떠오르지 않는 경우가 많으므로 우습게 보지 말고 연습에 몰두하도록 하자. 주의할 것 한 가지! A와 B는 서로 비교되는 대상이므로 항상 문법적으로 같은 성분의 어구를 사용해야 한다는 것이다.

What's **the** time **difference between** Seoul **and** New York?
서울과 뉴욕의 시차는 어느 정도입니까?

What's **the difference** in price **between** this **and** that? 이것과 저것은 가격이 어떻게 다릅니까?

Do you mind ~ing? ~ 좀 해 주시겠어요?

mind는 '마음, 정신'이라는 명사로도 쓰이지만 동사로는 '~하기를 꺼리다'라는 의미를 갖는다. 따라서 이 표현을 직역하면 "~하는 것을 꺼려 하세요?"가 되는데, 실제로는 "괜찮으시면 ~ 좀 해 주시겠어요?"와 같이 정중하게 부탁할 때 사용하는 표현이다. mind 다음에는 동명사가 나온다는 것을 꼭 기억해 두자. 또한, 한 번 꼬아서 던지는 질문인지라 대답할 때도 신경을 좀 써야 한다. mind에 부정적인 의미가 들어있으므로, Not at all, I don't mind와 같이 부정의 형태로 대답해야, 상대방의 부탁을 흔쾌히 들어주겠다는 의미가 된다. 멍하니 있다가 Yes, of course라고 대답했다가는 무례한 사람으로 낙인 찍히기 십상이니 주의할 것.

Do you mind putting out your cigarette? 담뱃불 좀 꺼주시겠어요?
Do you mind coming with me, please? 저를 따라오시겠어요?

think over ~을 곰곰이 생각하다

고민이나 뭔가 결정해야 할 사항을 놓고 신중하게 생각한다(consider a problem or decision carefully)는 의미. think는 think about(~에 대해 생각하다), think ahead(앞서 생각하다), think back(과거를 돌이켜 생각하다, 회상하다), think out(고안해 내다) 등 다양한 표현들을 만들어 내는 활용성이 높은 단어 중의 하나이므로 눈에 보일 때마다 놓치지 말고 익혀두도록 하자.

I think you need time to **think** this **over.** 이 점에 대해 생각할 시간이 필요하신 듯 합니다.
You ought to **think over** whether the premise is valid or not.
그 전제가 유효한 것인지 아닌지 잘 생각해 보아야 한다.

2 | Role playing for B

A: Good afternoon.

B: 안녕하세요, 무엇을 도와드릴까요?

A: I **run a business** downtown and I would like to place some of the profits in to your bank.

B: 좋습니다. 특별히 생각해 두신 계좌가 있으신가요?

Different bank accounts

A: No, I don't. Could you tell me some of the accounts you have available?

B: 그러죠. 보통 예금 계좌, 당좌 예금 계좌, 정기 적립 예금 계좌, 자유 적립 예금 계좌 등 주요 4가지 계좌가 있습니다. 물론 금리와 거래 조건들이 각기 다르죠.

A: Could you briefly explain to me about the difference between a fixed deposit account and a term deposit account?

B: 정기 적립 예금 계좌는 매달 같은 액수의 돈을 예금하셔야 합니다. 그렇지만, 자유 적립 예금 계좌는 보다 융통성이 있죠. 입금 액수나 계약 기간에 제한이 없어요..

A: **From what you have told me**, a fixed deposit account may be more suitable.

B: 사실, 손님의 상황에 따라 달라요.

Recommended account

A: In that case, what do you suggest?

B: 실은,＋ 자유 적립 예금이 손님에게는 더 좋을 것 같습니다. 손님은 사업가이므로, 수입이 일정하지 않죠. 그래서 자유 적립 예금이 더 좋을 수도 있을 것 같습니다.

A: What are the reasons for your recommendation?

B: 먼저, 최소한 한 달에 한 번씩만 돈을 입금하시면 됩니다. 액수도 마음대로고요. 그리고 위험 부담이 적으며, 적립 기간도 선택할 수 있어요. 보다 더 융통성이 있죠.

Interest rates

A: That's reasonable enough. Do you mind telling me the interest rates for the term deposit account?

B: 그럼요. 두 가지 형태의 금리가 적용됩니다. 먼저, 매달 이자율이 달라지는 변동 금리가 있습니다. 그리고 고정 금리가 있어요. 현 시점에서 이율은 연 6.45% 입니다. 아시다시피,＋ 이 이율은 기간이 만료될 때까지 적용되는 것입니다.

Terms and conditions

A: I'm sure there are terms and conditions for this account. **Can you briefly explain** those for me?

B: 네 그러죠. 먼저 계약 기간이 만료되기 전에는 돈을 인출할 수 없습니다. 그 다음은, 적어도 한 달에 한 번씩 돈을 예금하지 않으면, 연체료가 부과됩니다. 마지막으로 계약 기간이 끝나기 전에 계좌를 해지한다면 별도의 수수료가 부과됩니다.

A: OK, that's fair enough. What do I need to go through to open an account?

B: 절차는 아주 간단하고 신속합니다. 필요한 서류들을 가져 오셔야 합니다. 신분을 확인할 수 있는 증명서와 주소가 필요하고, 이 신청서를 작성하시기만 하면 됩니다.

Benefits ·····················

A: That's simple and quick. What are the benefits, which will differentiate your bank from other banks?

B: 저희 회사는 훌륭한 인터넷 뱅킹 시스템을 갖추고 있어요. 고객은 별도의 수수료 없이 매일 24시간 내내 계좌를 이용할 수 있습니다. 그리고 최근에는 새로운 입금 시스템을 마련했어요. 저희 고객은 현금이나 수표를 현금인출기를 통해 입금할 수 있습니다. 그래서 은행 창구 직원에게 직접 가지 않아도 되요. 따라서 줄을 서서 기다리지 않아도 되고, 당신의 귀중한 시간을 아낄 수 있게 되죠.

A: Yes, indeed. I'll think it over and come back this week.

B: 그러세요. 다른 질문이 있으시면, 할 수 있는 데까지 기꺼이 도와드릴게요.

A: Thank you.

B: 좋은 하루 되세요.

Note for B

~을 마음에 생각해 두다 **have ~ in mind**	적어도, 최소한 **at least**
~에 제한[제약]이 없어요 **There are no restrictions on ~**	신청서를 작성하다 **fill out the application (form)**
~에 따라 달라져요 **It depends on ~**	다른 질문이 있으시면 **if you have any other queries**

✚ Expression study for B

as a matter of fact   사실은

as a matter of fact는 "사실은 ~이다"라는 뜻으로 문맥에 따라 다양한 의미로 사용될 수 있다. 먼저 The concert was nice. As a matter of fact, it was terrific(콘서트는 멋졌어. 사실은 정말 훌륭했어)와 같이 어떤 사실에 대해 추가적으로 뭔가를 덧붙여 말할 때 쓰인다. 또한 상대방이 기대하고 있던 뭔가가 제대로 되지 않았을 때, As a matter of fact, I didn't go(사실 나는 가지 못했어)와 같이 말할 수 있다. 줄여서 in fact로 표현할 수도 있다는 것까지 덤으로 챙겨두자.

As a matter of fact I know nothing about the matter.   사실, 나는 그 문제에 대해 아무것도 모른다.

As a matter of fact I didn't pass the exam.   사실 나 시험에 떨어졌어.

as you are aware   당신도 알고 있듯이, 아시다시피

as you know와 같은 의미. 대화 중 상대도 이미 알고 있다고 생각되는 경우, 혹은 이전에 이미 화자가 언급한 적이 있어 상대방이 그것을 알고 있다고 미루어 짐작하는 경우 "당신도 알고 있겠지만"의 뜻으로 사용하는 표현이다.

As you are aware I'm doing my finals.   당신도 알고 있듯이, 저 지금 기말고사 기간이에요.

As you are aware of the situation we are in, there is no need for you to panic even though the sales are low.

우리가 어떤 상황에 처해 있는지 당신도 알고 있겠지만, 판매가 저조하더라도 당황해 할 필요 없습니다.

Role Playing Part II

Business Conversation

Part II에서는 비즈니스 업무와 관련된 상황 10가지를 묶어 보았다. 세월은 흘러흘러 국내에서도 업무와 관련하여 외국인을 접할 기회가 늘어나고 있고, 수시로 발생하는 해외 출장업무 역시 더 이상 남의 나라 얘기가 아니다. 실제 비즈니스 상황에서 맞닥뜨릴 법한 각각의 상황들을 자신의 입을 열어 해결하는 집중적인 훈련과정을 통해, 단순한 일상 회화의 차원을 넘어 본격적인 비즈니스 회화 상황에서도 주눅들지 않는 계기를 마련하기 바란다.

11 Shopping at A Duty Free Shop

공항 면세점 쇼핑

STEP 1 ## Understanding your task

역할 이해하기

지금 여러분 앞에는 두 개의 Role Card가 주어져 있습니다. Role Card A는 질문을 통해 알아내야 할 사항, Role Card B에는 그에 관한 정보들이 담겨 있습니다. 먼저 Role Card A, B를 보면서, 여러분 앞에 놓여진 task를 이해하도록 노력해 보세요.

Role Card **A**

You are at a duty free shop at Incheon International Airport. You are going on a business trip to Sydney. This is your first time going abroad. You want to take gifts and food that represent Korea to your new buyer. Ask your partner questions to get more information.

Some things to find out about:	**Suitable gifts**
	Suggested food
	Costs of gifts
	Amount of money spent on items before being charged a customs fee
	Service fee

Role Card **A**

당신은 지금 인천 국제 공항의 면세점에 있습니다. 당신은 지금 시드니로 출장을 가는 길이죠. 외국 여행은 이번이 당신에게 처음입니다. 당신은 신규 바이어를 위해 한국을 대표하는 선물과 음식을 가져 가려 합니다. 당신의 파트너에게 질문하여 더 많은 정보를 구하세요.

알아내야 할 사항:　　적당한 선물
　　　　　　　　　　추천하는 음식
　　　　　　　　　　선물의 가격
　　　　　　　　　　세관 수수료가 부과되지 않는 범위에서 쓸 수 있는 돈의 양
　　　　　　　　　　서비스 요금

You are a salesperson at a duty free shop at the Incheon International Airport. Your partner is a customer who is traveling abroad for the first time. He/she wants to buy some gifts for his/her business trip. Please answer your partner's questions using the following information below.

Suitable gifts: **Painted fans**

Celadon pottery

Photography book of famous Korean sites

Book of Korean folk art

Suggested foods: **Ginseng**

Cost of gifts: **Painted fans**   **$100**

Celadon potter   **$400**

Photography book of famous Korean sites

$100

Book of Korean folk art   **$100**

Ginseng tea   **$500**

Amount of money: **Passengers are allowed to take $1,000 worth of items before being charged a fee.**

Service fee: **Passengers can pick their package from Sydney airport. There is a service fee of $25.**

Role Card B

당신은 인천 국제 공항의 면세점에서 일하는 점원입니다. 당신의 파트너는 처음으로 해외 여행을 떠나는 고객입니다. 그는 출장 가는 길에 선물을 사 가지고 가기를 원합니다. 아래 주어진 정보를 바탕으로 파트너의 질문에 대답해 주세요.

적당한 선물:
그림이 그려진 부채
청자
한국의 명소 사진이 담긴 책자
한국 민속 예술에 관한 책

추천하는 음식:
인삼

선물의 가격:

그림이 그려진 부채	100 달러
청자	400 달러
한국의 명소 사진이 담긴 책자	100 달러
한국 민속 예술에 관한 책	100 달러
인삼차	500 달러

선물 구매 금액의 한도:
여행객은 1,000달러 상당의 물건까지 세관 수수료 없이 소지할 수 있다.

서비스 요금:
여행객은 구입한 상품을 시드니 공항에서 받을 수 있다. 서비스 요금은 25달러이다.

Role Card의 내용을 모두 이해하셨나요? 당신이 Card A를 가지고 있다면, 당신은 외국으로 출장을 떠나는 사람이 되겠죠. 그리고 Card B를 가지고 있다면, 면세점의 전원으로서 처음으로 외국에 나가는 고객의 질문에 답변해 주게 됩니다. 먼저 제시된 우리말 대화를 참고하여 짧은 informal, formal Q&A를 만들어 보세요.

1 | Suitable gifts

A: 저는 새로운 바이어를 만나기 위해 시드니로 출장가는 길이에요. 이번에 처음으로 해외로 나가는 건데 그에게 선물을 사다 주고 싶어요. 어떤 선물이 좋을까요?

B: 한국을 대표하는 선물들이 많이 있어요. 직접 손으로 그림을 그려 넣은 부채는 어떠세요? 사람들이 해외로 여행갈 때 많이 사가는 좋은 선물이죠. 청자도 인기가 좋아요.

A: 예술에 관련된 책은 없나요?

B: 다양한 책들이 있어요. 한국의 민속 예술에 관한 책이 좋은 선물이 될 것 같군요. 한국의 명소 사진들이 담긴 책은 어떠세요? 이것도 아주 잘 나가요.

▶Informal

A: I'm taking a business trip to see my new buyer in Sydney. It's my first trip abroad and I want to buy him some gifts. Do you have any gift ideas?

B: Well, we have a lot of gifts that represent Korea. How about some hand-painted fans? That's a good gift that many people buy when they travel abroad. Celadon pottery is very popular as well.

A: Do you have any art books?

B: We have a great range of art books. A book on Korean folk art would be a nice gift. How about a photography book of famous Korean sites? It's also very popular.

▶Formal

A: I'm going on a business trip to meet a client in Sydney. This is my first trip abroad and I'd like to purchase gifts. Could you give me some recommendations?

B: Why don't you consider giving them hand-painted fans? Celadon pottery is also very popular.

A: Do you mind telling me the types of books you have?

B: We have numerous books on art. Why don't you take a look at a photography book of famous Korean sites? This book is also very popular.

as well 또한, 역시　purchase 사다, 구매하다　recommendation 추천　numerous 다수의, 수 많은
take a look at 보다, 살펴 보다

2 | Suggested food

A: 외국 사람들이 좋아할 만한 한국 음식도 추천해 주시겠어요?

B: 인삼차 세트를 보여 드릴게요.

▶ Informal

A: Is there any Korean food, something that foreigners would like?

B: Just take a look at a Ginseng tea set.

▶ Formal

A: Do you recommend Korean food for foreigners?

B: I would like to show you a Ginseng tea set.

3 | Cost of gifts

A: 전부 얼마죠?

B: 1,100 달러에요.

▶ Informal

A: How much is it all together?

B: It's $1100.

▶ Formal

A: How much does it all add up to?

B: It all comes to $1100.

add up to 합계가 ~이 되다   come to ~에 이르다

4 | Amount of money

A: 문제가 뭐죠?

B: 여행객은 1,000달러 상당의 물건만 사 가지고 갈 수 있다는 새로운 규정이 만들어졌어요. 세관 수수료를 내지 않으려면 말이죠.

▶ Informal

A: What is the problem?

B: There is a new regulation that a passenger is only allowed to take $1,000 worth of duty free items before being charged a fee.

▶ Formal

A: What seems to be the problem?

B: There is a new regulation in place, which each passenger is only permitted to purchase $1000 worth of duty free items before being charged a fee.

5 | ## Service fee

B: 지금 구매하신 물건들을 시드니에서 찾으실 수 있는 서비스도 있어요.

A: 요금이 얼마죠?

B: 짐 하나에 25달러에요.

▶Informal

B: We have a service available that you can pick up your packages in Sydney.

A: Is there a service fee?

B: We charge $25 per package.

▶Formal

B: We have a service available that you may receive your purchased goods in Sydney.

A: How much is the service fee?

B: There is a service fee of $25 per package.

package 짐, 꾸러미   purchased goods 구매한 상품

이제 A와 B의 역할 중 하나를 맡아서 role play를 해 보세요. Step 2에서 연습한 질문과 대답을 바탕으로 다음 우리말로 표기된 부분을 영어로 직접 말해보는 연습을 해보기 바랍니다.

1 │ Role playing for A

A: 안녕하세요, 저 좀 도와주시겠어요?

B: Sure I can. What can I do for you?

Suitable gifts

A: 저는 새로운 바이어를 만나기 위해 시드니로 출장을 가는 길이에요. 이번에 처음으로 해외로 나가는 건데 그에게 선물을 사다 주고 싶어요. 한국을 대표할 만한 것이었으면 싶은데, **특별히 떠오르는 것이 없네요.⁺** 좋은 선물 없을까요?

B: Well, we have a lot of gifts that represent Korea. We have traditional souvenirs over here. **How about** some hand-painted fans? That's a good gift that many people buy when they travel abroad. Celadon pottery is very popular as well. **People usually think of** Korea when they think of Celadon pottery.

A: 네, 그것들을 사겠어요. 예술에 관련된 책은 없나요? 저희 사장님이 말씀하시기를 바이어가 예술에 관심이 많다고 하던데요.

B: We have a great range of art books. A book on Korean folk art would be a nice gift.

A: 좀 볼 수 있을까요?

B: Sure, here it is.

A: 음, 글쎄요. 유용한 정보가 좀 더 많이 담겨있는 것이 좋을 것 같은데.

B: We have a lot of other art books over on that shelf. How about a photography book of famous Korean sites? It's also very popular. The photographer is very famous. His photos are published in many magazines.

A: 아 그렇군요. 좋은 선물이 되겠군요. 책 안에는 어떤 것들이 담겨 있죠?

B: It shows many of our famous temples and buildings. **Let me show you** a copy of it.

Suggested food

A: 참 좋군요. 사진이 정말 예뻐요. 이것도 사도록 할게요. 그리고 외국 사람들이 좋아할 만한 한국 음식을 추천해 주시겠어요?

B: You might want to take a look at a Ginseng tea set. It's one of the best selling items we have here in our shop. **You know that**, Ginseng is considered to be a natural health food. It contains real ginseng extracts and also a teapot and teacups.

A: 좋아요. 그런데 다른 인삼 제품은 없나요?

B: At the moment, they **are** all **out of stock**. Like I said, it's very popular.

Cost of gifts

A: 네, 알겠습니다. 그럼 인삼차 세트를 사도록 하죠. 전부 얼마죠?

B: Let me calculate it for you. Let's see, there were painted fans, which were $100, celadon pottery, $400, a photography book of famous Korean sites, $100 and a Ginseng tea set for $500. Altogether, it's $1,100. But there is a problem.

Amount of money

A: 무슨 문제 말씀이시죠?

B: There is a new regulation that a passenger **is** only **allowed to** take $1,000 worth of duty free items before being charged a fee.

A: 그렇다면 몇 가지 선물을 빼야 할 것 같군요.* 죄송하지만 그림 부채를 빼도록 하죠.*

Service fee

B: OK. Then it **amounts to** $1,000. It seems like this may be a little heavy for you to carry, we have a service available which you can pick up your packages in Sydney.

A: 그 서비스 요금은 얼마죠?

B: We charge $25 per package.

A: 그럼 이것들을 시드니에서 찾는 걸로 할게요. 이 신용카드로 함께 계산해 주세요.

B: Thank you.

Note for A

저는 출장 가는 길이에요
I'm taking a business trip

예술에 관심이 많다
be into art

~을 볼 수 있을까요?
Can I have a look at ~?

~을 추천해 주시겠어요?
Can you suggest ~?

다른 ~이 있나요?
Do you have any other + N?

~을 이 카드로 계산해 주세요
Charge ~ on this card

✚ Expression study for A

I'm not sure what ~ 무엇을 ~할지 잘 모르겠어요

무엇에 대해 확신할 수 없을 때 쓸 수 있는 표현. I'm not sure 다음에는 what 말고도 who, how, whether 등을 써서 "누가 ~인지, 어떻게 ~인지, ~인지 아닌지 확실히 모르겠어요"라는 식으로 다양하게 응용할 수 있다. 누군가가 무엇을 물어 봤는데 잘 모를 때는 그냥 I'm not sure라고 답하면 된다.

I am not sure what I should do.   내가 무엇을 해야 할지 잘 모르겠어요.
I am not sure what he said.   그가 무슨 얘기를 했는지 잘 모르겠어요.

It appears that ~ ~인 것 같아요, ~인 것처럼 보여요

appear는 '나타나다'의 뜻 말고도 seem과 마찬가지로 '~인 것 같다, ~처럼 생각되다' 처럼 추측을 나타내는 표현으로도 쓰인다. It seems that ~과 거의 유사한 의미이지만, It appears that ~의 경우에는 겉으로 드러난 좀 더 객관적인 사실을 바탕으로 이야기할 때 주로 쓰이는 경향이 있다. 아울러 It seems like ~라고 쓰기는 하지만, It appears like ~라는 표현은 쓰지 않는다는 점도 기억해 두자.

It appears that there has been a mistake.   뭔가 착오가 있었던 것 같아요.
It appears that he is rich.   그는 부자인 것 같아요.

let go of   ~을 놓아 주다, 빼다, ~에 더 이상 집착하지 않다

let go of 다음에 물건이나 사람이 나오면 '~을 가게 하다' 의 뜻으로, 잡고 있던 것을 '놓다' 의 뜻이 된다. 또한 감정이나 태도와 관련된 단어가 나왔을 때는 그러한 감정이나 태도를 '떨쳐 버리다, 지워 버리다' 라는 의미로 이해하면 된다.

Let go of my arm.   내 팔을 놓아줘.
It's time to **let go of** the past.   이제 그만 과거는 잊어버려.

2 | Role playing for B

A: Hi. Can you help me please?

B: 물론이죠. 무엇을 도와드릴까요?

A: **I'm taking a business trip** to see my new buyer in Sydney. It's my first trip abroad and I want to buy him some gifts. I was thinking about something that would represent Korea but I'm not sure what to get. Do you have any gift ideas?

B: 음, 한국을 대표하는 선물들이 많이 있어요. 이 쪽에 전통적인 기념품들도 있어요. 직접 손으로 그림을 그린 부채는 어떠세요? 사람들이 외국으로 여행 갈 때 많이 사가는 좋은 선물이죠. 청자 또한 인기가 좋아요. 사람들은 보통 청자를 생각할 때면 한국을 떠올리기 마련이죠.

A: OK. I'll take those. Also, do you have any art books? My boss told me that the buyer **is** really **into art**.

B: 예술에 관련된 책들이 다양하게 구비되어 있어요. 한국 민속 예술에 관한 책이 선물로 좋을 것 같군요.

A: **Can I have a look at** it?

B: 물론이죠. 여기 있어요.

A: Hmm, I'm not really sure. Something more informative would be better.

B: 저 쪽 칸에 예술과 관련된 다른 책들도 많이 있어요. 유명한 한국 관광지를 담은 사진첩은 어떠세요? 이것도 인기가 아주 좋아요. 사진 작가가 정말 유명하죠. 그의 사진은 잡지에도 많이 실리죠.

A: Interesting. That might be a better gift. What's inside the book?

B: 유명한 사찰이나 건물들을 보여주고 있죠. 제가 견본품을 보여 드릴게요.

A: This is nice. The photos are really pretty. I'll also take it. Also, **can you suggest** any Korean food, something that foreigners would like?

B: 인삼차 세트를 보시는 게 좋을 것 같군요.✦ 이것은 저희 가게에서 가장 잘 팔리는 품목 중 하나에요. 아시다시피, 인삼은 자연 건강 식품으로 여겨지잖아요. 진한 인삼 추출물과 주전자, 찻잔이 들어 있어요.

A: That sounds good. But **do you have any other** ginseng products?

B: 지금은 다 떨어지고 없네요. 말씀 드린 것처럼, 인삼은 인기가 좋거든요.

A: Yeah, I can see that. Anyways, then I'll have the Ginseng tea set. How much is it all together?

B: 계산해 드리겠습니다. 음, 어디보자.⁺ 그림 그려진 부채가 100달러, 청자가 400 달러, 관광지 사진첩이 100 달러, 그리고 인삼차 세트가 500달러니까 다 합쳐서 1,100달러네요. 근데 문제가 있어요.

A: What is it?

B: 여행객은 1,000달러 상당의 물건만 사 가지고 갈 수 있다는 새로운 규정이 만들어졌어요. 세관 수수료를 내지 않으려면 말이죠.

A: It appears that I need to take some gifts out. Sorry, but I'll let go of the painted fans.

B: 네, 그러면 1,000달러가 되는군요. 직접 가지고 가시기에 약간 무거울 것 같은데, 저희는 시드니에서 물건을 찾아가실 수 있도록 하는 서비스도 제공하고 있어요.

A: How much is the service fee?

B: 짐 하나 당 25달러에요.

A: OK. I'll pick these up in Sydney. **Charge** it **on this card** please.

B: 감사합니다.

Note for B

~은 어떠세요?
How about ~?

사람들은 보통 ~을 떠올리죠
People usually think of ~

~을 보여드릴게요
Let me show you ~

당신도 알다시피
You know that

매진되다, 품절되다
be out of stock

~하도록 허가되다
be allowed to

(금액이) ~에 달하다
amount to

+ Expression study for B

You might want to + V   ~하는 게 좋겠군요

간접적으로 상대방에게 뭔가 제안하고자 할 때 쓸 수 있는 표현. 직역하면 "당신은 ~하는 것을 원할 수도 있겠군요"라는 뜻이 되지만, 이것은 곧 "이렇게 해보시는 게 어때요? ~하는 게 좋겠어요"라는 식으로 상대방에게 제안하는 표현이 된다.

You might want to ask a teller about that when you make a deposit.
예금하실 때 창구 직원에게 그것을 물어 보세요.

You might want to send a maintenance man over.   관리인을 보내는 게 좋을 것 같아요.

Let's see   음, 어디 보자

조금 시간을 두고 생각하고 싶을 때나, 자신이 말할 것을 정리하기 위하여 시간이 필요할 때 쓸 수 있는 말이다. 말과 말 사이를 채운다는 의미로 흔히 filler라고 불리며, 특별한 의미는 없다. 이러한 filler로는 let's see 외에도 well, you know, I mean, kind of, sort of 등이 있다. 대화의 흐름을 부드럽게 이어주는 데는 도움이 되지만, 너무 남발하면 대화가 산만해질 수 있으므로 조심할 것.

Let's see, ah, I just remember it.   음, 아, 방금 막 생각났어.

Let's see, I found another difference.   음 어디 보자. 또 다른 차이점을 발견했어요.

STEP 1 Understanding your task 역할 이해하기

지금 여러분 앞에는 두 개의 Role Card가 주어져 있습니다. Role Card A는 질문을 통해 알아내야 할 사항, Role Card B에는 그에 관한 정보들이 담겨 있습니다. 먼저 Role Card A, B를 보면서, 여러분 앞에 놓여진 task를 이해하도록 노력해 보세요.

Role Card A

You have invited a new intern from Korea to your house for dinner. This new intern will be under your supervision for three months. You have never visited Korea before and you were always interested in going to Korea someday. Ask questions about Korea.

Some things to find out about: **Customs**

Culture

History

Places to visit

Food

Role Card **A**

당신은 한국에서 온 한 인턴 사원에게 저녁 식사를 대접하기 위해 집으로 초대했습니다. 이 인턴은 세 달 동안 당신의 감독 하에 지내게 됩니다. 당신은 한국에 가 본 적은 없지만, 언젠가 한국에 가 봐야겠다고 늘 생각했던 사람입니다. 한국에 대해서 질문해 보세요.

알아내야 할 것들: 풍습

      문화

      역사

      가 볼 만한 장소

      음식

You have just arrived in America for an internship. Your supervisor at work invites you to a dinner. He/she asks you questions about Korea before dinner. Please use the following information to answer his/her questions.

Customs:
- **Honorific language**
- **Taking off shoes when entering someone's home**
- **Handing items to elders with two hands**

Culture:
- **Largely homogeneous**
- **Family-oriented**
- **Community-oriented**

History:
- **Over 4,000-year history**
- **Colonized by Japan for about thirty five years**
- **The Korean War ended in 1953 dividing the peninsula.**

Places to visit:
- **Jeju Island**
- **Seoul**

Foods:
- **Kimchi**
- **Bulgogi**
- **Galbi**
- **Bibimbap**
- **Japchae**

Role Card **B**

당신은 업무 관련 연수를 받기 위해 막 미국에 도착했습니다. 당신의 직장 상사가 저녁 식사 초대를 했습니다. 그(녀)는 저녁 식사를 하기 전에 한국에 관해서 질문하게 됩니다. 다음 정보를 이용하여 질문에 답해 주세요.

관습:

경어 사용

누군가의 집을 방문할 때 신발을 벗어야 함

웃어른께는 두 손으로 물건을 건네야 함

문화:

전체적으로 단일 민족임

가족 중심

집단 중심

역사:

4천 년이 넘는 역사

35년 가량 일본의 지배를 받음

1953년에 끝난 한국 전쟁으로 인한 한반도의 분단

가 볼 만한 장소:

제주도, 서울

음식:

김치, 불고기, 갈비, 비빔밥, 잡채

Role Card의 내용을 모두 이해하셨나요? 당신이 Card A를 가지고 있다면, 당신은 새로 한국에 서 온 인턴 사원을 저녁 식사에 초대한 외국인 상사기 되겠죠. 그리고 Card B를 가지고 있다면, 한국에서 막 도착한 인턴 사원으로서 상사에게 한국에 관한 이야기를 들려 주게 됩니다. 먼저 제 시된 우리말 대화를 참고하여 짧은 informal, formal Q&A를 만들어 보세요.

1 | Customs

A: 한국에는 어떤 풍습들이 있나요?

B: 우리의 풍습은 이런 것들이에요. 집에 들어갈 때는 신발을 벗어야 하죠. 그리고 웃어른께 뭔 가를 드릴 때는 한 손으로 드려서는 안 되요. 그것은 굉장히 버릇 없는 것으로 여겨지죠. 웃 어른과 이야기할 때는 존대말을 써야 해요. 그렇지 않으면 예의에 어긋나죠.

▶Informal

A: What are the customs in Korea?

B: Some of the customs we have are, never wear your shoes inside a Korean home. Also, never hand something to elders with just one hand, it's considered very rude. When talking to older people you have to use formal speech, otherwise it's rude.

▶Formal

A: Could you tell me about the customs you have in Korea?

B: Of course. There are a few customs, which are very different. For example, you should never wear your shoes inside a Korean home and never hand something to elders with just one hand, it's considered very disrespectful. When speaking to older people you have to use honorific language. It's impolite otherwise.

rude 버릇 없는   disrespectful 무례한, 실례되는   honorific language 경어, 존대말   impolite 버릇 없 는, 무례한

2 | Culture

A: 한국 문화에 대해서 말씀해 주세요.

B: 한국인들은 모두 하나의 민족이죠. 소수 민족이 별로 없어요. 사람들은 매우 협조적이며 친 절해요.(개개인보다 집단을 먼저 생각하죠.)

▶Informal

A: What about the cultures you have in Korea?

B: Everyone's Korean. There aren't a lot of minorities. The people are pretty helpful and kind.

A: Could you tell me about Korean culture?

B: Sure, I would love to. Korea is a very homogenous society. There aren't many minority groups living there. We consider the group first, the individual is considered second. It is our culture to consider others before our own needs.

minority 소수, 소수 민족   need 필요, 요구

3 | History

A: 한국의 역사에 대해서 알고 싶어요.

B: 한국은 4천 년이 넘는 역사를 가진 작은 반도 국가에요. 일본은 한국을 약 35년간 지배했었고, 1950년부터 1953년까지 있었던 한국 전쟁으로 인해 반도가 절반으로 나뉘게 되었죠.

▸Informal

A: I want to know about Korean history.

B: Korea is a small peninsula that has over a 4,000-year-old history. Japan controlled Korea for about thirty five years. The Korean War was from 1950 to 1953 and split up the peninsula.

▸Formal

A: I would love to know more about Korean history.

B: Korea is a small peninsula with over a 4,000-year-old history. Japan controlled Korea for about thirty five years. The Korean War was from 1950 to 1953. This war ended up dividing the peninsula.

control 통제하다, 지배하다   split up 나누다, 쪼개다, 갈라지게 하다   end up ~ing 결국 ~하게 되다

4 | Places to visit

A: 제가 방문할 만한 곳들을 알려 주세요.

B: 제주도가 좋을 것 같아요. 다른 도시들과는 다르게 매우 조용하고 평화로운 곳이죠.

A: 다른 도시들은 또 없나요?

B: 아시겠지만, 서울은 한국의 수도에요. 그 곳에서 쇼핑과 야간 문화를 만끽할 수 있으실 거에요.

▸Informal

A: Tell me some places I can visit.

B: I think Jeju Island. It is different from other cities, very quiet and peaceful.

A: What about other cities?

B: You know that Seoul is the capital city of Korea. You'll love the shopping and the nightlife there.

A: Can you describe some of the places you recommend for me to visit?

B: Yes. I recommend you go and visit Jeju Island. It's very different from the rest of Korea. It's almost like a tropical island and much more relaxed and slower paced.

A: What about some major cities?

B: I would definitely recommend Seoul. As you know, Seoul is the capital city of Korea. You'll never get enough of shopping there and the nightlife is full of excitement in Seoul.

capital city 수도, 중심지   tropical 열대성의, 열대 지방의   never get enough of shopping 쇼핑할 것이 아주 많다   excitement 흥미진진한 일

5 | Foods

A: 한국의 음식은 어떤가요?

B: 정말 매워요. 저는 불고기를 좋아해요. 문자 그대로 "불 고기"인데요, 양념장에 절인 소고기 요리에요. 소 갈비뼈 부분인 갈비와 잡채도 좋아해요. 잡채는 야채를 섞은 면요리입니다. 비빔밥도 맛있어요. 그릇에 밥과 야채를 넣고 비빈 거죠. 고기를 좀 넣을 때도 있고요. 한국 사람들은 매운 것을 좋아해요. 저는 김치를 정말 좋아한답니다.

A: So what's Korean food like?

B: It's really spicy. I really like bulgogi, a marinated beef dish. It literally means, "fire meat." I also like galbi, which are beef spare ribs, and japchae, which are noodles with vegetables. Bibimbap is also great. That's a rice bowl with vegetables and sometimes some meat. Koreans love spice. I love kimchi too.

A: I'm afraid I'm not very familiar with Korean food. Could you tell me about the dishes you eat in Korea?

B: Most of the dishes are usually very spicy. Some of my favorites are bulgogi, a marinated beef dish that literally means "fire meat," galbi, which are beef spare ribs, and japchae, which are noodles with vegetables. Bibimbap is also great. That's a rice bowl with vegetables and sometimes some meat. Koreans love spicy foods. I can't live without kimchi.

marinate 양념장에 담가 절이다   literally 글자 그대로   noodle 국수   spare ribs 갈비
rice bowl 밥 사발   can't live without ~없이 못 살다, ~을 매우 좋아하다

이제 A와 B의 역할 중 하나를 맡아서 role play를 해 보세요. Step 2에서 연습한 질문과 대답을 바탕으로 다음 우리말로 표기된 부분을 영어로 직접 말해보는 연습을 해보기 바랍니다.

1 | Role playing for A

A: 안녕하세요. 우리 집에 오신 것을 환영합니다. 어서 들어오세요.

B: Good evening sir, **thank you for the invitation**.

A: 신발 벗지 않아도 되요. 그냥 들어 오세요.

B: Oh, really? I don't need to take it off, sir?

A: **존칭을 쓰지 않아도 되요.**✝ 그냥 내 이름을 부르세요.

B: Oh, I couldn't do that.

A: 제발 그렇게 해 주세요. Sir 라고 부르면 전 굉장히 불편하거든요.

B: If you feel uneasy I'll do that. I'm just not used to this since I was raised in a different environment.

A: 이해해요. 잠시 후에 저녁이 준비될 테니, 그 동안 한국에 대해 이야기 좀 해 주세요.

B: What would you like to know?

Customs

A: 한국의 풍습에 관해 이야기해 주시겠어요?

B: Of course. There are a few customs, which are very different. For example, you should never wear your shoes inside a Korean home and never hand something to elders with just one hand, it's considered very disrespectful. When speaking to older people you have to use formal speech. It's impolite otherwise.

Culture

A: 아, 당신이 말한 것처럼, 당신은 정말 다른 환경에서 자라났군요. 풍습은 그렇다 치고, 문화 역시 차이점이 많을 것 같은데요. 한국의 문화에 대해서 이야기해 주시겠어요?

B: Sure, I would love to. Korea is a very homogenous society. There aren't many minority groups. And we aren't always forthcoming with our feelings. Also, when we are in a group, we consider the group first, the individual is considered second. It is our culture to consider others before our own needs.

A: 정말 흥미롭군요. 저는 당신과는 정말 정반대의 문화 속에서 자라왔어요.

B: I suppose that it is the reason for cultural differences.

A: 한국은 매우 길고 화려한 역사를 가지고 있다고 들었는데요. 한국의 역사에 관해서도 더 알고 싶어요.

B: **I'll enlighten you briefly with** Korean history. Korea is a small peninsula that has over a 4,000-year-old history. Japan controlled Korea for about thirty five years and the end of the Korean War split up the peninsula in 1953.

A: 이제 제가 가 볼 만한 장소를 추천해 주시겠어요?

B: Yes. I recommend that you go and visit Jeju Island. It's very different from the rest of Korea. It's almost like a tropical island and much more relaxed and slower paced. You should visit **if you have the opportunity**.

A: 다른 주요 도시들은 어떤가요? 저는 재미있고 활기찬 분위기를 좋아해요.

B: Then **I would definitely recommend** Seoul. As you know, Seoul is the capital city of Korea. You'll never get enough of shopping there and the nightlife is full of excitement in Seoul.

A: 정말 흥미롭군요. 벌써 한국에 대해 **굉장히 잘 알고 있는 것처럼 느껴지는걸요.**✦

B: I'm honored to have informed you about my country.

A: 우리가 준비한 음식을 당신이 마음에 들어 했으면 좋겠군요. 한국 음식을 준비하려 했는데, 유감스럽게도 한국 음식들에 대해서 잘 몰라서요. 한국에서는 어떤 음식들을 먹는지 말해 주겠어요?

B: Most of the dishes are usually very spicy. Some of my favorites are bulgogi, a marinated beef dish that literally means "fire meat," galbi, which are beef spare ribs, and japchae, which are noodles with vegetables. Bibimbap is also great. That's a rice bowl with vegetables and sometimes some meat. Koreans love spicy foods. I can't live without kimchi.

A: 그건 뭐죠?

B: Kimchi is fermented cabbage mixed with red peppers, garlic, and other ingredients.

A: 정말 매울 것 같군요. 그게 주요리인가요?

B: Kimchi is just one of the side dishes we have. I recommend you try it.

A: 오, 이런 전부 다 정말 맛있을 것 같아요. 올해가 가기 전에 한국을 꼭 한 번 방문해야겠군요. 자 저녁 준비가 다 된 것 같군요. 이제 식탁으로 가시죠.

Note for A

신발을 벗다
take one's shoes off

저로서는, 저에게는
as for me

잠시 후에 ~이 준비될 거예요
~ will be ready in a while

~에 대해 정말 알고 싶어요
I would love to know ~

✚ Expression study for A

There is no need to + V　~할 필요 없어요

You don't have to + V와 같은 의미로, 굳이 그럴 필요 없다며 누군가의 행동을 말릴 때 쓰는 표현이다. 보통 듣는 이가 you일 경우에는 제목의 표현을 그대로 쓰면 되고, 그 외 다른 누군가를 지칭할 때는 There is no need for somebody to + V의 형태로 사용한다.

There is no need to call a doctor.　의사 부를 필요 없어.

There is no need to be so nervous.　그렇게 초조해 할 필요 없어.

I feel like ~　마치 ~인 것 같아요

어떤 사실에 대한 자신의 추측이나 느낌을 전달하고자 할 때 쓰이는 표현으로 like 뒤에는 절(clause)이 이어지는 것이 보통이다. 화자의 감정에 의한 주관적 판단이므로 그만큼 객관성은 떨어진다. 한편 이미 많이 들어 보았겠지만, feel like 다음에 동명사가 오면 I don't feel like eating(별로 먹고 싶지 않아요)와 같이 "~하고 싶다"는 화자의 바람을 나타내는 표현이 된다는 것도 재삼 확인하고 지나가자.

I feel like I'm going crazy.　정말 미칠 것 같아요.

I feel like this is all my fault.　저는 이게 모두 저의 잘못인 것 같아요.

2 | Role playing for B

A: Good evening, welcome to our house, please come in.

B: 안녕하세요, 초대해 주셔서 감사합니다.

A: Don't **take your shoes off**, just walk right in.

B: 그래요? 신발을 벗지 않아도 된다구요?

A: There is no need to call me sir. Just call me by my first name.

B: 아니요, 그럴 수는 없어요.

A: Please, I insist. It makes me very uncomfortable when someone addresses me as sir.

B: 당신이 불편하시다면 그렇게 하도록 하죠. 저는 다른 환경에서 자라서 그런 것에 익숙하지가 않아서요.⁺

A: I agree. Dinner **will be ready in a while**. In the meantime, tell me about Korea.

B: 무엇을 알고 싶으세요?

Customs

A: Could you tell me about the customs you have in Korea?

B: 물론이죠. 여기와는 다른 풍습들이 몇 가지 있어요. 예를 들면, 한국에서는 집에서 신발을 벗어야 해요. 그리고 웃어른께 뭔가를 드릴 때는 한 손으로 드려서는 안 되요. 그것은 매우 버릇 없는 것으로 여겨지거든요. 그리고 웃어른께 이야기할 때는 높임말을 사용해야 해요. 그렇지 않으면 예의에 어긋나죠.

Culture

A: Yes, like you said, you were raised in a different environment. Customs are one thing, but I'm sure there are many cultural differences. Could you tell me about Korean culture?

B: 그럼요. 한국은 단일 민족 국가에요. 소수 민족이 거의 없죠. 그리고 우리는 보통 감정을 잘 드러내기 않아요. 함께 모여 있은 때는 개개인부다는 집단을 우선적으로 생각하죠. 우리 뮤화에서는 내 자신의 이익보다 다른 사람들을 먼저 생각해요.

A: That's very interesting, **as for me**, we were brought up very opposite to you.

B: 그것이 바로 문화적 차이가 생겨나는 이유인 것 같아요.⁺

History

A: I was told that Korea has a long and distinguished history. **I would love to know** more about Korean history.

B: 간단하게나마 한국의 역사에 대해 설명해 드릴게요. 한국은 4천 년이 넘는 역사를 가진 작은 반도 국가에요. 일본이 한국을 약 35년간 지배했었고, 1953년에 한국 전쟁이 끝나면서 한반도가 분단되었죠.

A: So, can you describe some of the places you recommend for me to visit?

B: 네, 저는 제주도에 가 보시길 추천해 드려요. 한국의 다른 지역과는 많이 다르답니다. 마치 열대 지방과 같고, 더욱 느긋하고 편안한 곳입니다. 기회가 되면 꼭 가보세요.

A: What about some major cities? I enjoy fun and live atmosphere.

B: 그렇다면 단연 서울을 추천해 드려야겠군요. 당신도 아시겠지만, 서울은 한국의 수도에요. 그 곳에서는 쇼핑도 마음껏 할 수 있고, 서울의 밤은 흥미거리로 가득 차 있답니다.

A: That's very interesting. I feel like I know so much about Korea already.

B: 당신에게 우리나라에 대해서 **알려 드리게 되어 영광이에요.**✦

Foods

A: I hope you'll like the food we have prepared. I was planning to make you some Korean food, but I'm afraid I'm not very familiar with Korean food. Can you tell me about the dishes you eat in Korea?

B: 대부분의 요리들이 아주 매워요. 제가 가장 좋아하는 것은 불고기에요. 문자 그대로 "불 고기" 죠. 양념에 담가 절인 소고기 요리입니다. 소 갈비뼈 부분인 갈비와 잡채도 좋아해요. 잡채는 야 채를 섞은 면요리입니다. 비빔밥도 맛있어요. 그릇에 밥과 야채를 넣고 비빈 거죠. 고기를 조금 넣기도 하고요. 한국 사람들은 매운 것을 좋아해요. 저도 김치를 아주 좋아하죠.

A: What's that?

B: 김치는 배추에 고추가루와 마늘, 다른 양념들을 넣고 버무려서 발효시킨 음식이에요.

A: It sounds very spicy. Is that your main dish?

B: 김치는 우리가 먹는 반찬 중에 하나에요. 한 번 드셔 보시라고 권해 드리고 싶군요.

A: Oh my, it all sounds great. I'll definitely visit Korea before the year ends. I think our dinner is almost ready. Let's go on to the dining room.

Note for B

초대해 주셔서 감사합니다
Thank you for the invitation

기회가 되신다면
if you have the opportunity

당신에게 ~을 간단히 설명해 드릴게요.
I'll enlighten you briefly with ~

단연 ~을 추천해 드려야겠네요
I would definitely recommend ~

✚ Expression study for B

I'm not used to ~ing   ~에 익숙하지 않아요

be used to는 어떤 것에 관해 여러 번 경험을 해서, 더 이상 낯설거나 새롭지 않다는 의미로 쓸 수 있는 표현이다. 따라서 여기에 부정어 not을 붙이면 아직 경험이 부족하여 익숙하지 못한 상태에 있음을 나타내게 된다. to 다음에는 익숙하지 못한 대상 즉 명사를 제시하거나, 동사의 경우 ~ing형을 써야 한다. Be 동사 대신에 get, become, grow 등으로 바꿔 쓸 수도 있다.

I am not used to making a speech in public.   나는 대중 앞에서 연설하는 데 익숙하지 못하다.
I am not used to driving myself.   나는 직접 운전하는 데 익숙하지 못하다.

I suppose (that) ~   저는 아마 ~일 거라고 생각해요

의견은 있으나 확신할 수 없을 때 쓸 수 있는 표현. 그것에 대한 확실한 지식이나 믿을 만한 증거가 없어 확신할 수는 없지만, "미루어 짐작컨대 ~라고 생각해요"라는 뉘앙스이다.

I suppose that he is right.   저는 그의 말이 맞을 거라고 생각해요.
I suppose that's because he wrote drunk.   아마도 그 사람이 취한 상태로 글을 썼기 때문일 거라고 생각해요.

I'm honored to + V   ~하게 되어 영광이에요

상대에게 자기 자신이 "~하게 되어 기쁘다"는 것을 매우 공손하고 정중하게 전달하는 표현. 깍듯이 예우를 갖춰야 할 경우에 쓴다면, 상대방이 흡족해 하겠지만 보통의 경우라면 쓰는 사람은 낯 간지러워서 쓸 용기가 안 나고, 듣는 사람은 '아니 저 사람 오바하네' 라고 생각할 수도 있다. 그렇지만 때와 장소에 알맞게 사용한다면 당신을 더욱 돋보이게 할 수 있는 표현.

I'm honored to see you.   만나 뵙게 되어 영광이에요.
I'm very **honored to** walk with a pretty lady.   멋진 숙녀와 함께 걷게 되어 영광입니다.

13 Scheduling A Dinner Meeting

저녁 식사 계획하기

STEP 1   ## Understanding your task

역할 이해하기

지금 여러분 앞에는 두 개의 Role Card가 주어져 있습니다. Role Card A는 질문을 통해 알아내야 할 사항, Role Card B에는 그에 관한 정보들이 담겨 있습니다. 그리고 정보를 얻고 난 후, 서로 합의해야 할 사항들이 제시되어 있습니다. 먼저 Role Card A, B를 보면서, 여러분 앞에 놓여진 task를 이해하도록 노력해 보세요.

Role Card A

You are the vice president of the local division of a larger national company. You are attending a business conference at the headquarters of your company. The chairman is in charge of the conference and will invite you for dinner. The two of you will need to decide the details of your dinner meeting.

Some things to find out about: **Date**

Time

Meeting place

Restaurant name

Transportation

Then, ask if you can: **Change the date.**

Go to the restaurant by yourself.

Note

local 지방의, 지구의

division 구분, 부분, 지역

conference 협의, 회의

headquarters 본부

chairman 의장, 사회자

in charge of ~을 맡고 있는, ~을 담당하고 있는

Role Card **A**

당신은 전국 규모 대기업의 지방 지점 부사장입니다. 당신은 본사에서 열리는 비즈니스 회의에 참가하려고 합니다. 회의를 맡고 있는 의장이 당신을 저녁 식사에 초대할 것입니다. 두 사람은 저녁 약속에 대한 세부 사항을 결정해야 합니다.

알아내야 할 것들: **날짜**

                           시간

                           만날 장소

                           식당 이름

                           교통 수단

부탁할 사항: **날짜 변경**

                           혼자서 식당에 찾아갈 것임

You are a chairman in charge of a nationwide conference for your company. You want to have a meeting with one of the vice presidents. Using the following information, extend an invitation to him/her. Please be sure that both of you are clear on the details.

Date: **Friday, June 14th**

Time: **7:00 p.m.**

Meeting place: **Sheraton Hotel lobby**

Restaurant name: **Margot's 1435 N. Maxim Street**

Transportation: **Someone from the company will pick up and return the vice president.**

Negotiating date/transportation:

Postpone the meeting to accommodate the vice president's schedule.

Insist on picking up the vice president for his convenience.

Role Card B

당신은 회사의 전국 회의를 맡고 있는 의장입니다. 당신은 부사장 중 한 명과 만나기를 원합니다. 다음의 정보들을 이용해서 그를 초대하세요. 상대방과 당신 모두 세부 사항을 확실하게 이해했는지 점검하세요.

날짜:	6월 14일 금요일
시간:	저녁 7시
만날 장소:	쉐라톤 호텔 로비
식당 이름:	마고스, 맥심 가 북쪽 1435번지
교통:	회사의 직원이 부사장을 태우러 가고, 갈 때도 모셔 드릴 것임

날짜와 교통편 관련 협의 사항:
부사장의 일정에 맞도록 약속을 연기하라.
부사장의 편의를 위해 부사장을 태우러 가겠다고 고집하라.

Role Card의 내용을 모두 이해하셨나요? 당신이 Card A를 가지고 있다면, 당신은 회사의 본부에서 열리는 비즈니스 회의에 참가하러 온 지방 지점의 부사장이 되겠죠. 그리고 Card B를 가지고 있다면, 회의의 담당자로서 이번 회의에 참가하러 온 부사장 중 한 명에게 저녁 식사를 대접하게 됩니다. 먼저 제시된 우리말 대화를 참고하여 짧은 informal, formal Q&A를 만들어 보세요.

1 | Date

A: 우리가 저녁 약속 날짜를 정했었는지 물어 보려고 전화했어요. 이번 주말쯤으로 들었는데요.
B: 6월 14일에 만나기로 했던 것 같은데요.

▶Informal

A: I was calling to ask if we set the date for the dinner meeting yet. I heard that it was going to be sometime later this week.
B: I think June 14th will work best.

▶Formal

A: I was calling to ask if you could tell me what day the dinner meeting was planned. Do you know if a particular date has been agreed upon yet?
B: Yes, actually, I believe we decided we'd meet on June 14th.

set the date 날짜를 정하다   agree upon ～에 대해 합의하다

2 | Time

A: 몇 시쯤으로 생각하고 계시죠?
B: 저녁 7시쯤이요. 괜찮은가요?
A: 좋아요. 그 시간이면 별 문제 없습니다.

▶Informal

A: What time do you have in mind?
B: 7:00 p.m. Is that OK?
A: That's good. I can make it then.

▶Formal

A: Could you please let me know what time the dinner is planned for?

B: I believe that the meal has been planned for 7:00 p.m. I hope that works well with your schedule.

A: All right. I should have no problem attending at that time.

have in mind 생각해 두다   make it 할 수 있다, 가능하다   have no problem ~ing ~하는 데 아무 문제가 없다   attend 참석하다, 출석하다

3 | Meeting place

A: 지난 번과 똑같은 장소에서 만나나요?

B: 아니요. 다른 곳에서 만날 거에요.

A: 위치를 말씀해 주세요. 제가 아는 장소인가요?

B: 아마 쉐라톤 호텔이 될 것 같습니다.

▸ Informal

A: Are we meeting at the same place as last time?

B: No, we're going somewhere else.

A: Where is it? Do I know the place?

B: Maybe, it's at the Sheraton Hotel.

▸ Formal

A: Do you know if we're going to meet at the same location as last time?

B: No, we'll actually be going to a different place.

A: Could you please tell me the location?

B: The dinner meeting will convene at the Sheraton Hotel.

somewhere 어떤 장소, 모처   location 위치, 장소   convene 소집되다, 개최되다

4 | Restaurant name

A: 우리가 가려는 곳의 이름은 무엇인가요?

B: 마고스에요.

A: 제가 그 곳에 갈 수 있도록 주소를 알려주세요.

B: 네, 맥심 가 북쪽 1435번지, 이것은 쉐라톤 호텔의 주소에요. 식당은 그 안에 있습니다.

▸ Informal

A: What's the name of the place we're going to?

B: It's called Margot's.

A: Say, give me the address so I can meet you there.

B: It's 1435 N. Maxim Street. That's the address of the Sheraton. The restaurant is inside.

A: Could you tell me the name of the restaurant we'll be going to?

B: The name is Margot's.

A: Would you please give me the address so I could meet you there?

B: The address is 1435 N. Maxim Street. That's actually the address of the Sheraton Hotel. Margot's is inside.

be called ～라고 불리다   say 놀라움을 표시하는 감탄사

5 | Transportation

A: 그곳이 어디인지 찾아갈 수 있을 것 같아요.

B: 그렇지만 사람을 보내서 당신을 모셔오려고 해요.

A: 신경 써주셔서 고마워요. 그렇지만 괜찮아요. 혼자 갈 수 있어요.

A: I think I know where the place is.

B: But I'd prefer to have someone pick you up.

A: Thanks, but it's O.K. I can get there for myself.

A: I'm quite familiar with the area. I'm sure I'll be able to find the Sheraton by myself.

B: But I would still prefer that someone come by to pick you up.

A: Thank you for your concern, but it's really all right.

prefer ～을 더 좋아하다   pick up ～을 태우다, 마중나가다   be familiar with ～에 익숙하다

6 | Change of the date

A: 14일이 무슨 요일이죠? 토요일 맞죠?

B: 아니요. 14일은 금요일이에요.

A: 오, 죄송해요. 저는 14일이 토요일이라고 생각했었어요. 그 날 다른 계획이 있어요.

B: 아마 제가 계획을 바꿀 수도 있을 것 같군요. 토요일로 바꾸기로 하죠.

A: 괜찮으시겠어요?

B: 그렇지만 누군가가 태우러 가는 것은 허락해 주세요.

A: 아니, 정말 괜찮아요. 혼자 갈 수 있어요. 이미 폐를 끼쳤는 걸요.

B: 저희가 가게 해 주세요. 호텔은 회사에서 가까워요. 우리가 당신을 태우러 간다 해도 대단한 일이 아니에요.

A: 그렇다면 좋아요. 그렇게 하세요. 도와 줘서 고마워요.

A: What day is the 14th? Is it a Saturday?

B: No, the 14th is a Friday.

A: I guess I thought that the 14th was a Saturday. I have some other plans for that day.

B: Maybe I can change my plans. Let's change it to Saturday.

A: Wow, that'd be great.

B: But I insist that you let someone pick you up.

A: No, really, it's OK. I'm sure I can get there by myself. I've already been such a bother already.

B: Please let us pick you up. It's quite close to the office. It's not a problem.

A: All right then, let's do that. Thank you for helping me out.

▶ Formal

A: Could you please tell me what day the 14th is? Is that a Saturday?

B: No, I'm afraid the 14th is actually a Friday.

A: Oh my, I'm so sorry. I'm afraid I've made other plans for that day. I was under the impression the 14th was a Saturday.

B: I might be able to change the schedule. Shall we meet on Saturday?

A: Would that be possible?

B: It's no problem at all. Now that we have that agreed upon, I must insist that you allow someone to pick you up.

A: No, it's really not necessary. I don't want you to concern yourself with such matters.

B: The hotel is right by the office though. I assure you it's not the least bit of a hassle for us to pick you up.

A: Very well, if you insist. Thank you for all of your help.

---

bother 귀찮음, 성가신 일   be close to ~에 가까이에 있다   help out 도와주다, 어려움에서 구출하다   be under the impression (that) ~ ~라고 생각하고 있다   concern oneself with ~때문에 신경쓰다, 걱정하다   hassle 혼란, 소동

이제 A와 B의 역할 중 하나를 맡아서 role play를 해 보세요. Step 2에서 연습한 질문과 대답을 바탕으로 다음 우리말로 표기된 부분을 영어로 직접 말해보는 연습을 해보기 바랍니다.

1 | Role playing for A

A: 안녕하세요. 오랜만이네요. 그 동안 잘 지내셨나요?

B: I've been doing really well, thanks. I appreciate it. How about you?

Date

A: 저도 아주 잘 지냈습니다. 고맙습니다. 잘 지내셨다니 기쁘군요. 어쨌든, 우리의 저녁 약속이 어느 날로 정해졌는지 물어 보려고 전화했습니다. 정확한 날짜가 정해졌습니까?

B: Yes, actually, I think June 14th will work best for everyone. There'll be two other people coming along. **I believe that** you know them from our previous conference.

Time

A: 저녁 약속이 몇 시인지 말씀해 주시겠어요?

B: I believe that the meal has been planned for 7:00 p.m. I hope that **works well with your schedule**.

Meeting place

A: 좋아요. 그 시간에 가는 데 아무 문제 없을 것 같습니다. 저번에 만났던 곳과 같은 장소에서 만나게 되나요?

B: No, we'll actually be going to a different place.

A: 어디인가요? 제가 아는 곳인가요?

B: The dinner meeting will convene at the Sheraton Hotel. We'll meet at the restaurant there.

A: 그렇습니까? 유감이지만, 그 레스토랑에 대해서 잘 모르겠군요. 최근에 생긴 곳인가요?

B: Yes, the restaurant opened just a few months ago. I've dined there a couple of times. The cuisine is very, very good. I think that you'll really enjoy it.

Restaurant name

A: 멋질 것 같아요. 사실 누군가가 쉐라톤의 새로운 레스토랑에 관해서 저에게 말한 적이 있었죠. 그 이름은 정확히 기억할 수가 없네요. 우리가 가게 될 식당의 이름을 말해 주시겠어요?

B: The name is Margot's.

A: 아, 같은 레스토랑인 것 같군요. 맞아요. 사람들이 그 곳 칭찬을 많이 했었죠. 제가 그곳에 갈 수 있도록 주소를 알려 주시겠어요? 저한테는 그게 가장 편할 것 같은데요.

B: The address is 1435 N. Maxim Street. That's actually the address of the Sheraton Hotel. Margot's is inside. **Are you quite certain** you'll be able to find it by yourself?

A: 걱정 말아요. 그 쪽 지역에 대해서는 아주 잘 알거든요.✝ 확실히 혼자 찾아갈 수 있어요.

B: But I would prefer that someone come by to pick you up. It'll cut back on time if you don't mind.

A: 신경 써 줘서 고마워요. 그렇지만 정말 괜찮습니다. 14일이 무슨 요일이죠? 토요일인가요?

B: No, I'm afraid the 14th is actually a Friday.

A: 오, 정말 미안합니다. 그 날 다른 계획이 있는 것 같아요. 14일이 토요일이라고 생각하고 있었어요.✝

B: Could you possibly change your plans?

A: 아니요. 정말 미안해요. 아주 오래 전에 세운 계획이라서요. 지금 그것들을 바꿀 수는 없을 것 같습니다. 이해해 주시길 바랍니다. 그럴 수 있다면 좋을 텐데요.

B: I might be able to change the schedule. OK, I do have that Saturday available. **Shall we meet on** Saturday?

A: 좋습니다. 저한테는 훨씬 좋죠. 당신에게도 불편을 끼치지 않기를 바랍니다.

B: It's no problem at all. Now that we have that agreed upon a time, I must insist that you allow someone to pick you up.

A: 당신이 꼭 그렇게 말씀하신다면, 좋습니다. 몇 시에 호텔 밖으로 나가면 될까요?

B: **I will see to it that** a person will arrive at your hotel at 6:30.

A: 알겠습니다. 그 시간에 로비에서 기다리겠습니다. 여러모로 도와주셔서 감사합니다.

Note for A

~을 알려주시겠어요?
Could you please let me know ~?

~하는 데 별 어려움이 없겠군요
I should have no problem ~ing

~에 대해 칭찬하다
speak well of

다른 약속이 있어요
I've made other plans

제가 몇 시에 ~하면 될까요?
What time would you like me to + V?

~에서 기다리고 있을게요
I will be waiting in ~

✚ Expression study for A

I'm familiar with ~에 대해 잘 알아요

familiar는 이미 보았거나, 들은 적이 있어 더욱 친숙하다는 뜻의 형용사. with 대신 to를 이용해서 be familiar to somebody라고 쓰면 '~에게 잘 알려져 있다' (be well known to)라는 의미가 된다. 쉬운 표현이지만, 막상 쓰려 하면 쉽게 나오지 않을 듯한 표현. 허구헌날 I know ~ well이라고만 하지 말고 표현의 폭을 넓혀보도록 하자.

I'm familiar with this area. 저는 이 곳에 대해 잘 알아요.

I am of course **familiar with** your work. 저는 물론 당신이 하는 일을 잘 알고 있습니다.

I was under the impression that ~ ~라고 생각하고 있었어요

자신이 믿고 있었던 바, 알고 있었던 바를 밝히는 표현이다. 여기서 중요한 점은 말하는 이가 잘못된 정보를 사실이라고 알고 있었다는 점이다. 따라서 that 이하의 정보는 틀린 사실이 된다. 뭔가 착각했을 때, 잘못 알고 있었을 때 유용한 표현.

I was under the impression that the work had already been completed.
일이 이미 다 끝났다고 생각하고 있었어요.

I was under the impression that you were married. 당신이 결혼한 줄 알고 있었어요.

A: Hello. We haven't spoken in a while. How have you been doing?

B: 아주 잘 지냈습니다. 고맙습니다. 당신은 어떻게 지내셨나요?

Date

A: I'm doing great, thanks. Glad to know you're doing OK. Anyway, I was calling to ask if you could tell me what day the dinner meeting was planned. Do you know if a particular date has been agreed upon yet?

B: 네, 6월 14일이 가장 좋을 것 같아요. 다른 두 명의 사업가도 함께 가게 될 것입니다. 지난 번 회의 때 아마 만났던 사람들일 거에요.

Time

A: **Could you please let me know** what time the dinner is planned for?

B: 저녁 7시로 약속되어 있었어요. 그 시간이 당신의 일정에 지장이 없으셨으면 좋겠는데요.

Meeting place

A: All right. **I should have no problem** attending at that time. Do you know if we're going to meet at the same location as last time?

B: 아니요. 이번에는 다른 장소에서 만날 것입니다.

A: Where is it? Do I know the place?

B: 쉐라톤 호텔에서 저녁 식사 모임을 갖게 될 것입니다. 그 곳 레스토랑에서 만날 것입니다.

A: Is that so? I'm afraid I'm not familiar with that restaurant. Did it recently open?

B: 네, 몇 달 전에 생긴 곳입니다. 저는 두세 번 정도 식사를 했었습니다. 음식은 아주 맛있어요. 당신도 그곳을 아주 마음에 들어하실 거라고 생각합니다.

Restaurant name

A: Sounds fantastic. Actually, someone was speaking to me about a new restaurant in the Sheraton Hotel. I can't seem to recall what the name was. What's the name of the place we're going to?

B: 마고스입니다.

A: Ah, I believe that's the same restaurant. You're right. People do **speak well of** it. Would you please give me the address so I could meet you there? I think that would be the most convenient arrangement for me.

B: 맥심 가 북쪽 1435번지입니다. 이건 쉐라톤 호텔의 주소에요. 마고스는 호텔 안에 있어요. 정말 혼자서 찾아 오실 수 있으시겠습니까?

A: Please don't worry. I'm quite familiar with the area. I'm sure I'll be able to find the Sheraton by myself.

B: 그렇지만, 누군가가 당신을 태우러 가는 것이 좋을 듯 합니다. 시간도 절약할 수 있고요. 당신만 괜찮으시나면요.*

Change of the date

A: Thank you for your concern, but it's really all right. What day is the 14th? Is it a Saturday?

B: 아니오. 14일은 금요일입니다만...

A: Oh my, I'm so sorry. I'm afraid **I've made other plans** for that date. I was under the impression the 14th was a Saturday.

B: 계획을 변경시킬 수 없으세요?*

A: No, I'm terribly sorry. I made these plans quite a while ago. It really would be impossible to change them at this point. I hope you understand. I would if I could.

B: 제가 계획을 변경시킬 수 있을 것 같습니다. 음 그 주 토요일도 괜찮을 것 같아요. 토요일로 할까요?

A: That would be wonderful. It would make things much easier for me. I hope it's not too much trouble for you.

B: 아무 문제 없습니다. 이제 시간을 정했으니,* 당신을 모시러 가겠다는 얘기를 해야겠군요.

A: Very well, if you insist. **What time would you like me to** be ready outside my hotel?

B: 6시 반까지 호텔 앞으로 기사가 도착하게끔 하겠습니다.

A: Certainly. **I will be waiting in** the lobby at that time. Thank you for all your help.

✦ Expression study for B

if you don't mind   괜찮으시다면

상대방에게 부탁하거나 양해를 구하는 의미로, 명령이나 요청을 정중하고 부드럽게 하기 위해서 문장의 앞이나 뒤에 please를 붙여서 쓰는 것처럼 활용하면 된다. 말해 놓고 상대에게 혹시 무례하지는 않았나 걱정이 된다면, if you don't mind라고 조심스럽게 덧붙여 보자.

Can I push my seat back **if you don't mind?**   괜찮으시다면, 의자 좀 뒤로 젖혀도 될까요?
Can I give you a bit of advice, **if you don't mind?**   괜찮으시다면, 충고 한 마디 해도 될까요?

Could you possibly ~?   ~하는 게 가능하시겠어요?

"~하실 수 있겠어요?"라고 상대방의 의중을 타진해 볼 때 Could you ~?라고만 해도 상당히 공손한 뉘앙스를 갖지만, 이 표현에서처럼 possibly가 추가되면 '혹시' 정도의 의미가 더해져서 좀 더 정중하고 조심스러운 질문이 된다.

Could you possibly lend me your car for a couple of days?

당신 차 좀 2~3일 정도 빌려 주실 수 있겠어요?

Could you possibly allow me to use your telephone?   전화 좀 써도 될까요?

Now that ~   이제 ~했으니

now that은 접속사구로 쓰여서 "이제 ~했으니"라는 의미를 갖게 된다. now that에 이어지는 절은 원인을 설명하는 부분이며, 이로 인하여 나타나는 결과는 주절에 쓰면 된다. 단순한 이유, 원인을 설명한다기 보다 특정 상황이 완료 혹은 종결되었으니, "이제 ~해도 된다"라는 느낌을 주는 문장에 사용된다.

Now that the exams are over, I can enjoy myself.   이제 시험이 끝났으니 실컷 놀 수 있어.
Now that you are well again, you can travel.   이제 다시 건강해졌으니까, 여행할 수 있어.

14 Interviewing for A Job

구직을 위한 인터뷰하기

STEP 1 ## Understanding your task

역할 이해하기

지금 여러분 앞에는 두 개의 Role Card가 주어져 있습니다. Role Card A는 질문을 통해 알아내야 할 사항, Role Card B에는 그에 관한 정보들이 담겨 있습니다. 그리고 정보를 얻고 난 후, 서로 합의해야 할 사항들이 제시되어 있습니다. 먼저 Role Card A, B를 보면서, 여러분 앞에 놓여진 task를 이해하도록 노력해 보세요.

Role Card A

You saw an advertisement in the newspaper about a job at an art museum. You are really interested in this position. You've been working as a tour guide at a local museum and you'd really like to use your art knowledge more. You think that this job would be perfect for you. You will need to meet the curator at the museum for further information. Please ask the curator about the followings.

Some things to think about:
Job position
Job responsibilities
Wages
Benefits
Opportunities for advancement
Working hours
Vacation

Negotiation:
You have a child and you would like regular working hours.
See if it's possible to work regular hours even during exhibitions.

Note

art museum 미술관
be interested in ~에 관심이 있다
local 지방의, 지역의
curator (박물관 등의) 관리자, 관리인

benefit 이익, 혜택
advancement 승진, 진보, 향상
exhibition 전시회, 전람회, 공연

Role Card **A**

당신은 신문에서 미술관에서 낸 구인 광고를 보았습니다. 당신은 이 일자리에 대해서 관심이 많습니다. 지역 박물관에서 관광 가이드로 일해 온 당신은 일자리가 예술에 관한 지식을 더 많이 활용할 수 있기를 원합니다. 당신은 이 일자리가 당신에게 딱 알맞다고 생각합니다. 보다 많은 정보를 구하고자 미술관에서 큐레이터를 만나보려고 합니다. 다음 사항들에 대해 물어 보세요.

생각해 볼 사안: 직위
직책
봉급
혜택
승진 기회
근무 시간
휴가

협의 사항:
당신은 아이가 있어서 규칙적인 근무 시간을 원합니다. 전시회 기간 중이라도 규칙적인 근무가 가능한지 알아보세요.

You are a curator for an art museum. A wealthy patron recently passed away leaving your museum a great deal of money. The contemporary section of your museum is lacking. You would like to use part of the money to buy more paintings to enlarge the contemporary art exhibition. Your knowledge of contemporary art is minimal. You'd like to hire someone who has a good knowledge of contemporary art. You need to find the most qualified person. Please use the information below to answer the person's questions.

Job position:	**Assistant curator**
Job responsibilities:	**Working extensively with the curator, acquiring new pieces for the exhibition**
Wages:	**$40,000 per year**
Benefits:	**Health, Dental**
Opportunities for advancement:	**Most head curators were once assistant curators.**
Working hours:	**Monday - Friday, 8:00 a.m. - 5:00 p.m. Sometimes more hours are required when completing exhibitions.**
Vacation:	**Two weeks a year Five sick days per year**

Negotiation:

Your partner is requesting for regular working hours; however, it is not possible since the working hours at the museum are irregular. Tell your partner this is not under your authority but he or she must consult with the head curator with working hours.

Role Card **B**

당신은 미술관의 큐레이터입니다. 한 부유한 후원자가 최근 세상을 떠나면서 당신의 박물관에 많은 돈을 기부했습니다. 박물관은 현대 미술 분야가 빈약합니다. 그래서 현대 미술 코너를 확대하기 위해서 그 돈으로 몇 개의 작품을 더 구입하고자 합니다. 하지만 당신은 현대 미술에 대한 지식이 미비합니다. 그래서 당신은 현대 예술에 조예가 깊은 사람을 고용하고자 합니다. 최적의 자격을 갖춘 사람을 찾아야 합니다. 아래 정보를 이용해서 구직자의 질문에 답해 보세요.

직위: 보조 큐레이터

직책: 전시회에 쓸 새로운 그림을 확보하는 등 큐레이터와 함께 광범위하게 일한다.

연봉: 연 $40,000

혜택: 건강 보험, 치과 보험

승진 기회: 대다수의 수석 큐레이터는 보조 큐레이터의 직급을 거쳤다.

근로시간: 월 – 금, 8:00 a.m. - 5:00 p.m.
전시회를 마무리할 때는 초과 근무가 요구되기도 한다.

휴가: 연 2주
병가 연 5일

협의사항:

당신의 파트너는 규칙적인 근무 시간을 요구하지만, 박물관에서의 근무 시간은 불규칙적이므로 이것은 불가능한 일이다. 파트너에게 이것은 당신에게 결정할 권한이 없는 사안이므로, 수석 큐레이터와 근무 시간에 대해 상의해 보라고 얘기한다.

Role Card의 내용을 모두 이해하셨나요? 당신이 Card A를 가지고 있다면, 당신은 신문에서 미술관의 보조 큐레이터 자리를 구하는 광고에 관심이 있는 사람이 되겠죠. 그리고 Card B를 가지고 있다면, 미술 박물관의 큐레이터로서, 그림을 구매하는 데 도움을 주는 해박한 미술 지식을 갖춘 사람을 고용하려 합니다. 먼저 제시된 우리말 대화를 참고하여 짧은 informal, formal Q&A를 만들어 보세요.

1 | Job position

A: 이 박물관에서 새로운 큐레이터를 찾고 있다는 광고를 보았습니다. 그것에 대해서 좀 여쭈어 봐도 될까요?

B: 아, 큐레이터는 아니고, 큐레이터 보조입니다.

▶**Informal**

A: I saw in the newspaper that you're looking for a curator. Could you tell me more about it?

B: Not as a curator, an assistant curator.

▶**Formal**

A: I noticed in the newspaper that your museum is interested in hiring a new curator. I was wondering if you give me more details about the job position.

B: Actually, I should correct you. The job position is for an assistant curator.

look for ~을 찾다, 구하다　assistant 보조의　hire 고용하다　correct 정정하다, 바로잡다

2 | Job responsibilities

A: 보조 큐레이터가 하는 일이 정확하게 무엇인가요?

B: 당신은 수석 큐레이터 그리고 저와 함께 일하게 됩니다. 우리 박물관에 새로운 예술품을 구하는 일을 돕게 됩니다.

▶**Informal**

A: What exactly would an assistant curator do?

B: You would need to work with the head curator and me. You would need to help us get new pieces for our museum.

▶**Formal**

A: Would you be able to tell me more about the job responsibilities?

B: Well, a significant portion of the job would be to work well with the head curator and me. Part of your job would be in assisting us in acquiring new pieces for our museum's collection.

3 | Wages

A: 봉급은 어느 정도인지요?
B: 연 $40,000입니다.

▸Informal

A: Speaking of money, how much does the job pay?
B: $40,000 per year.

▸Formal

A: May I ask how much the position pays?
B: You would be earning $40,000 per year.

4 | Benefits

A: 어떤 혜택이 있는지에 대해서도 알려 주세요.
B: 저희는 건강 보험 그리고 치과 보험을 제공합니다.

▸Informal

A: What kinds of benefits do you offer?
B: We'd give you health and dental.

▸Formal

A: Could you tell me what sort of benefits I would be receiving?
B: We would be able to offer you health and dental.

5 | Opportunities for advancement

A: 승진은 빠른 편인가요?
B: 그리 빠른 편은 아니지요. 일반적으로 보조 큐레이터는 후에 수석 큐레이터가 됩니다.

▸Informal

A: Do people move up very fast?
B: Not very fast, but normally assistant curators become head curators later on.

▸Formal

A: Is it possible to get promoted in this museum?
B: People usually don't get promoted very quickly. But it's quite common for assistant curators to become head curators eventually.

move up 승진하다, 상승하다   normally 정상적으로, 일반적으로   get promoted 승진하다
eventually 결국, 마침내

6 | Working hours

A: 근무 시간은 어떻게 되죠?

B: 우리는 월요일부터 금요일까지 일을 하며, 오전 8시부터 오후 5시까지입니다.

▶Informal

A: What hours would I have to work?

B: We work Monday through Friday from 8:00 a.m. until 5:00 p.m.

▶Formal

A: What sort of hours would I be working if I were employed here?

B: Our usual schedule is from Monday to Friday. We begin work at 8:00 a.m. and finish at 5:00 p.m.

employ 고용하다, (사람을) 쓰다   usual 보통의, 일상적인

7 | Vacation

A: 1년에 어느 정도의 휴가가 주어지는지 말씀해 주시겠어요?

B: 1년에 2주의 휴가가 있고요. 또 5일의 병가가 주어집니다.

▶Informal

A: How many vacation days can I have?

B: You get two weeks a year. Also, you get five sick days per year.

▶Formal

A: Could you tell me how many vacation days I would be able to have per year?

B: You would be able to have two weeks of vacation a year. Also, you'll have five sick days per year.

sick day 병으로 인한 유급 휴가일

8 | Negotiation

A: 정말로 여기서 일하고 싶지만, 돌봐야 할 아이가 있어요. 전시회 때마다 초과 근무를 할 수 있을지 모르겠네요. 뭔가 좋은 방법이 없을까요?

B: 확실한 답을 드릴 수가 없군요. 보통 큐레이터들은 으레 초과 근무를 한다고 알고 있죠.

A: 몇몇 전시회 기간 동안에는 제가 아이의 스케줄을 조정해 보는 것도 가능할 것 같습니다.

B: 수석 큐레이터에게 말씀 드려 볼게요. 두 분이서 이야기하는 것이 좋을 것 같군요. 어쨌든 수석 큐레이터가 결정해야 할 사항이니까요.

▶ **Informal**

A: I would really like to work here, however, I also have to take care of my child at the same time. I'm not sure I could do all the overtime for the exhibitions. Is there anyway we can work something out?

B: I'm not sure. Usually our curators know that they have to do some overtime.

A: I guess I might be able to change my child's schedule for some of the exhibitions.

B: Let me talk to the head curator. You two can talk about it. It has to be the head curator's decision though.

▶ **Formal**

A: I'm just worried because I have a child and I need a set schedule to take care of her. I was wondering if there was something we could both agree on.

B: I understand your dilemma. I'm just not sure I'm able to promise you anything. It's normal for our curators to do overtime.

A: It's possible that I could arrange my child's schedule differently during some of the exhibitions. I may be able to find a way to make the necessary changes.

B: I will have a talk with the head curator also. There may be a way that we could possibly take some of the work too. I will let the two of you discuss that matter with each other.

do overtime 초과 근무를 하다   dilemma 딜레마   have a talk with ~와 대화하다

이제 A와 B의 역할 중 하나를 맡아서 role play를 해 보세요. Step 2에서 연습한 질문과 대답을 바탕으로 다음 우리말로 표기된 부분을 영어로 직접 말해보는 연습을 해보기 바랍니다.

1 | Role playing for A

A: 안녕하세요. 오늘 기분 어떠세요?

B: I am doing very well, thanks. How are you?

Job position

A: 아주 좋습니다. 박물관에서 새로운 큐레이터를 구한다는 광고를 신문에서 봤는데요. 그 일자리에 관해 좀 더 자세히 알려 주시겠어요?

B: Actually, I should correct you. The job position is for an assistant curator. I just wanted to **make that clear before we discussed matters any further**.

Job responsibilities

A: 아, 알겠습니다. 아마 제가 광고를 잘못 보았나 봅니다. 그래도, 저는 보조 큐레이터 자리에 대해 많은 것을 알고 싶습니다. 보조 큐레이터는 정확히 무슨 일을 하는 거죠?

B: Well, a significant portion of the job would be to work well with the head curator and me. You would need to help us get new pieces for our museum. You'd spend a lot of time with us so it's important that we'd get along.

A: 제가 특별히 집중해야 할 미술 시대가 있나요?

B: For the present, I would like you to spend your time on our contemporary art exhibit.

A: 그렇다면 현대 예술 전시회의 규모는 어느 정도인지 말씀해 주시겠습니까?

B: For now, it's a fairly small exhibit. However, thanks to a large sum of money from one of our patrons, we'll be able to get a lot more pieces with the money he left us. **That's one of the reasons why** we're hiring an assistant. This is quite a large project to undertake.

Wages

A: 그 직급의 봉급은 어느 정도인지 물어봐도 될까요?[+]

B: You would be earning $40,000 per year.

Benefits

A: 어떤 혜택이 있는지에 대해서도 알려 주실 수 있나요?

B: We would be able to offer you health and dental.

Opportunities for advancement

A: 이 미술관에서 승진이 가능합니까?

B: People usually don't get promoted very quickly. But it's quite common for assistant curators to become head curators eventually. But as I said, it takes a lot of time and hard work.

Working hours

A: 제가 만약 고용된다면 근무 시간이 어떻게 되죠?

B: Our usual schedule is from Monday to Friday. We begin work at 8:00 a.m. and finish at 5:00 p.m.

A: 제가 보기에는 상당히 좋은 근무 시간대인 것 같군요. 제가 초과로 근무해야 할 경우도 있나요?

B: It's not very common. However, there are certain times when it's necessary for you to work past 5:00 p.m. Sometimes we have to do work on weekends too.

A: 정확히 어느 정도 초과 근무를 기대하시는지 말씀해 주시겠어요?

B: I can't say exactly. It really does depend largely on the situation. For example, if we have some important exhibitions that require our attention, then we usually have to work overtime.

Vacation

A: 1년에 어느 정도의 휴가가 주어지는지 말씀해 주시겠어요?

B: You would be able to have two weeks of vacation a year. Also, you'll have five sick days per year.

Negotiation

A: 전시회 기간 때마다 초과 근무를 할 수 있을지 모르겠네요.

B: I'm not sure I could promise you anything. **It would be fairly difficult for me to** assure you a regular working schedule year-round. Our schedules vary according to our exhibitions. I hope you understand this.

A: 알겠습니다. 그렇지만 제게 아이가 있어서 아이를 돌보려면 정확한 근무 시간이 정해져 있어야 합니다. 서로 합의할 수 있는 좋은 방안이 없을지 궁금합니다.

B: I understand your dilemma. I'm just not sure I'm able to promise you anything. It's normal for our curators to do overtime.

A: 몇몇 전시회 기간 중에는 제가 아이 보는 스케줄을 조정할 수도 있을 것 같습니다. 어떤 방법이 있을지 강구해 보겠습니다.

B: **I will have a talk with** the head curator also. I will let the two of you discuss that matter with each other. I want you to know that ultimately it's the head curator's decision. I will leave the details for both of you to sort out.

A: 네, 저도 정말 이 곳에서 일하고 싶어요.＊ 그래서 뭔가 해결점을 찾을 수 있었으면 좋겠네요.

B: Yes, I hope so, too.

A: 시간 내주셔서 정말 감사합니다.

Note for A

더할 나위 없이 좋아요
It couldn't be better

그래도 저는 ~에 관심 있어요
I would still be interested in ~ing

~에 집중하다
focus on

~이 가능한가요?
Is it possible to + V?

~을 정확히 말해 주시겠어요?
Could you tell me exactly ~?

✚ Expression study for A

May I ask ~?　~을 물어봐도 될까요?

상대방의 허가나 양해를 구하는 조동사 may에 ask를 붙여 뭔가를 공손하게 물어보고자 할 때 쓸 수 있는 표현이 되었다. 보통 can이나 could 역시 많이 쓰이지만, may가 보다 formal한 표현이다. 하지만 상황에 따라서는 What, may I ask, was the point of repeating the tests?(시험을 반복해서 치르는 이유가 뭔지 물어봐도 될까요?)의 식으로 상대방에 대한 불만이나 반대를 암묵적으로 표현할 때도 쓰인다.

May I ask why you took that decision?　왜 그렇게 결정하셨는지 물어봐도 될까요?
Excuse me. **May I ask** where you're going?　실례지만, 어디 가시는 길인가요?

I'd love to + V　정말 ~하고 싶어요

like와 love의 차이는? 그렇다. 가장 두드러진 차이점은 아마 좋아하는 강도(degree)일 것이다. love는 like에 very much가 덧붙어 정말 좋아하는 것이 된다. "나는 ~하고 싶어요"라는 바람을 나타내는 표현 I would like to + V를 기억하시는지. I would love to + V는 이 표현에 바람의 강도가 좀 더 세졌다고 이해하면 된다. 아무리 '사랑'이라는 단어가 좋아도 "~하는 것을 사랑해요"라고 영~ 어색하게 해석하지는 말자.

I'd love to hear you sing.　난 너의 노래를 꼭 듣고 싶어.
I'd love her **to** come and live with us.　그녀가 와서 우리와 함께 살았으면 정말 좋겠어.

2 | Role playing for B

A: Good morning. How are you doing today?

B: 아주 좋습니다. 감사합니다. 당신은요?

A: **It couldn't be better**. I noticed in the newspaper that your museum is interested in hiring a new curator. I was wondering if you give me more details about the job position.

B: 사실, 먼저 한 가지 정정해 드려야겠습니다. 직위는 보조 큐레이터입니다. 더 얘기를 진행하기 전에 그 점을 명확히 해두고 싶어서 말씀드렸습니다.

A: Oh, I understand. Perhaps I misread the advertisement. Anyways, **I would still be interested in** knowing more about the assistant curator position. What exactly would an assistant curator do?

B: 글쎄요, 그 직위의 업무 중 가장 중요한 부분은 수석 큐레이터님과 저와 함께 잘 협력해서 일하는 거죠. 당신은 우리를 도와 박물관에 전시할 새로운 작품들을 수집하게 될 거에요. 우리와 함께 많은 시간을 보내게 될 테니, 서로 잘 협조하는 것이 중요하겠죠.

A: Do you know what particular period I would be **focusing on**?

B: 현재로서는 현대 예술 전시회에 중점을 두셨으면 좋겠어요.+

A: Could you tell me how large your contemporary art exhibit is?

B: 지금까지 상황으로는, 상당히 작은 규모입니다. 하지만, 우리 후원자 중 한 분께서 저희 박물관에 많은 돈을 기부하셔서,+ 그 돈으로 더 많은 작품을 수집할 수 있을 것 같아요. 그것이 저희가 새로운 보조 큐레이터를 뽑는 이유이기도 하구요. 상당히 큰 규모의 프로젝트입니다.

A: May I ask how much the position pays?

B: 연 $40,000입니다.

A: Could you tell me what sort of benefits I would be receiving?

B: 저희는 건강 보험과 치과 보험을 제공할 것입니다.

A: **Is it possible to** get promoted in this museum?

B: 일반적으로 그렇게 빨리 승진이 되는 편은 아닙니다. 하지만, 결국 보조 큐레이터가 수석 큐레이터가 되는 것이 보통이죠.+ 그렇지만 제가 말씀 드렸던 것처럼, 많은 시간과 노력이 필요한 법이지요.

A: What hours would I be working if I were employed here?

B: 저희 박물관의 일반적인 근무시간은 월요일에서 금요일까지입니다. 일은 오전 8시에 시작해서 오후 5시에 끝납니다.

A: I think that it sounds like a fairly good schedule. Would there be any overtime that I would need to do?

B: 그렇게 많지는 않습니다만, 어떤 때는 오후 5시가 지나서도 일해야 합니다. 때로는 주말에도 일해야 하구요.

A: **Could you tell me exactly** how much overtime you would anticipate me needing to work?

B: 정확하게 말씀드릴 수는 없어요. 대개 상황에 따라 달라지거든요. 이를테면, 신경을 많이 써야 할 중요한 전시회들의 경우 보통 초과 근무를 해야 하죠.

Vacation

A: Could you tell me how many vacation days I would be able to have per year?

B: 1년에 2주의 휴가가 주어지며, 또한 5일의 병가가 있습니다.

Negotiation

A: I'm not sure I could do all the overtime for the exhibitions.

B: 그 점에 대해서는 보장할 수 없습니다. 단지 일년 내내 정해진 근무시간을 유지한다는 건 상당히 어려운 일입니다. 저희 스케줄은 전시회에 따라서 상당히 유동적이거든요. 이 점은 이해해 주시기 바랍니다.

A: I do. I'm just worried because I have a child and I need a set schedule to take care of her. I was wondering if there was something we could both agree on.

B: 당신의 상황을 충분히 이해합니다. 하지만, 제 입장으로서는 어떠한 점도 약속 드릴 수가 없습니다. 우리 큐레이터들이 초과 근무를 하는 것은 보편적인 일이거든요.

A: It's possible that I could arrange my child's schedule differently during some of the exhibitions. I will try and see what is possible.

B: 저도 수석 큐레이터님과 상의해 보겠습니다. 제가 두 분께서 서로 의논할 수 있도록 자리를 마련해 보겠습니다. 어차피 최종적으로 수석 큐레이터님이 결정하게 될 사항이란 점을 말씀 드리고 싶군요. 세부 사항들은 두 분이서 의견을 조율해 보도록 하세요.

A: Well I'd love to work here so I hope we can work something out.

B: 예, 저 역시 그렇게 되길 바랍니다.

A: Thank you very much for your time.

Note for B

그 점을 확실히 해두다
make that clear

더 이야기를 진행하기 전에
before we discuss matters any further

그것이 ~하는 이유 중 하나에요
That's one of the reasons why ~

내가 ~하는 것은 굉장히 어려워요
It would be fairly difficult for me to + V

~와 이야기해 볼게요
I will have a talk with ~

✚ Expression study for B

I would like you to + V   당신이 ~해 주셨으면 좋겠어요

I would like to + V(나는 ~하고 싶어요)를 이미 앞에서 배웠다. 이번 표현은 구체적으로 대상 you를 제시함으로써 그 동작을 행하는 사람이 나 자신이 아닌, 상대방이 되어 "당신이 ~했으면 좋겠어요"라는 의미가 된다. would의 등장으로 눈치 빠른 사람은 이미 알아챘겠지만, 공손하고 정중하게 부탁할 때 쓸 수 있는 표현이다. 형태는 비슷하지만 I want you to + V라고 하면 의미가 좀더 강해져서 부탁이라기보다는 명령의 뉘앙스를 띠게 된다는 점도 기억하자.

I'd like you to meet a friend of mine.   제 친구를 소개해 드렸으면 하는데요.
I'd like you to read this for me.   저를 위해 이것 좀 읽어 주시겠어요?

thanks to   ~ 덕분에, ~ 때문에

thank라는 단어가 가져다 주는 좋은 느낌 때문에 thanks to 역시 좋은 원인으로 좋은 결과를 가져 왔을 경우에만 쓴다고 생각해서는 안 된다. 어떤 일이 발생한 원인이나 이유를 밝히고자 할 때 쓰는 표현으로 부정적인 상황에도 사용할 수 있다. 벌어진 상황에 대한 원인은 to 이하에 명사 혹은 동명사의 형태로 제시된다.

Thanks to recent research, effective treatments are available.
최근의 연구 덕분에, 효과적인 치료가 가능하게 되었다.
The baby is awake **thanks to** your shouting.   네가 소리치는 바람에 아이가 깨 버렸어.

It's quite common for somebody to + V   ~가 ~하는 것은 아주 흔한 일이에요

It is + 형용사 + for somebody to + V 구문은 difficult, easy, hard와 같은 기초 형용사를 배우던 시절부터 아마 지겹게 들어봤을 것이다. 비록 쓰려 하면 머뭇거리게 되지만 말이다. 이 표현 역시 그 부류 중 하나이다. 형용사를 강조하는 quite(아주, 매우)가 쓰여 흔한 정도를 더욱 강조하고 있다. 이번 기회에 difficult, easy, hard, convenient 등의 형용사들도 몽땅 가져 와서 다양한 문장들을 연습해 보면 더욱 좋을 듯.

It's quite common for couples **to** dress alike.   연인들끼리 옷을 똑같이 입는 것은 아주 흔한 일이에요.
It's quite common for men **to** wear kilts.
남성들이 스코틀랜드식 체크 무늬 치마를 입는 것은 아주 흔한 일이에요.

15 Examining An Invoice

상품의 송장 점검

STEP 1 Understanding your task

역할 이해하기

지금 여러분 앞에는 두 개의 Role Card가 주어져 있습니다. Role Card A는 질문을 통해 알아내야 할 사항, Role Card B에는 그에 관한 정보들이 담겨 있습니다. 그리고 정보를 얻고 난 후, 서로 합의해야 할 사항들이 제시되어 있습니다. 먼저 Role Card A, B를 보면서, 여러분 앞에 놓여진 task를 이해하도록 노력해 보세요.

Role Card A

You are a customer of Office Care. You have used their office supplies for two years. You recently had a shipment of products delivered but you have some problems with the invoice.

Discount:	**Normally a 10% discount**
Terms:	**Previously the terms have been 60 days from the invoice, not 30 days. Why the change?**
Shipping/handling:	**Why the charge for shipping/handling? Orders over $300.00 have had no charge.**
Items:	**Wrong printer delivered**
Complaints:	**This is the third time; discrepancies in the invoices.**
Ultimatum:	**If these problems are not reconciled you will take your business somewhere else.**

Note

shipment 수송, 발송, 출하
deliver 배달하다, 전하다
invoice 송장
previously 이전에, 미리

discrepancy 불일치
ultimatum 최종 제안, 최후 통고
reconcile 중재하다, (차이가 나는 부분을) 일치시키다

Role Card **A**

당신은 오피스 케어의 고객입니다. 당신은 2년째 그곳의 사무용품을 이용해 왔습니다. 최근에 당신은 배달된 물품을 받았으나, 송장에 몇 가지 문제가 있음을 알게 되었습니다.

할인:	통상 10% 할인
지불 기한:	전에는 송장 발행일부터 30일이 아닌 60일이었다. 왜 바뀌었는가?
배송/취급:	배송/취급에 따른 비용이 부과된 이유는? 지금까지는 300달러 이상 주문할 경우 배송 및 취급 비용이 부과되지 않았다.
물품들:	다른 프린터 배달
불평 사항들:	송장에 문제가 있었던 게 벌써 세 번째이다.
최종 제안:	만약 이런 문제가 해결되지 않는다면, 다른 거래처를 찾아볼 것이다.

Office Care   Date: 03/25/03
412 Lincoln Fairgrounds
Chicago, Illinois 64123
Tel: 555-1245-6544
Fax: 555-1245-6545
www.officecare.com

INVOICE

Max Incorporation
Parkway Circle
Number 12
Chicago, Illinois 65143

Reference No. 124556-7665
Office Care Reference No. 127665-4563

Part No.	Qty	Item	Price
1548-123	70	Premium letter size copy paper - white @ 5.00	$350.00
7684-1258	10	P-894 roller ball pens - jet black @ 3.00	$30.00
9874-1232	2	Staples - 5000 per pack @ 8.50	$17.00
8913-657	10	Rulers @ 1.00	$10.00
00823-1234	50	Plain navy blue folders @ 1.00	$50.00
8945-1273	20	Yellow highlighters @ 2.00	$40.00
87943-2335	1	Max Pride printer @ 163.50	$163.50

Subtotal		$660.50
Discount 5%		- 33.00
Subtotal		$627.50
Tax 6%		+ 37.65
Subtotal		$665.15
Shipping/Handling 10%		+ 66.52
Total		$731.67

Terms: 30 days from invoice date

다음은 송장 사본이다.

<table>
<tr><td>오피스 케어</td><td align="right">날짜: 2003년 3월 25일</td></tr>
</table>

412 링컨 페어그라운드

시카고, 일리노이 주 64123

전화: 555-1245-6544

팩스: 555-1245-6545

www.officecare.com

송   장

주식회사 맥스

파크웨이 서클

12번

시카고 일리노이주 65143

고객 번호 124556-7665

오피스 케어 관리용 번호 127665-4563

물품 번호	수량	상품	가격
1548-123	70	프리미엄 편지지 크기 복사지 / 흰색 / 개당 $5.00	$350.00
7684-1258	10	P-894 롤러 볼펜 / 검정색 / 개당 $3.00	$30.00
9874-1232	2	스테이플 / 5,000개입 상자 / 상자당 $8.50	$17.00
8913-657	10	자 / 개당 $1.00	$10.00
00823-1234	50	네이비 블루 색상 폴더 / 개당 $ 1.00	$50.00
8945-1275	20	노란색 형광펜 / 개당 $ 2.00	$40.00
87943-2335	1	맥스 프라이드 프린터 / 개당 $163.50	$163.50
		소계	$660.50
		할인 5%	- 33.00
		소계	$627.50
		세금 6%	+ 37.65
		소계	$665.15
		배송/취급 10%	+ 66.52
		총계	$731.67

지불 기한: 송장 발행 후 30일 이내

You are a manager of Office Care, an office supply store. A customer has called with some problems over a recent invoice. Answer his/her questions using the following information.

Discount:
The rate of discount has changed. But you offer to give the customer their 10% discount.

Terms:
Office Care has changed their term policy to 30 days.
A letter was sent to all customers. Apologize.

Shipping/handling:
A new policy has been made to charge orders over $300.00. This change was also in the letter re: term policy.

Items:
The correct printer will be sent ASAP with no shipping/handling charge.

Complaints:
Apologize for the mistakes in the past.

Ultimatum:
Give the customer your personal assurances that you will personally see to it that his/ her account will be handled well in the future.

Role Card **B**

당신은 사무용품 공급업체인 오피스 케어의 매니저입니다. 한 고객이 최근 받은 송장에 문제가 있다고 전화를 걸어 왔습니다. 다음의 정보를 바탕으로 질문에 답해 주세요.

할인:	할인율이 바뀌었지만 당신은 고객에게 10%의 할인을 제공한다.
지불 기한:	Office Care는 지불 기한에 대한 규정을 30일로 변경하였다. 규정 변경에 관한 내용을 담은 편지는 모든 고객에게 발송되었다. 사과한다.
발송/취급:	새로운 규정에 따르면 300달러 이상 주문 시에도 수수료를 부과한다. 이러한 변화는 규정 변경에 관한 편지에 명시되어 있었다.
물품들:	정확한 프린터를 발송/취급 비용 없이 최대한 빠른 시일 내에 보내겠다.
불만사항들:	과거의 착오에 대해 사과한다.
최종 제안:	고객에게 앞으로는 일처리가 제대로 될 수 있도록 개인적으로 특별히 신경을 쓰겠다고 분명히 약속한다.

Role Card의 내용을 모두 이해하셨나요? 당신이 Card A를 가지고 있다면, 당신은 오피스 케어의 고객으로 최근에 배달 받은 상품의 송장의 문제점에 대해서 이야기하려는 사람이 되겠죠. 그리고 Card B를 가지고 있다면, 오피스 케어의 매니저로서 상품 배달에 대해서 불평하는 고객의 전화를 받고, 함께 이야기해서 문제점을 해결해야 합니다. 먼저 제시된 우리말 대화를 참고하여 짧은 informal, formal Q&A를 만들어 보세요.

1 | Discount

A: 일반적으로 10%의 할인을 해주지 않나요? 그런데, 이번의 주문서에는 5%밖에 안 되는군요. 왜 그런가요?

B: 글쎄요, 저희가 규정을 바꿨습니다. 더 이상 10%의 할인을 해 드리지 않습니다. 누군가가 새로운 규정에 대해 말씀 드렸어야 했는데, 죄송합니다. 저희 실수입니다. 10% 할인을 해 드리죠.

▶Informal

A: Don't we normally get a ten percent discount? We only got a five percent discount on this order. Why is that?

B: Well, we've changed that policy. Someone should have told you about our new policy. I'm sorry, that's our fault. I'll give you the ten percent discount.

▶Formal

A: To begin with, we are routinely given a ten percent discount on the total amount of items we purchase from your company. Am I mistaken? This time I was surprised to find that we only received a five percent discount on this order.

B: Actually, we are no longer able to deduct a ten percent discount on the items. Someone should have informed you about our recent policy. I apologize for that. I will give you the ten percent discount you normally receive.

normally 일반적으로, 보통은   to begin with 우선, 먼저   routinely 일상적으로, 정기적으로
apologize 사과하다, 변명하다

2 | Terms

A: 왜 지불 기한이 60일에서 30일로 변경되었나요?

B: 저희 편지를 받지 못하셨나요? 이런 규정 변경에 관한 편지를 고객 모두에게 발송했는데요.

A: 저희는 그런 통지서를 받은 적 없습니다.

B: 정말인가요? 죄송합니다. 어떻게 된 건지 모르겠군요. 제가 오늘 한 부 보내드리죠.

▸Informal

A: Why did the term policy change from sixty days to thirty days?

B: Didn't you get our letter? We sent out letters talking about this change of policy.

A: We never got such a notice.

B: Really? I'm sorry. I don't know what happened. I'll have a copy sent out to you today.

▸Formal

A: I was wondering if you could explain to me why the term policy was altered from sixty days to only thirty days.

B: Did you receive our revised policy letter? Our company sent out a letter that explained our new policy. We sent the letter out to all of our customers.

A: We've never received that letter.

B: I'm so sorry to hear about that. I don't understand what happened. I will be sure to have a copy sent out to you today.

notice 통지, 통보　copy (서류 등) 부, 복사본　alter 바꾸다, 변경하다　revise 개정하다, 변경하다

3 | Shipping/handling

A: 왜 배송비가 부과되었죠? 일반적으로 300달러 이상 주문 시에는 받지 않는 걸로 아는데요. 어떻게 된 건지 이해가 안 되네요.

B: 저희가 보내드린 편지에 이러한 사항이 언급되어 있습니다. 현재 저희는 300달러 이상 구매 시에도 수수료를 부과하고 있습니다.

▸Informal

A: Why were we charged for shipping? Usually orders over $300.00 aren't charged. I don't understand what happened.

B: The letter we sent out also talked about this change. We are now charging for items over $300.00.

▸Formal

A: I was under the impression that orders that exceeded $300.00 weren't charged for shipping and handling. Could you explain what happened?

B: The letter we sent out talking about the change in policy also mentioned the amendment in charges for shipping and handling. We now charge for items that exceed $300.00 as well.

be under the impression that ~ ~라고 생각하고 있다   mention 언급하다, 말하다   amendment 수정, 개선안   exceed 초과하다, 넘다

4 | Items

A: 또 다른 실수가 있더군요. 저희는 엉뚱한 프린터를 받았습니다. 곧 필요하기 때문에 당신 회사에서 받지 못하면, 다른 곳을 알아봐야 할 것 같습니다.

B: 아닙니다. 저희가 오늘 보내드리죠. 물론 배송료는 받지 않겠습니다. 다시 한 번 사과 드립니다.

▸Informal

A: There was another mistake in the order. We got the wrong printer. If we can't get it from you, we will buy it somewhere else.

B: No, we can send it to you today. Don't worry about the shipping and handling. We'll take care of it. I'm so sorry about that.

▸Formal

A: There was an additional error in the order. For some reason, we were sent the wrong printer. It's important that we have the proper printer right away. If we are unable to receive it from you, we will purchase it somewhere else.

B: That won't be necessary. The correct printer will be mailed to you today. There will be no shipping charge of course. Again, I apologize for those errors.

take care of ~을 맡아서 처리하다   additional 부가적인, 추가의   proper 적절한, 알맞은
correct 틀림 없는, 정확한

5 | Complaints

A: 거래 중에 발생한 문제점들 때문에 저희는 상당히 불쾌합니다. 이렇게 자주 실수가 발생하는 것을 용납할 수가 없어요. 이런 문제가 처음 있는 일도 아니거든요.

B: 알겠습니다. 저희 측에서도 더 이상 이런 실수들이 발생하지 않도록, 지난 몇 달 동안 많은 변화를 시도해 왔습니다.

▸Informal

A: Our company is really unhappy with the business we've received from you. We can't afford to have so many mistakes from your company. This isn't the first time we've had problems.

B: I know. We've made lots of changes in the past months to make sure that these mistakes stop happening.

A: Our relationship with your company has been less than satisfactory. This has not been the first time there have been problems.

B: I know. I am well aware of the past errors. I can assure you that we have been making a number of changes to ensure that these errors cease.

be unhappy with ~ 때문에 불쾌하다[유감이다]   satisfactory 만족스러운, 더할 나위 없는   assure 확신하다, 보장하다

6 | Ultimatum

A: 이미 다른 사무 용품 회사와도 이야기 했습니다. 저희는 귀사와 2년째 거래하고 있고 해서 계속 관계를 유지하고 싶지만, 일을 제대로 해 주셔야죠.

B: 잘 하겠습니다. 귀사의 물건이 제대로 관리되도록 제가 개인적으로 특별히 신경을 쓸게요.

▶Informal

A: I've already talked with a different office supply company. We've done business with you for two years, so we'd like to continue with you guys, but only if you can do the job.

B: I know we can. I will personally see to it that your items will be handled carefully.

▶Formal

A: I have already spoken with a different office supply company. We have had a business relationship with you for two years, so we would really prefer to continue with your company; however, that is only possible if you can do the job to our satisfaction. I do hope you understand.

B: I understand. I'm also certain that we can do the job well for you. I will personally see to it that your items will be handled with a great deal of care.

only if 오직 ~하는 경우에만   satisfaction 만족   see to it that ~ 확실하게 ~하도록 신경쓰다
with a great deal of care 신경을 많이 써서

이제 A와 B의 역할 중 하나를 맡아서 role play를 해 보세요. Step 2에서 연습한 질문과 대답을 바탕으로 다음 우리말로 표기된 부분을 영어로 직접 밀해보는 연습을 해보기 바랍니다.

1 | Role playing for A

A: 여보세요 매니저와 통화할 수 있을까요?

B: Sure, this is the manager speaking. What can I do for you?

A: 안녕하십니까. 저는 맥스 주식회사의 오피스 매니저입니다. 지금 통화 가능하신가요?

B: Of course, **I'm familiar with** your company. Please tell me how I'd be able to help you today.

A: 저는 당신의 회사로부터 방금 전해 받은 물품 배송에 대해 몇 가지 말씀 드리고자 합니다. 문제가 좀 많군요.

B: Is that so? What sort of problems?

Discount

A: 우선,⁺ 지금까지는 오피스 케어에서 구입한 물품의 총액에서 10%의 할인을 받아왔습니다. 제 말이 맞지 않습니까? 그런데 이번에는 5%밖에 할인 받지 못했습니다.

B: Actually, we are no longer able to deduct a ten percent discount on the items.

A: 미처 몰랐군요. 그렇다면 제가 주문하기 전에 먼저 말씀해 주셨어야 하지 않았을까요?

B: I apologize for that. I will give you the ten percent discount you normally receive. I agree that **someone should have informed you about** our recent policy. Again, I sincerely apologize for this mistake.

Terms

A: 감사합니다. 유감스럽지만 문제는 그것만이 아닙니다. 왜 지불 기한이 60일에서 겨우 30일로 변경되었는지 설명해 주시겠어요?

B: Did you receive our revised policy letter?

A: 아니요. 그런 종류의 편지는 전혀 받지 못했는데요.⁺ 무슨 편지를 말씀하시는거죠?

B: Our company sent out a letter that explained our new policy. You should have received it about a month ago. We sent the letter out to all of our customers.

A: 저희는 그런 편지를 받지 못했습니다.

B: I'm so sorry to hear about that. You should have received it along with the other customers. I don't understand what happened. I know you have been on our mailing list for the past two years.

A: 당신의 회사로부터 여러 통의 편지를 받았지만, 지금 말씀하시는 것은 없었습니다.

B: I apologize for that. **I will be sure to** have a copy sent out to you today.

A: 유감이군요. 잘 아시리라 믿습니다만, 저희는 지난 2년 동안 꾸준히 귀사의 고객이었고, 앞으로
도 그러한 관계가 유지되기를 바랍니다만 그럴 수 있을지 잘 모르겠군요.

B: I'm sorry to hear that. I hope we can work something out. Do you know of any other
errors?

**Shipping/
handling**

A: 사실, 많이 있습니다. 왜 주문서에 배송료가 부과되었지요? 저는 300달러 이상 주문시에는 배송
과 취급에 대한 부담금은 없는 걸로 알고 있었는데요. 왜 이렇게 된 건지 설명해 주시겠습니까?

B: The letter we sent out also talked about this change. We are now charging for items over
$300.00.

A: 알겠습니다. 제가 그 편지를 받지 못한 것이 유감이군요.

B: I agree with you.

Items

A: 주문서에 또 다른 문제가 있습니다. 어떻게 된 건지, 주문한 것과 다른 프린터가 도착되었습
니다.

B: One moment please. **According to** this, we sent the printer you requested.

A: 글쎄요, 저희가 그걸 받지 못했습니다. 저희는 지금 당장 그 프린터를 사용해야만 합니다. 만약
저희가 당신 회사로부터 공급 받지 못한다면, 저희는 다른 곳에서 구매하겠습니다.

B: That won't be necessary. The correct printer will be mailed to you today. There will be no
shipping charge of course. Again, I apologize for those errors.

Complaints

A: 귀사와의 관계가 그렇게 만족스럽지 못하군요. 이런 문제가 발생한 게 처음이 아닙니다.

B: I know. We've made lots of changes in the past months to **make sure** that these mistakes
stop happening. I will personally see to it that your items will be handled carefully.

Ultimatum

A: 저도 그렇게 되길 바랍니다. 만약 그렇지 않을 경우는 이미 다른 회사와도 이야기해 놓았습니
다. 오피스 케어와 2년째 계속 거래해 왔고, 앞으로도 그러길 바랍니다. 하지만, 이것은 저희에
게 만족스러운 서비스를 제공하실 경우에만 그렇습니다. 이 점 이해 바랍니다.

B: I understand. I'm also certain that we can do the job well for you. Please give us the
opportunity to prove that to you in the future. I thank you for your phone call today. It was
good to speak with you.

A: 그럼 프린터와 편지를 기다리고 있겠습니다.

B: Thanks. Goodbye.

Note for A

~에 대해 이야기하고자 합니다
I need to discuss ~

당신은 우리에게 ~을 말했어야 합니다
You should have told us ~

당신도 잘 알다시피
as you're well aware

어떤 이유에서인지
for some reason

~한 것은 이번이 처음이 아닙니다
This isn't the first time ~

우리는 ~하는 것이 더 좋을 겁니다
We would prefer to + V

이것은 ~할 경우만 가능합니다
That is only possible if ~

✚ Expression study for A

to begin with 우선, 먼저

이것저것 잔뜩 쌓여 있는 일거리를 놓고, 일의 순서를 정한다거나 뭔가 장황한 이야기를 늘어 놓아야 할 때 첫 머리에서 쓸 수 있는 표현. 그냥 한꺼번에 쏟아 놓기보다, 이런 표현을 넣어 차근차근 말하다 보면 말하는 이도 나름대로 정리가 되고, 듣는 이도 훨씬 이해하기가 수월할 것이다. to start with와도 바꾸어 쓸 수 있다.

To begin with, we need somewhere to live.   우선 우리는 살 곳이 필요해.
To begin with, they doubt it's going to work.   우선 그들은 그것이 효과가 있을지 의심스러워 해.

I'm quite certain that ~   저는 틀림없이 ~라고 생각합니다

certain이 명사 앞에 위치하여 뒤에 나오는 명사를 수식하는 경우에는 '(막연히) 어떤, 어느 정도의' 라는 뜻으로 사용되지만, 이 표현에서처럼 서술적 용법으로 사용되면 '확신하는' (having no doubt)의 의미가 된다. 이어지는 내용이 절인지, 동사 원형인지, 명사 상당어구인지에 따라 be certain that S +V, be certain to + V, be certain of + N등으로 활용되며, '확실히 ~하도록 하다' 라는 의미로 make certain[sure] that ~ 같은 표현도 많이 쓰인다.

I'm quite certain that he is honest.   저는 그가 정직하다고 정말 확신해요.
I'm quite certain that she is going to make it.   나는 틀림없이 그녀가 해 낼 거라고 생각해요.

2 | **Role playing for B**

A: Hi, can I talk to the manager please?

B: 네 제가 매니저인데요. 무엇을 도와드릴까요?

A: Hi, this is the office manager from Max Corporation calling. Can you talk right now?

B: 물론입니다. 저는 당신의 회사에 대해서 잘 알고 있습니다. 어떤 도움이 필요하신지 말씀해 주세요.

A: **I need to discuss** some details regarding a shipment we have just received from your company. There were a number of problems with it.

B: 아, 그렇습니까? 어떤 문제들이죠?

Discount

A: To begin with, we are routinely given a ten percent discount on the total amount of items we purchase from your company. Am I mistaken? We only got a five percent discount on this order.

B: 실은 이제 더 이상 10% 할인을 해드리지 않습니다.⁺

A: I was not aware of that. **You should have told us** before we decided to place an order with your company.

B: 그 점에 대해서는 사과를 드리죠. 제가 기존의 10% 할인을 해드리죠. 누군가가 최신 규정에 대해서 당신에게 통보했어야 한다는 말씀이 맞습니다. 이런 착오가 생긴 데 대해 진심으로 사과 드립니다.⁺

Terms

A: I appreciate that. Unfortunately, that is not the only problem we have. I was wondering if you could explain to me why the term policy was altered from sixty days to only thirty days.

B: 저희의 개정된 방침에 관한 편지 못 받으셨나요?

A: No, I'm quite certain that we didn't receive any sort of letter. What letter are you talking about?

B: 저희 회사에서 새로운 규정에 대해 설명하는 편지를 보냈었습니다. 한 달 전에 받으셨어야 했는데요. 저희는 모든 고객에게 편지를 발송했습니다.

A: We've never received that letter.

B: 그렇다면 정말 죄송합니다. 다른 고객분들과 마찬가지로 편지를 받으셨어야 하는데요. 어떻게 된 건지 이해할 수가 없군요. 지난 2년 동안 귀사의 주소는 저희 메일링 리스트에 기록되어 있었는데요.

A: We have received a number of your letters, but not the one you're referring to.

B: 그 점에 대해 사과 드립니다. 제가 오늘 한 부 보내드리죠.

A: It's unfortunate. **As you're well aware**, we've been customers of yours for the past two years. We would prefer to continue being your customer. But I'm not sure we can do that.

B: 정말 유감스럽군요. 문제를 해결할 수 있었으면 좋겠군요. 뭔가 또 다른 문제점이 있나요?

A: Actually, there were quite a number of them. Why were we charged shipping on our order? I was under the impression that orders that exceeded $300.00 weren't charged for shipping and handling. Could you explain what happened?

B: 저희가 보내드린 편지에 이 변경 사항도 언급되어 있었습니다. 지금은 300달러 이상 주문 물품 에 대해서도 요금을 부과하고 있거든요.

A: I understand. It's unfortunate that I never received a copy of that letter.

B: 그렇군요.

Items

A: There was an additional error in the order. **For some reason**, we were sent the wrong printer.

B: 잠시만 기다려주십시오. 여기 자료에는 요청하신 프린터를 보낸 걸로 되어 있습니다.

A: Well, I'm afraid we don't have it. It's important that we have the proper printer right away. If we are unable to receive it from you, we will purchase it somewhere else.

B: 그럴 필요 없으세요. 오늘 다시 맞는 프린터를 보내 드릴게요. 물론 배송에 관련된 비용은 없습 니다. 이런 착오에 대해 다시 한 번 사과 드립니다.

Complaints

A: Our relationship with your company has been less than satisfactory. **This isn't the first time** we've had problems.

B: 알겠습니다. 이런 실수들이 다시 발생하지 않도록 하기 위해 지난 몇 달간 여러 사항들을 변경 했습니다. 개인적으로 귀사의 물품들은 특히 신경 써서 처리할 것을 약속 드립니다.[+]

Ultimatum

A: I hope that is the case. If not, I have already spoken with a different office supply company. We have had a business relationship with you for two years, so **we would** really **prefer to** continue with your company; however, **that is only possible if** you can do the job to our satisfaction. I do hope you understand.

B: 알겠습니다. 저도 틀림없이 제대로 할 수 있을 기라고 생각합니다. 앞으로 이를 입증할 기회를 주시기 바랍니다. 오늘 전화주셔서 감사합니다. 당신과 통화해서 즐거웠습니다.

A: I will be waiting for the printer and the letter.

B: 감사합니다. 좋은 하루 되십시오.

Note for B

저는 ~에 대해 잘 알고 있어요
I'm familiar with ~

누군가가 당신에게 ~에 관해서 알려 드렸어야 했는데
Someone should have informed you about ~

분명히 ~하겠습니다
I will be sure to + V

~에 따르면
according to

확인하다, 확신하다
make sure

✤ Expression study for B

no longer (동사를 부정하여) 더 이상 ~하지 않다

'과거에는 이러했으나 지금은 그렇지 않다' 즉, 동사를 부정하여 어떤 상황이 예전과는 달라졌음을 알리는 표현이다. 유사 표현으로는 not ~ any longer나 not ~ any more 등이 있다.

He is **no longer** here in London.   그는 이제 이곳 런던에 없어요.
Food shortages are **no longer** a problem.   식량 부족은 더 이상 문제가 되지 않는다.

I sincerely apologize for   ~에 대해 진심으로 사과 드립니다

뭔가를 잘못했거나, 상대방에게 폐를 끼치게 되어 사과하고자 할 때 쓸 수 있는 표현. sincerely(진심으로, 정성껏)이라는 부사까지 붙어 더욱 더 마음에서 우러나오는 듯한 느낌을 준다. apologize는 sorry 보다 더욱 공손한 느낌을 주는 단어이므로, 공식 석상이나 더욱 깍듯한 예의를 갖추어야 할 경우에는 이 단어를 쓰는 것이 좋다. 한 가지 더, 우리 나라 사람들은 '미안' 하다면 sorry만 생각해서 남발하는 경향이 있는데, 죽을 죄(?)를 지은 것이 아니라면 적당히 상황에 맞게 Excuse me라고 말하는 센스도 발휘해 보자.

I sincerely apologize for being late.   늦어서 정말 죄송합니다.
I sincerely apologize for the additional trouble caused.   거듭 불편을 끼쳐 드려 정말 죄송합니다.

see to it that ~   확실하게 ~하도록 신경 쓰다, 주의하다

see to + N(~을 주의하여 처리하다)가 변형된 구문으로 주의를 요하는 내용은 that 이하에 절(clause)의 형태로 써 주면 된다.

Please **see to it that** no one touches this.   아무도 이것을 만지지 않도록 하세요.
See to it that the work is done before I come back.   내가 돌아오기 전까지 그 일을 마치도록 하세요.

16 Setting Up A Contract with An Ad Agency

광고 대행사와 계약하기

STEP 1 **Understanding your task** 역할 이해하기

지금 여러분 앞에는 두 개의 Role Card가 주어져 있습니다. Role Card A는 질문을 통해 알아내야 할 사항, Role Card B에는 그에 관한 정보들이 담겨 있습니다. 그리고 정보를 얻고 난 후, 서로 합의해야 할 사항들이 제시되어 있습니다. 먼저 Role Card A, B를 보면서, 여러분 앞에 놓여진 task를 이해하도록 노력해 보세요.

Role Card **A**

You are working for a cosmetics company and you want to place an advertisement on television. This new advertisement is to promote a new product for youth. You are in charge of setting up a contract and making a deal with the advertising agency. In order to do that, you need to ask several questions to your partner.

Some things to find out about:

- **Agency background**
- **Advertisement concept**
- **Completion time**
- **Fee**
- **Method of payment**
- **Excess cost**
- **Contract terms**

Negotiation :

Negotiate the fee by settling from $200,000 with initial payment of 10% to $175,000 with initial payment of 20%. Any changes from the initial concepts should be notified. The fee will be paid in full after the contract period ends.

Note

cosmetic 화장용의, 미용의

place an advertisement 광고를 내다

promote 판매 촉진하다

in charge of ~을 맡고 있는, ~을 담당하고 있는

set up a contract 계약을 체결하다

completion 완성, 완료

excess 초과, 과다

notify 통지하다, 통보하다

Role Card **A**

당신은 화장품 회사에서 일하고 있으며, 텔레비전에 광고를 내려고 합니다. 이번 신규 광고는 젊은 층을 겨냥한 신상품을 소개하는 것입니다. 당신은 광고 대행사와 계약을 체결하고 협상하는 역할을 담당하고 있습니다. 이 일을 추진하기 위해, 당신은 파트너에게 몇 가지 질문을 하고자 합니다.

알아내야 할 사항: 광고 대행사 정보

        광고 컨셉

        제작 완료 시간

        비용

        지불 방법

        추가 요금

        계약 조건

협의사항:

처음에는 비용을 초기 지급금을 10%로 하여 200,000달러로 제시했다가, 초기 지급금을 20%로 하는 조건으로 175,000달러로 내린다.

초기 컨셉에서 변화가 있을 경우 반드시 통지한다.

계약 기간이 만료된 후에 비용은 환납된다.

You are a producer working for an advertising agency. You have received a task to produce an advertisement promoting a new cosmetic product for youth. You are not only in charge of the advertisement, but also negotiating the fees and conditions. Here is the information, which you can use to answer the questions.

Agency background:	**Produced several independent films** **Experienced in magazine ads** **Won several awards in international media advertisements**
Advertisement concept:	**Initial concept: bright, colorful and alive** **Use of famous celebrities to attract young audiences** **More emphasis on a clean face rather than a pretty face**
Completion time:	**2 months**
Fee:	**$200,000 with 10% initial payment, excluding hiring celebrities**
Method of payment:	**Check**

Excess Cost: **Cost of hiring celebrities; charged after the contract with the celebrities is settled.**

Contract term :   **No responsibilities will be taken after the contract period ends.**

Negotiation:

Settle the fee of $175,000 and initial payment of 20%.

You agreed to notify any changes.

You prefer to receive by installments instead of downright payment.

Role Card **B**

당신은 광고 회사에서 일하고 있는 제작자입니다. 당신은 젊은 층을 겨냥해 새로 출시된 화장품을 알리기 위한 광고를 제작하는 일을 맡았습니다. 당신은 광고 제작 뿐만 아니라 비용과 조건 등을 협의하는 역할도 담당합니다. 여기에 당신이 대답하는 데 이용할 정보들이 있습니다.

광고 대행사 정보: 여러 개의 독립 영화 제작
잡지 광고에 경험이 풍부함
국제 방송 광고제에서 수상한 경력 수 차례

광고 컨셉: 초기 컨셉: 밝고 다채롭고 생동감 넘치도록
젊은 층의 관심을 끌기 위해 유명 연예인 출연
예쁜 얼굴보다는 깨끗한 이미지를 더욱 강조

제작 완료 기간: 2개월

비용: 연예인 출연료를 제외하고 200,000달러, 10%는 초기 지급금

지불 방법: 수표

추가 비용: 연예인 출연료: 연예인과 계약이 이루어지면, 별도로 부과될 것이다.

계약 조건: 계약 기간이 만료된 후에는 어떤 책임도 지지 않는다.

협의 사항: 20%를 선불하는 조건으로 비용을 175,000달러로 합의한다.
변동 사항이 있을 때 통보하는 데 동의한다.
당신은 계약이 끝날 때 돈을 한꺼번에 받는 것보다 분할하여 받고자 한다.

Role Card의 내용을 모두 이해하셨나요? 당신이 Card A를 가지고 있다면, 당신은 화장품 회사에 근무하며 광고를 의뢰하는 사람이 되겠죠. 그리고 Card B를 가지고 있다면, 광고 제작자로서 당신의 회사에 광고를 의뢰한 사람과 계약에 관한 이야기를 나누게 됩니다. 먼저 제시된 우리말 대화를 참고하여 짧은 informal, formal Q&A를 만들어 보세요.

1 | Agency background

A: 간단히 당신과 당신 회사에 관해 소개해 주시겠어요?

B: 네, 저는 여러 개의 독립 영화를 만들어 왔어요. 예전에 저희 회사는 주로 잡지 광고 제작을 해 왔었죠. 저희는 이 분야에서는 매우 경험이 많습니다. 우리는 국제 방송 광고제에서 여러 번 수상한 경력도 있어요.

▶Informal

A: Can you quickly tell me about yourself and the agency?

B: Yes. I've made several independent films. In the past, our agency mostly worked on magazine ads. We are very experienced in this field of work. We have won several awards in international media advertisements as well.

▶Formal

A: Could you briefly give me background information about yourself and the agency in a few words please?

B: I'll be more than happy to. In the past, I have produced several independent films and now I have moved to a different field. Our agency worked on magazine advertisements. In this area, we can confidently say that we are fully qualified and experienced. Actually, we have won several awards in international media advertisements.

experienced 경험이 많은   field 분야   confidently 자신 있게

2 | Advertisement concept

A: 지금까지 들은 바로는, 이미 초기 컨셉과 아이디어를 생각하신 것 같은데요?

B: 네, 그렇지만 아직 초안에 불과해요. 저희는 밝은 색상이 광고를 더욱 생동감 넘치게 만들어 준다고 생각해요. 소비자들은 대개 젊은 여성이 주를 이루게 되므로, 유명한 사람을 출연시키는 것이 좋을 것 같아요.

▸**Informal**

A: From what I have found out so far, you already have the initial concepts and ideas?

B: Yes, but it is just a draft. We think that bright colors will make the ad more alive. As consumers will be mostly young women, use of famous people would be beneficial.

▸**Formal**

A: From what I have gathered, you have organized the initial concepts and ideas?

B: Yes, but it's just an outline. Nothing has been finalized but I thought due to the nature of the product, the whole atmosphere should be bright and colorful, which will make an impact on this whole idea of aliveness. And as the targeted audiences are mainly young women, use of famous faces will definitely be an advantage.

so far 지금까지   initial 처음의, 최초의   draft 초고, 초안   beneficial 유익한, 이익이 되는   finalize 완성하다, 끝내다   due to ~에 기인하여, ~ 때문에   atmosphere 분위기   make an impact on ~에 영향을 미치다   targeted 목표가 되는, 목표로 삼는

3 | Completion time

A: 광고 제작을 끝마치는 데 시간이 얼마나 걸릴까요?

B: 두 달 정도요.

▸**Informal**

A: How long will it take to finish the advertisement?

B: About two months.

▸**Formal**

A: How much time will it take to complete this advertisement?

B: Approximately two months.

complete 완료하다, 끝마치다   approximately 대략, 대체로

4 | Fee

A: 이 프로젝트를 진행하는 데 견적은 잡으셨나요?

B: 네, 10%를 선지불하는 것으로 하여 200,000달러로 책정했습니다. 물론 연예인 출연료는
별도로 하구요.

▶Informal

A: Have you decided on the fee for this project?

B: Yes, we have. We have decided $200,000 with initial payment of 10%. And of
course this excludes hiring celebrities.

▶Formal

A: Have you decided on the quotation for this project?

B: Actually we have. We came up with the figure of $200,000 with initial payment
of 10%. And of course this excludes hiring celebrities.

exclude 제외하다　　hire 고용하다　　quotation 시세표, 견적액

5 | Method of payment

A: 지불은 어떻게 할까요?

B: 수표로 해주시면 좋겠어요.

▶Informal

A: How do you want to get paid?

B: Check, thanks.

▶Formal

A: How do you want the payment to be made?

B: We would prefer check please.

6 | Excess Cost

A: 추가 비용은 얼마나 들까요?

B: 추가 비용은 주로 연예인을 고용하는 데서 발생할 거에요.

▶Informal

A: What about the excess cost?

B: The excess cost will mainly come from the cost of hiring celebrities.

▶Formal

A: What would the excess cost be?

B: The excess cost will mainly be the cost of hiring celebrities.

mainly 주로　　come from ～에서 발생하다

7 | Contract terms

A: 계약 조건은 무엇인가요?

B: 계약 기간이 만료된 후에는 어떤 책임도 지지 않습니다.

A: What is the contract term?

B: We won't take any responsibilities once the contract period ends.

A: Could you tell me the contract term please?

B: The only contract term we have is that we will not be taking any responsibilities after the contract terminates.

take responsibility (for) (~에 대해) 책임을 지다   terminate 종결되다

8 | Negotiation

A: 견적이 다소 비싸게 나온 것 같은데 조금 더 낮출 수 없을까요?

B: 얼마 정도 생각하시는데요?

A: 15% 선불 조건으로 150,000달러 정도요.

B: 음. 절반씩 양보하죠. 20% 선불에 175,000달러로요.

A: 좋아요. 그 정도면 합리적인 방안인 것 같군요.

A: The fee seems a little too high. Can we settle for less?

B: What's your best offer?

A: $150,000 with 15% upfront.

B: Hmmm... Let's meet halfway. $175,000 with 20% initial payment.

A: Deal. That sounds like a reasonable settlement.

A: The quotation seems high. Can you reduce the amount?

B: What will you offer?

A: $150,000 with upfront payment of 15%.

B: How about $175,000 with 20% initial payment?

A: Confirmed. That sounds reasonable.

settle 결정하다, 정하다   upfront 선불의   meet halfway 쌍방이 적절히 양보하여 합의하다
reasonable 합당한, 적당한

이제 A와 B의 역할 중 하나를 맡아서 role play를 해 보세요. Step 2에서 연습한 질문과 대답을 바탕으로 다음 우리말로 표기된 부분을 영어로 직접 말해보는 연습을 해보기 바랍니다.

1 | Role playing for A

A: 안녕하세요? 기다리시게 해서 정말 죄송합니다.

B: It is no trouble.

A: 자 그러면 **본론으로 들어가 볼까요?**⁺

B: Sure. **I'm aware that** we will be settling our draft contract. Am I correct?

Agency background

A: 네, 정확히 알고 계시는군요. 먼저 시작하기 전에, 당신이 필름 제작자이신 걸로 아는데요. 간단하게나마 당신과 회사에 관해 말씀해 주시겠어요?

B: I'll be more than happy to. In the past, I have produced several independent films and now I have moved to a different field. Our agency worked on magazine advertisements. In this area, **we can confidently say that** we are fully qualified and experienced. Actually, we have won several awards in international media advertisements.

A: 네, 맞아요. 한두 달쯤 전에 신문에서 당신의 회사에 관한 기사를 읽은 적이 있어요. 정말 인상적이더군요.

B: Thank you. We **put a lot of effort into** what we do.

Advertisement concept

A: 자, 그러면 이제, 제가 들은 바로는, 당신이 이미 초기 컨셉과 구상을 하셨다고 하던데요.

B: Yes, but it's just an outline. Nothing has been finalized but I thought due to the nature of the product, the whole atmosphere should be bright and colorful, which will make an impact on this whole idea of aliveness, for which we are striving. And as the targeted audiences are mainly young women, use of famous faces **will definitely be an advantage**.

A: 그럴듯한 생각이군요. 유명인이라 하면 연예인들을 말씀하시는 건가요?

B: Yes. But we are going to place more emphasis on a clean face than a pretty face, because this **gives a better indication of** the product rather than using solely on commercialized tactics.

Completion time

A: 정말 심사숙고한 구상이군요. 매우 훌륭하십니다. 이 광고를 완성하는 데 시간이 얼마나 걸릴까요?

B: Approximately two months. But of course like I have told you before, these are only draft.

Fee and Negotiation

A: 네, 알겠습니다. 그럼 계속해서 좀 더 세부적인 것들을 이야기하도록 하죠. 이 프로젝트의 견적을 뽑으셨나요?

B: Actually we have. We came up with the figure of $200,000 with initial payment of 10% excluding the hiring of celebrities.

A: 다소 비싼 것 같군요. 조금 줄일 수는 없을까요?

B: What's your best offer?

A: 15% 선불에 150,000 달러요.

B: Hmmm... **Let's meet halfway**. $175,000 with 20% initial payment.

Method of payment

A: 좋습니다. 돈에 관련된 문제는 합의가 되었으니, 지불 방식은 어떻게 하는 것이 좋을까요?

B: We would prefer check please.

Excess cost

A: 그러죠. 어렵지 않습니다. 추가 비용이 들까요?

B: The excess cost will mainly come from the cost of hiring the celebrities. Of course we'll notify you after the contract is settled. I realized that the full payment would be made at the end of the contract.

A: 네, 무슨 문제 있습니까?

B: I find this very unreasonable.

A: 그러면 분할로 입금할까요?

B: That's more like it. We'll settle for the installments then.

Contract terms

A: 계속해서 계약 조건에 관해 이야기해 보죠. 당신의 조건을 제시하시겠어요?

B: The only contract term we have is that we will not be taking any responsibilities after the contract is terminated.

A: 물론이죠. 저희 조건을 제시할게요. 확실한 컨셉이 결정되고, 광고 제작이 시작된 후에 어떤 식으로든 변동 사항이 있을 경우에는 저희에게 알려 주시기 바랍니다.

B: **I can't agree with you more**. You are our client and you have every right to know if there are changes.

A: 그러면 제가 계약서를 작성해서 내일 오후까지 다시 연락 드리도록 하겠습니다. +

B: Sure. **It's been a pleasure** doing business with you.

Note for A

~에 대한 이야기를 시작할까요?
Shall we get down to ~?

시작하기 전에
before we begin

간단하게 ~에 대해 알려주시겠어요?
Could you briefly give me background information about ~?

제가 알고 있는 바로는
from what I have gathered

심사숙고한, 면밀한
well-thought-out

계속해서, 이어서
moving right along

이제 ~했으니
now that ~

당신에게 다시 연락할게요
I'll get back to you

~까지, ~보다 늦지 않게
no later than

✚ Expression study for A

get down to ~를 시작하다, 파고 들다

뭔가 진지한 이야기를 꺼내고자 할 때 상대방의 주의를 확~ 끌어 당기는 데 유용하게 쓸 수 있는 표현. 이를테면 업무상 만난 파트너라도 만나자마자 머리 아픈 얘기만 할 수는 없는 노릇. 이런저런 사담을 나누다가 본격적으로 일 이야기를 하고자 할 때 Let's get down to business라고 할 수 있다.

Let's **get down to** business.　일을 시작하도록 하죠.
I've got a lot of work to do, but I can't seem to **get down to** it.
난 할 일이 너무 많아서, 그걸 시작할 수 없을 것 같은데.

get back to ~로 돌아가다, ~에게 다시 연락하다

흔히 구어체에서 이 표현은 "나중에 다시 연락 드리겠습니다" 혹은 "다시 전화 드릴게요"라는 말을 할 때 I'll get back to you의 형태로 활용된다. 예를 들어 자동 응답 전화기에 인사말을 남기고자 한다면 If you leave a message, I'll get back to you(메시지를 남기시면, 전화 드리겠습니다)라고 하면 된다.

I will think about it and **get back to** you.　생각해 보고 다시 연락 드리겠습니다.
How will I **get back to** Baltimore on Friday?　금요일에 볼티모어로 어떻게 돌아오죠?

2 | Role playing for B

A: Good afternoon. I do apologize for the wait.

B: 괜찮습니다.

A: Well then, **shall we get down to** business?

B: 그러죠. 오늘 계약서 초안을 작성하는 걸로 알고 있는데요. 맞죠?

Agency background

A: Yes. I see you were well informed. Now, **before we begin**, as I understand you are a film producer. **Could you briefly give me background information about** yourself and the agency in a few words please?

B: 네, 당연히 그래야죠. 예전에는, 저는 몇 개의 독립 영화를 제작했었고, 지금은 다른 분야로 옮겼죠. 저희 회사는 잡지 광고를 주로 해왔습니다. 이 분야에서는 저희가 충분한 자질과 경험을 가지고 있다고 자신 있게 말씀 드릴 수 있습니다. 사실, 국제 방송 광고제에서 여러 번 수상한 경력도 있어요.

A: Yes, I have read an article about your agency a couple of months ago in the newspaper. It was very impressive.

B: 감사합니다. 우리는 하는 일에 많은 노력을 기울이죠.

Advertisement concept

A: OK then, now, **from what I have gathered**, you have organized the initial concepts and ideas?

B: 네, 그렇지만 아직 초안에 불과해요. 최종적으로 결정된 것은 아무것도 없지만, 저는 우선 이 상품의 특징을 고려해 볼 때* 전체적인 분위기는 밝고 화려했으면 합니다. 우리가 추구하는 생동감 넘치는 느낌을 잘 전달해 줄 수 있을 것 같거든요. 그리고 타겟이 주로 젊은 여성이므로, 유명인을 출연시키는 것이 훨씬 효과적일 것입니다.

A: Very interesting concept. I assume that when you say famous faces, you mean celebrities?

B: 네, 그렇지만 그저 예쁜 얼굴보다는 깨끗한 이미지의 얼굴을 강조할 생각입니다.* 그저 통속적인 방법을 사용하는 것보다는 이렇게 하는 것이 상품을 알리는 데 더 좋을 것 같아서요.

Completion time

A: It's a **well-thought-out** structure. I must say it's very impressive. How much time will it take to complete this advertisement?

B: 대략 두 달 정도요. 그렇지만 이미 말씀 드린 것처럼 이것은 그저 초안일 뿐입니다.

Fee and Negotiation

A: Yes, I understand. Anyways, **moving right along**, let's talk more specifics. Have you decided on the quotation for this project?

B: 네. 연예인 출연료는 제외하고 10%를 선불하는 조건으로 200,000달러로 견적을 뽑았습니다.[+]

A: The quotation seems high. Can you reduce the amount?

B: 어느 정도면 좋을까요?

A: $150,000 with 15% upfront.

B: 음. 절반씩 양보하도록 하죠. 20% 선불에 175,000달러로요.

Method of payment

A: Confirmed. **Now that** the financial issue is over and done with, how do you want the payment to be made?

B: 수표로 해주시는 게 좋습니다.

Excess cost

A: Sure. That's not a problem. What about the excess cost?

B: 추가 비용은 주로 연예인 출연료에서 발생할 거에요. 물론 연예인과의 계약이 된 다음에 당신에게 알려 드리겠습니다. 그러면 계약이 끝날 때 완불하시겠다는 거군요.

A: Yes. Any problems?

B: 다소 비합리적인 것 같아서요.

A: How about payment made by installments?

B: 그게 더 좋을 것 같아요. 그러면 분할로 입금해 주시는 걸로 하죠.

Contract terms

A: Moving right along, let's discuss the contract terms and conditions. Can you forward your contract term please?

B: 저희 쪽에서 제시할 조건은 계약이 끝난 후에는 어떤 책임도 지지 않겠다는 것밖에 없어요.

A: Sure. Let me forward our condition. After the final stages of concept and actual filming of the advertisement, if there are any changes to be made in any way, we would like to be notified.

B: 당연히 그래야죠. 당신은 저희의 고객이므로, 변동 사항이 있을 경우에 당연히 알 권리가 있습니다.

A: Now, **I'll** document our contract and **get back to you no later than** tomorrow afternoon.

B: 네, 당신과 일하게 되어서 기쁩니다.

Note for B

~로 알고 있습니다
I'm aware that ~

더 좋은 인상을 주다
give a better indication of

우리는 자신 있게 ~라고 말할 수 있습니다
We can confidently say that ~

서로 절반씩 양보하죠
Let's meet halfway

~에 많은 노력을 쏟아 붓다
put a lot of effort into

당신의 의견에 전적으로 동감합니다
I can't agree with you more

틀림없이 ~이 도움이 될 것입니다
~ will definitely be an advantage

~하게 되어 기뻐요
It's been a pleasure ~ing

✚ Expression study for B

due to　~ 때문에

owing to나 because of와 같이 원인이나 이유를 밝힐 때 쓸 수 있는 표현. Due to + N의 형식으로 단독으로 쓰이기도 하며, be 동사와 결합하여 be due to(~ 때문이다)의 형태로도 쓰일 수 있다. 아울러 due에는 '~할 예정인' 이라는 뜻이 있어 be due to 다음에 동사가 나오면 '~할 예정이다' 의 의미로 쓰인다.

Due to the bad weather, the match was canceled.　날씨가 나빠서, 경기는 취소되었다.
The accident was **due to** his careless driving.　그 사고는 그의 부주의한 운전 때문이었다.

place more emphasis on　~을 더욱 강조하다

뭔가를 강조하고자 할 때 emphasize(강조하다)라는 동사를 떠올릴 수도 있지만, 동사의 명사형을 이용하여 구로 표현하면 좀 더 formal한 느낌을 주므로 공식적인 관계에서는 이 표현을 쓰는 것이 좋다. place 대신에 put이나 lay를 써도 좋다. 그리고 강조하고자 하는 대상 앞에는 반드시 전치사 on을 쓴다는 점을 꼭꼭 기억해 둘 것!

This school **place more emphasis on** foreign language study.
이 학교는 외국어 학습을 더욱 강조한다.

We should **place more emphasis on** economic stability rather than **on** high growth.
우리는 경제 성장보다는 경제 안정에 중점을 두어야 한다.

come up with　생각해 내다

I ran as fast as possible to come up with them(나는 그들을 따라 잡으려고 가능한 한 빨리 뛰었다.) 의 문장에서처럼 '~을 따라잡다' (catch up with)의 의미로 쓰이기도 하지만, come up with는 구어체에서 주로 '뭔가를 제안하다, 생각해 내다' 의 뜻으로 쓰인다. 이런 경우 come up with 다음에는 어떤 idea나 plan과 관련된 말이 등장하기 마련이다.

She **came up with** a new idea for increasing sales.　그녀는 판매를 늘릴 수 있는 새로운 방법을 제안했다.
I hope we **come up with** something.　우리가 뭔가 좋은 방법을 생각해 냈으면 좋겠어요.

STEP 1 Understanding your task

역할 이해하기

지금 여러분 앞에는 두 개의 Role Card가 주어져 있습니다. Role Card A는 질문을 통해 알아내야 할 사항, Role Card B에는 그에 관한 정보들이 담겨 있습니다. 그리고 정보를 얻고 난 후, 서로 합의해야 할 사항들이 제시되어 있습니다. 먼저 Role Card A, B를 보면서, 여러분 앞에 놓여진 task를 이해하도록 노력해 보세요.

Role Card A

You are on your way to a conference in the States for cancer research. This conference will be held in a hotel grand ballroom and you'll be one of the important speakers. You are to get picked up at the airport by a hotel representative. While he/she assists you to the hotel by the hotel shuttle bus, you can ask questions.

Some things to think about:
Weather
Events
Transportation
Size of the ballroom
Features of the ballroom
Audience numbers

Note

be on one's way to ～로 가는 길이다

ballroom (호텔의) 무도회장, 연주회장

representative 대표자, 대리인

assist 돕다, 거들다

feature 특징, 특색

Role Card **A**

당신은 미국에서 열리는 암 연구에 관한 회의에 참가할 예정입니다. 이 회의는 호텔 그랜드 볼룸에서 개최되며, 당신은 중요한 발표자 중 하나입니다. 호텔 측에서 당신을 공항으로 마중나오기로 했습니다. 안내자가 호텔 셔틀 버스로 당신을 호텔까지 안내하는 동안 당신은 다음 질문들을 하게 됩니다.

생각해 볼 사안들:　　　날씨

　　　　　　　　　　　행사

　　　　　　　　　　　교통

　　　　　　　　　　　볼룸의 크기

　　　　　　　　　　　볼룸의 특징

　　　　　　　　　　　청중의 수

You work in one of the five-star hotels in downtown. You are picking up an important guest who will be attending a conference at your hotel. You are to assist your guest by explaining some of the features of the grand ballroom where the conference will be held and also about the city of Philadelphia.

Weather:	**Nice spring weather**
	Temperature ranges from 15-20°C
Events:	**Spring flower festival**
	Annual walkathon
Transportation:	**Shuttle bus from the hotel or public transportation**
Size of the ballroom:	**1,000 seats**
	Large stage
Features of the ballroom:	**Multi sound and lighting system**
	Large computer screen projector
	Soundproof walls
Audience numbers:	**20 speakers**
	600 confirmed guests
	70 unconfirmed guests

Role Card **B**

당신은 시내 중심가의 별 다섯 개인 특급 호텔 중 한 곳에서 일하고 있습니다. 당신의 호텔에서 열릴 회의에 참가할 중요한 손님 한 분을 모시러 가는 중입니다. 당신은 손님에게 회의가 열리게 될 그랜드 볼룸의 특징과 필라델피아에 대해서 설명해 주게 됩니다.

날씨:	화창한 봄 날씨 섭씨 15~20도
행사:	봄꽃 축제 연례 걷기 대회
교통 :	호텔의 셔틀 버스 혹은 대중 교통
볼룸의 크기:	1,000개의 좌석 큰 무대
볼룸의 특징:	멀티 음향, 조명 시스템 커다란 컴퓨터 스크린 영사기 방음벽
청중의 수:	발표자 20명 참석이 확정된 사람 600명 참석 가능자 70명

Role Card의 내용을 모두 이해하셨나요? 당신이 Card A를 가지고 있다면, 미국에서 열리는 회의에 참여하기 위해 이제 막 공항에 도착한 사람이 되겠죠. 그리고 Card B를 가지고 있다면, 자신이 근무하는 호텔에서 열리게 될 회의에 참석하는 사람을 마중 나와 호텔에 관한 이야기를 해주게 됩니다. 먼저 제시된 우리말 대화를 참고하여 짧은 informal, formal Q&A를 만들어 보세요.

1 | Weather

A: 날씨는 어떤가요?

B: 좋아요. 봄 날씨를 느끼실 수 있을 거에요. 기온은 섭씨 15~20도 정도 됩니다.

▶Informal

A: What's the weather like?

B: It's been good. You can feel the spring. The temperature is between 15 to 20 degrees Celsius.

▶Formal

A: How is the weather?

B: Oh, the weather's been good to us for about a month or so. You can feel the spring. The temperature ranges from 15 to 20 degrees Celsius.

temperature 온도, 체온   Celsius 섭씨   or so 쯤, 가량

2 | Events

A: 봄맞이 축제나 행사 같은 것도 열리나요?

B: 몇 가지 행사가 있어요. 꽃이 한창 필 시기라서, 국립 공원에서는 봄꽃 축제가 열리고, 해마다 열리는 암 연구 단체 주최 걷기 대회도 있어요.

▶Informal

A: Are there any spring festivals or events happening?

B: There are a few events. It's a peak season for flowers and there is a spring flower festival at the national park and there is an annual cancer research walkathon as well.

▶Formal

A: Can you please tell me whether there are any spring festivals or events taking place?

B: There are several events that are taking place. There is a flower festival at the national park as the flowers are at a peak season. And there is an annual walkathon sponsored by cancer research.

happen 일어나다, 생기다   peak 절정, 최고점   take place 발생하다, 일어나다   national park 국립공원   sponsor 주최하다, 후원하다

3 | Transportation

A: 어떤 교통 수단들이 있나요?

B: 교통 수단이 두 가지 있어요. 호텔 셔틀 버스를 이용하거나, 버스나 지하철과 같은 대중 교통 수단을 이용하시면 되요.

▶Informal

A: What kind of transportation do you have?

B: There are two ways you can travel. There will be hotel shuttle buses and there are public buses and subways which you can take.

▶Formal

A: What kind of transportation is available?

B: There are two means of transportation. There will be shuttle buses provided by the hotel and there is the public transportation.

public 대중의, 공공의   means 수단, 방법

4 | Size of the ballroom

A: 회의장의 크기는 어느 정도 되나요?

B: 회의는 저희 호텔에 있는 그랜드 볼룸에서 열리게 될 거에요. 홀에는 1,000개의 좌석과 커다란 무대가 있어요.

▶Informal

A: What's the size of the conference room?

B: As you know, the conference is at the grand ballroom in our hotel. The hall will have 1,000 seats and a large stage.

▶Formal

A: Could you tell me the size of the conference room?

B: Yes, the conference will be held in the grand ballroom in our hotel. The hall can facilitate 1,000 seats and a large stage.

5 | Features of the ballroom

A: 볼룸의 특징은 무엇인가요?

B: 그랜드 볼룸은 아주 훌륭한 곳이죠. 멀티 음향, 조명 시스템이 갖추어져 있고, 큰 컴퓨터 스크린 영사기도 설치되어 있어요. 소리가 새어나가는 것을 막기 위해 방음벽도 설치되어 있습니다.

▶ Informal

A: What are the features of the ballroom?

B: Our grand ballroom has great features. We have a multi sound and lighting system and installed a large computer screen projector. We also have soundproof walls to prevent sound from traveling out.

▶ Formal

A: Could you tell me the features of the ballroom?

B: We have excellent features in our grand ballroom. There is a multi sound and lighting system. We have installed a large computer screen projector. We also have soundproof walls to prevent sound from traveling out.

6 | Audience numbers

A: 청중이 몇 명 정도 참석하는지 알고 계시나요?

B: 지금까지는 600명이 확정되었고 70명 정도가 더 참석하실 수도 있어요. 그리고 발표자는 20명이에요. 다 합쳐서 800명 정도 손님이 오실 걸로 예상하고 있습니다.

▶ Informal

A: Do you know how many guests will be attending the conference?

B: At this time, there are 600 confirmed and 70 unconfirmed guests. And there are 20 speakers for this conference. We estimated that there would be 800 guests.

▶ Formal

A: Are you aware of the number of guests attending the conference?

B: At this moment, there are 600 confirmed and 70 unconfirmed guests. And there will be 20 speakers participating in this conference. We have calculated that there will be approximately 800 guests attending this conference.

estimate 어림잡다, 추정하다   participate in ~에 참가하다, 참석하다   calculate 계산하다, 산정하다
approximately 대략

이제 A와 B의 역할 중 하나를 맡아서 role play를 해 보세요. Step 2에서 연습한 질문과 대답을 바탕으로 다음 우리말로 표기된 부분을 영어로 직접 말해보는 연습을 해보기 바랍니다.

1 | Role playing for A

A: 안녕하세요? 제가 당신이 찾고 있는 사람이에요.

B: Good morning Miss. I have been looking around everywhere for you. I was not informed that your flight had landed earlier than its scheduled time.

A: 아 그렇군요. 폐를 끼쳐서 죄송해요.

B: Oh not at all. I do apologize for this inconvenience. This way please. I'll assist you to our hotel by our shuttle bus. If you have questions or want to know anything at all, **I'll be more than glad to** give you my assistance.

Weather

A: 정말 감사합니다. 사실 몇 가지 질문을 하고 싶어요. **저는 날씨에 굉장히 예민하거든요.** ✛ 이 곳의 날씨는 어떤가요?

B: Oh, the weather's been good to us for about a month or so. You can feel the spring as the temperature ranges from 15 to 20 degrees Celsius. And we have been maintaining this temperature for quite sometime now.

Events

A: 정말 날씨가 좋군요. 바깥을 보니 오늘도 날씨가 좋은 것 같아요. 봄맞이 축제나 다른 행사들이 열리나요?

B: There are a few events. **It's a peak season for** flowers and there is a spring flower festival at the national park and there is an annual cancer research walkathon as well.

Transportation

A: 멋지군요. 걷기 대회에 참가하고 싶어요. 좋은 목적을 위한 것이니까요. 정말 가치 있는 일이 될 것 같아요. 어떤 교통 수단을 이용하면 되죠?

B: There are two means of transportation. There will be shuttle buses provided by the hotel and there is the public transportation system. But of course **it's better to** use the shuttle buses.

A: 그렇군요. 그게 더 편리할 것 같네요.

B: Any other queries Miss?

A: 회의 장소에 관해 묻고 싶어요. 회의장의 크기는 어느 정도 되나요?

B: Yes, the conference will be held in the grand ballroom in our hotel. The hall has 1,000 seats and a large stage.

A: 그리고 볼룸의 특징에 대해서도 말씀해 주시겠어요?

B: We have excellent features in our grand ballroom. It is one of the biggest and the most spectacular ballrooms in the state. There is a multi sound and lighting system. We have recently replaced our old system to a **brand new** multi functional system. Many international conferences are held in our hotel and we have installed a large computer screen projector. We also have soundproof walls to prevent sound from traveling out.

A: 정말 대단하군요. 당신이 말하는 그랜드 볼룸을 빨리 보고 싶어요. 이 곳에 와서 발표를 할 수 있게 되어서 정말 기대가 되요. 많은 시선들이 동시에 저를 쳐다본다고 생각하니 벌써 긴장이 되는군요.

B: **No need to** worry Miss. I'm sure you'll be great.

A: 고맙습니다. 몇 명의 손님들이 회의에 참석하는지 알고 있나요?

B: **At this time**, there are 600 confirmed and 70 unconfirmed guests. And there are 20 speakers for this conference. We estimated that there would be 800 guests. **We won't know until** tomorrow.

A: 와. 저는 회의의 규모가 어느 정도 되는지 확실히 몰랐어요. 그런데 당신의 말을 들으니,+ 제가 앞으로 참가하게 될 가장 큰 회의 중에 하나가 될 것 같군요. 아마도 다음에는 또 이런 기회를 갖지 못할 거에요.

B: I'm sure you will. Here we are. Welcome to Hotel Philadelphia.

Note for A

사실 **as a matter of fact**	빨리 ~하고 싶어요 **I can't wait to + V**
그만한 가치가 있을 것 같아요 **It'll be worthwhile**	~라는 사실은 저를 긴장하게 해요 **The fact that ~ is making me nervous**
~에 대해 물어 보고 싶어요 **I would like to ask you about ~**	아마도 ~할 수 없을 거에요. **I probably won't be able to + V**

✚ Expression study for A

I'm very sensitive about   저는 ~에 몹시 민감해요

흔히 마음이 여려서 쉽게 상처 받는 사람을 표현할 때 sensitive라는 형용사를 쓴다. 감정적인 측면 뿐만 아니라 앨러지가 있다든지 쉽게 자신에게 영향을 미치는 뭔가를 말하고자 할 때 쓰면 좋을 표현. sensitive와 헷갈리기 쉬운 형용사로 sensible이 있는데 이것은 이성적인 면에서 '분별력이 있는, 지각이 있는' 이란 뜻이라는 것을 기억해 두자.

I'm very sensitive about eating meat because I'm vegetarian.

저는 채식주의자이기 때문에 고기를 먹는 데는 굉장히 민감해요.

I'm very sensitive about what customers say.   나는 고객들이 하는 얘기에 아주 민감합니다.

the way you're telling me   당신의 말을 들으니

The way S + V는 일반적으로 '~하는 방식' 이란 뜻이지만, the way you're telling me처럼 하나의 관용구로 쓰이면 좀 색다른 표현이 된다. 즉, '당신이 얘기하는 것을 듣자하니' 라는 의미로, 상대방이 한 말을 근거로 새로운 사실을 알게 되었거나 자신의 생각에 변동이 생기는 경우에 유용하게 활용할 수 있다.

The way you are telling me, it sounds as though it's my fault.

당신의 말을 들으니, 제가 잘못한 것 같군요.

The way you are telling me, people do have wrong ideas about me.

당신의 말을 들으니, 사람들이 저에 대해서 정말로 잘못 생각하고 있군요.

2 | Role playing for B

A: How do you do? I'm the person you are looking for.

B: 안녕하세요? 당신을 찾기 위해 두리번거리고 있었어요.* 당신이 탄 비행기가 예정보다 일찍 도착했다는 이야기를 미처 듣지 못했거든요.*

A: Yes. I know. Sorry to have troubled you.

B: 아닙니다. 불편하게 해드려서 제가 사과드려야죠. 이 쪽으로 오세요. 셔틀 버스로 호텔까지 모셔다 드리겠습니다. 질문이 있으시거나 뭔가 알고 싶은 게 있으시면, 제가 기꺼이 도와드리겠습니다.

Weather

A: Thank you so much. **As a matter of fact**, I do have several questions to ask you. You see, I'm very sensitive about the weather. How is the weather here?

B: 한 달 가량 날씨가 계속 좋았어요. 기온이 섭씨 15도에서 20도 정도 되니까 봄 날씨를 느낄 수 있으실 거에요. 그리고 앞으로도 당분간은 이 정도 기온이 유지될 거에요.

Events

A: What great weather it must be. I can see that it's a beautiful day outside. Are there any spring festivals or events happening?

B: 몇 가지 행사가 있어요. 꽃이 한창 필 시기라서, 국립 공원에서는 봄 꽃 축제가 열리고, 해마다 열리는 암 연구 단체 주최 걷기 대회도 있어요.

Transportation

A: Sounds great. I think I'll participate in the walkathon, since it's for a good cause. **It'll be worthwhile** I'm sure. What kind of transportation is available?

B: 두 가지 방법이 있어요. 호텔에서 제공하는 셔틀 버스를 타시거나 대중 교통을 이용하실 수도 있어요. 그렇지만 셔틀 버스를 이용하시는 것이 당연히 더 좋겠죠.

A: I agree. It'll probably be more convenient.

B: 다른 질문 있으신가요?

Size of the ballroom

A: **I would like to ask you about** the venue. Could you tell me the size of the conference room?

B: 회의는 저희 호텔의 그랜드 볼룸에서 열리게 될 거에요. 홀에는 1,000개의 좌석과 큰 무대가 있어요.

Features of the ballroom

A: Also, could you tell me the features of the ballroom?

B: 저희 그랜드 볼룸은 아주 멋진 곳입니다. 미국에서 가장 크고 웅장한 볼룸 중 하나에요. 멀티 음

향, 조명 시스템도 있습니다. 최근에 예전 장치에서 최신식의 다중 기능 시스템으로 교체했어요. 많은 국제 회의가 우리 호텔에서 개최되며, 대형 컴퓨터 스크린 영사기도 설치해 두었어요. 소리가 새 나가는 것을 방지하기 위해 방음벽도 설치했어요.

A: Impressive. **I can't wait to** see this grand ballroom you are talking about. I'm really excited to be here and be able to make a speech. And **the fact that** there will be so many eyes watching me **is** already **making me nervous.**

B: 걱정하실 필요 없어요. 당신이 잘 해내리라고 믿어요.

**Audience
numbers**

A: Thank you. Do you know how many guests will be attending the conference?

B: 지금까지는, 600명이 확정되었고, 70명 정도 더 오실 수도 있어요. 이 회의의 발표자는 20명이죠. 전부 800명 정도 손님이 오실 것으로 예상하고 있어요. 내일이나 되어야 알 수 있을 겁니다.＊

A: Wow. I wasn't sure of the scale of the conference but the way you are telling me, I think it'll be one of the biggest conferences that I will participate for years to come. **I probably won't be able to** have this kind of opportunity later.

B: 또 기회가 있을 거에요. 다 왔습니다. 호텔 필라델피아에 오신 것을 환영합니다.

Note for B

기꺼이 ~할게요
I'll be more than glad to + V

~이 절정인 시기에요
It's a peak season for ~

~하는 것이 더 좋아요
It's better to + V

최신식의
brand new

~하실 필요 없어요
No need to + V

지금까지는, 지금 시점에서는
at this time

~가 되서야 알 수 있을 것 같아요
We won't know until ~

✚ Expression study for B

look around   둘러보다

어떤 건물이나 장소에 가서 천천히 돌아다니면서 이것저것 둘러 보는 것을 look around라고 표현할 수 있다. 흔히 쇼핑을 하러 가면 상점의 문을 여는 순간 바로 옆에 꼭 붙어 있는 사람이 있다. 물론 안내해 주는 것은 좋지만 자유롭게 둘러보는 데 훼방꾼이 되는 것도 사실. 자 이럴 땐 I'm just looking around(그냥 둘러보는 중이에요)라고 말해보자.

I'd like to **look around** this city.   이 도시를 돌아 보고 싶은데요.
I'm going to **look around** outside.   저는 바깥을 둘러 볼게요.

I was not informed that ~   ~ 라는 것을 듣지 못했어요

'알리다, 통지하다' 라는 의미의 동사 inform의 수동 표현. '통지를 받았다' 는 뜻에서 '듣다' 의 의미로 이해하면 훨씬 이해가 빠를 듯. 앞서 배웠던 I heard that ~이나 I was told that ~과 비슷한 개념이다. 다만 inform이라는 단어 자체가 주는 뉘앙스는 그냥 알린다고 하는 것보다 뭔가 확실하고 공식적인 정보를 주는 듯한 느낌을 준다. 따라서 이 표현 역시 공식적인 자리에서 쓰면 더 잘 어울린다.

I **was not informed** the couple would marry next year.
저는 그 커플이 내년에 결혼한다는 소식을 듣지 못했어요.

I **was not informed** of the reasons for her arrest.   저는 그녀가 왜 체포되었는지 듣지 못했어요.

not A until B   B가 되어서야 비로소 A하다

'B 할 때까지는 A가 아니다' 라고 이해해도 의미가 통하지 않는 것은 아니지만 'B가 되어서야 비로소 A하다' 라고 해석하는 습관을 들이는 것이 문장의 의미를 정확히 이해하기 위해 바람직하다. A가 되기 위해서는 B가 먼저 되어야 한다는 시간상의 우선 순위를 강조하는 표현이다.

We won't know **until** the results come out.   결과가 나와 봐야 알 수 있어요.
The traffic laws don't take effect **until** the end of the year.
올해 말이 되어야 그 교통법이 실시될 거에요.

STEP 1   ## Understanding your task   역할 이해하기

지금 여러분 앞에는 두 개의 Role Card가 주어져 있습니다. Role Card A는 질문을 통해 알아내야 할 사항, Role Card B에는 그에 관한 정보들이 담겨 있습니다. 먼저 Role Card A, B를 보면서, 여러분 앞에 놓여진 task를 이해하도록 노력해 보세요.

Role Card **A**

You want to open a franchise Korean restaurant in Toronto, Canada. You are at the head office to make negotiations. You need to make a best possible deal to save money. Use the information below to ask questions.

Some things to find out about: **About the franchise restaurant**
Royalty
Insurance
Interior decoration
Training

Negotiation:

You feel that the royalty of 8.6% is unreasonable. Opening a large Korean restaurant in Toronto is a huge risk. You then ask for the royalty to be reduced to 7.9%.
You were going to join a private insurance policy covering the franchise and feels there is no need for another insurance.

Note

head office 본사, 본부

deal 거래, 협정

royalty 특허권 사용료

insurance 보험, 보험금

decoration 장식, 장식물

Role Card A

당신은 캐나다의 토론토에 한국 식당의 체인점을 열려고 합니다. 당신은 지금 본사에서 협상을 하고자 합니다. 당신은 가능한 한 돈을 절약하는 쪽으로 거래를 성사시켜야 합니다. 아래 정보를 이용해서 질문해 보세요.

알아내야 할 사안들:　　　체인점에 관하여

로열티

보험

실내 장식

연수

협의 사항:

당신은 8.6%의 로열티를 지불하는 것은 비합리적이라고 생각합니다. 토론토에 커다란 한국식 레스토랑을 여는 것은 위험 부담이 크기 때문이죠. 당신은 7.9%로 로열티를 내려 달라고 요청합니다.

당신은 운영하려는 체인점을 위한 보험을 개인적으로 들 예정이었습니다. 그래서 또 다른 보험을 들 필요는 없다고 생각합니다.

You work in the head office of a franchise Korean restaurant. You are in a meeting with a potential client from Canada. This client wants to open the restaurant in Toronto. There are many things to be considered when opening a restaurant. Refer to the information below to answer the questions from the client and make a settlement.

About the franchise: **The most prominent family restaurant**
Only serves Korean food
Won many awards including "The Best Family Restaurant" in Korea, Japan and Australia

Royalty: **8.6% of the profit made per annum**

Insurance: **$200/ month, cover natural disasters, accidents, and worker's compensation**

Interior decoration: **All the restaurants have the same theme**
Rice wallpapers and a traditional Korean house atmosphere
Furniture: wooden chairs, tables, and floor -seating areas which need to have cushions which company provides

Training: **The company will provide a special training instructor.**

Negotiation:

The client sees the rate for royalty unreasonable. He/she feels that due to the risk, the rate should be reduced to 7.9%. After some negotiation, you settle 7.9% for 2 years and then 8.6%. The client already thought of an private insurance, which will cover the restaurant. The insurance is not negotiable. This insurance is an obligation.

Role Card **B**

당신은 한국식 식당 체인을 운영하는 본사에서 일하고 있습니다. 지금 캐나다에서 온 한 고객과 회의 중입니다. 이 고객은 토론토에 식당을 열고자 합니다. 식당을 열 때는 고려해야 할 사항들이 많습니다. 아래 정보를 참고하여 고객의 질문에 대답하고, 합의해 보세요.

체인점에 관하여:　　　가장 유명한 패밀리 레스토랑

한국 음식만 제공

한국, 일본, 호주에서 '최우수 패밀리 레스토랑' 으로 선정되는 등 수상 경력 많음

로열티:　　　매년 이익의 8.6%

보험:　　　자연 재해, 사고, 직원 보상을 포함해 월 200달러

실내 장식:　　　모든 식당은 같은 형식

얇은 라이스 페이퍼 벽지 사용, 전통적인 한국 가정의 분위기를 살림

가구: 나무로 만든 의자, 탁자, 회사에서 제공하는 방석을 깔고 앉을 수 있는 마루 바닥

연수:　　　회사에서 특별 훈련 담당자 파견

협의 사항:

고객은 지불해야 할 로열티가 비합리적이라고 생각합니다. 고객은 위험 부담이 있으므로, 7.9%로 내려야 한다고 합니다. 협상 끝에 2년 동안은 7.9%, 그 후에는 8.6%로 합의합니다. 고객은 이미 식당에 적용이 되는 보험을 개인적으로 들 생각을 하고 있었습니다. 그러나 보험은 협의 가능한 사항이 아니라 의무 사항입니다.

Role Card의 내용을 모두 이해하셨나요? 당신이 Card A를 가지고 있다면, 토론토에 한국 식당 체인점을 내고자 본사를 방문한 사람이 되겠죠. 그리고 Card B를 가지고 있다면, 본사에 근무하는 직원으로서 체인점을 내고자 하는 사람과 협상을 하게 됩니다. 먼저 제시된 우리말 대화를 참고하여 짧은 informal, formal Q&A를 만들어 보세요.

1 | About the franchise

A: 이 체인 식당에 관해서 말씀해 주시겠어요?

B: 저희 식당은 오랫 동안 가장 유명한 패밀리 레스토랑 중의 하나로 알려져 있습니다. 한국,일본, 호주 등에서 최고의 패밀리 레스토랑 상을 포함해 여러 차례 수상했습니다.

▶Informal

A: Can you tell me about this franchise restaurant?

B: Of course I can. Our restaurant has been one of the most famous family restaurants for a long time. We've won a lot of awards, like "The Best Family Restaurant" in Korea, Japan and Australia.

▶Formal

A: I would like to hear from you about this franchise restaurant.

B: For many years, our restaurant has been one of the most prominent family restaurants. We have won many distinguished awards including "The Best Family Restaurant" not only in Korea, but also in Japan and Australia.

for a long time 오랫동안　　award 상, 상금　　including ～을 포함하여

2 | **Royalty**

A: 로열티는 얼마로 할까요?

B: 현재는 저희 모든 체인점에 같은 비율을 적용하여 로열티를 받고 있습니다. 이윤의 8.6%에요.

▸**Informal**

A: How much royalty are we talking here?

B: At the moment, we are applying the same rate of royalty to all of our franchise restaurants, which is 8.6% of the profit made.

▸**Formal**

A: Could you tell me the royalty rate please?

B: Currently it's 8.6% of the profit generated. This applies to all of our franchise restaurants.

currently 현재, 현 시점에서   generate 낳다, 산출하다   apply to ~에 적용되다

3 | **Insurance**

A: 보험 문제도 말씀해 주시겠어요?

B: 네. 매달 200달러의 비용이 들어요. 자연 재해, 사고, 직원 보상까지 다 포함한 것이죠.

▸**Informal**

A: Can you tell me about the insurance?

B: Yup. The insurance will cost you $200 each month and it will cover natural disasters, accidents and worker's compensation.

▸**Formal**

A: Could you tell me about the insurance then?

B: Sure. The insurance fee will be $200 per month and it will cover natural disasters, accidents and worker's compensation.

4   Interior decoration

4 | Interior decoration

A: 모든 체인점의 실내 장식은 똑같이 하나요?

B: 모든 식당이 똑같은 형식으로 되어 있어요. 벽에는 라이스 페이퍼를 붙이고, 전통 가옥의 느낌이 나게 만들어져 있죠. 의자와 탁자는 나무 소재여야 하며 마루 바닥에 앉을 장소도 필요해요. 저희 로고가 새겨진 방석을 제공해 드립니다.

▶ Informal

A: How do you keep the interior in all the franchises the same?

B: We have the same theme in all restaurants. The walls will be covered with rice paper and it must have the traditional house feelings to it. Chairs and tables must be made out of wood and a floor-seating area is necessary. The company will give you cushions with our logos.

▶ Formal

A: How do you maintain the consistent interior in all the franchises?

B: We have our own concepts and ideas. First, all the restaurants have the same theme. The walls are decorated with rice paper. And it has to have the atmosphere of a traditional house. Then there is the furniture. Chairs and tables should be made out of wood and there must be a floor-seating area. We'll provide you with the special cushions with our logo on them.

be made out of ~으로 만들어지다   provide A with B A에게 B를 제공하다

5 | Training

A: 마지막으로 이야기할 사항은 연수에 관한 거에요. 어떻게 되는 거죠?

B: 회사에서 직원들을 교육할 특별 훈련 담당자를 파견하겠습니다.

▶ Informal

A: The last thing we are going to talk about is the training. How does that work?

B: The company will give you a special training instructor to educate and guide workers.

▶ Formal

A: The last thing on our agenda is the training. How is the training being done?

B: The company will provide you with a special training instructor for educational and guidance purposes.

agenda 협의 사항, 안건   educational 교육상의, 교육적인   guidance 안내, 지도

6 | Negotiation

A: 로열티가 다소 비싼 것 같군요. 아시겠지만, 이 식당을 여는 것은 저한테 위험 부담이 커서요.

B: 좋아요. 당신은 얼마를 생각하시나요?

A: 7.9%요.

B: 그건 불가능합니다. 저도 당신의 상황을 이해는 하지만, 그건 너무하네요. 2년 동안은 7.9% 로 하고, 그 다음 해부터는 8.6%로 하는 걸로 하죠. 제가 당신에게 할 수 있는 최선의 제안 입니다. 그렇게 하시든지 아니면 없었던 일로 하죠.

▶ Informal

A: The royalty rate is rather high. As you are probably aware, the opening of the restaurant will be a great risk for me to take.

B: OK. What do you suggest?

A: 7.9%

B: That's out of the question. I can understand your situation, however, the figure you suggested is ludicrous. Our final offer would be 7.9% for two years and then 8.6% after that. That's the best offer I can give you. Take it or leave it.

▶ Formal

A: The royalty rate is relatively high. And as I'm sure you understand that the opening of the restaurant will be a great risk for one to take.

B: Yes, I do understand. What figure would you like to suggest?

A: I was thinking along the line of 7.9%.

B: I cannot consider it. I do understand the situation you are in, however, the rate you suggested is out of our boundary. I can offer you 7.9% for two years and then 8.6% hence after.

risk 위험, 모험   out of the question 말도 안 되는, 불가능한   ludicrous 터무니 없는   relatively 비교적, 상대적으로   be out of somebody's boundary ~의 능력 밖의 일이다   hence after 그 이후로

이제 A와 B의 역할 중 하나를 맡아서 role play를 해 보세요. Step 2에서 연습한 질문과 대답을 바탕으로 다음 우리말로 표기된 부분을 영어로 직접 말해보는 연습을 해보기 바랍니다.

1 | Role playing for A

A: 안녕하세요?

B: Good afternoon. Please take a seat. Would you like something to drink before we start?

A: 네, 물 한 잔 주시겠어요?

B: Certainly. My secretary will bring it to you shortly. Now, shall we begin our negotiation?

About the franchise

A: 이야기를 시작하기 전에, 여기 체인 식당에 관해 한 번 더 듣고 싶은데요.

B: Sure. I'm willing to explain it to you as many times as you wish. I'm sure you have read the booklet. But let me take a moment to talk about our restaurant. For many years, our restaurant has been one of the most prominent family restaurants. We've had many competitive western family restaurants but we have **come through** and become the only family restaurant serving Korean dishes. We have won many distinguished awards including "The Best Family Restaurant" not only in Korea, but also in Japan and Australia. **This briefly explains about** our restaurant. Are there any questions that you want to ask?

A: 아니요. 간결한 설명 감사 드려요. 자 이제 협상을 시작하죠.

Royalty

B: Sure. Perhaps we should start off with discussing the royalty.

A: 로열티는 얼마로 할까요?

B: **At the moment**, we are applying the same rate of royalty to all of our franchise restaurants, which is 8.6% of the profit made.

Negotiation

A: 다소 비싼 것 같군요. 아시겠지만, 이 식당을 여는 것은 저한테 위험 부담이 커서요. 세계적으로 유명한 레스토랑과 경쟁해야 하잖아요.

B: OK. What do you suggest?

A: 7.9%요.

B: **That's out of the question**. I can understand your situation, however, the figure you suggested is ludicrous. Our final offer would be 7.9% for two years and then 8.6% hence after. That's the best offer I can give you. Take it or leave it.

A: 좋아요. 그럼 2년간 7.9%로 하죠. 다음은 보험에 관한 거에요. 저는 제 이름으로 따로 개인 보험을 들 계획을 하고 있었어요. 일반 소매 식당처럼 보험에 드는 거죠.

B: Unfortunately, the policy about the insurance is not negotiable. Every franchise **is obliged to** be under the same insurance policy. It's one of our regulations, which cannot be altered.

A: 그렇다면 보험에 대해 말씀해 주시겠어요?

B: Sure. The insurance fee will be $200 per month and it will cover natural disasters, accidents and worker's compensation.

A: 그 정도면 괜찮군요. 요전 날 쭉 둘러보니 모든 체인점의 디자인이 똑같던데요.

B: Yes. The reason is that we can have a consistent theme and promote our name. It is our marketing strategy.

A: 그렇군요. 모든 체인점에 어떤 식으로 일관된 형식을 적용하는 거죠?

B: We have our own concepts and ideas. First, all the restaurants have the same theme. The walls are decorated with rice paper. And it has to have the atmosphere of a traditional house. Then there is the furniture. Chairs and tables should **be made out of** wood and there must be a floor-seating area. We'll provide you with the special cushions with our logo on them.

A: 그렇다면 회사에서 인테리어 디자이너를 지정해 주실 수 있나요?

B: Yes. That's one of the services which we'll provide. Of course we'll supply you with details of plans and sketches.

A: 마지막으로 논의하고자 하는 사안은 연수 문제에요. 연수는 어떻게 되고 있나요?

B: The company will provide you with a special training instructor for educational and guidance purposes.

A: 아주 좋습니다. **더 이상 논의할 사항이 없는 것 같은데** ✦ 이제 **마지막으로 확실히** ✦ 계약을 매듭 지을까요?

B: Certainly.

Note for A

당신에게 ~에 관해 듣고 싶어요
I would like to hear from you about ~

~와 경쟁하다
compete against

당신도 아마 알고 있겠지만
as you are probably aware

우리가 논의할 마지막 사항은 ~입니다
The last thing on our agenda is ~

✚ Expression study for A

We have nothing further to + V   더 이상 ~할 것이 없군요

far의 비교급 further를 이용한 표현이다. have nothing further to + V이니까 '~할 것이 더 이상 없다' 는 의미. 상대방과 뭔가를 논의하다가 어느 정도 할 이야기를 다 한 것 같으면 We have nothing further to discuss라고 말하고 이야기를 마무리 지어 보자.

I have nothing further to discuss with you.   당신과는 더 이상 할 이야기가 없군요.
We have nothing further to see in this museum.   이 박물관에는 더 이상 볼만 한 것이 없군요.

once (and) for all   마지막으로, 확실하게

정말 말 그대로 마지막으로 확실하게 도장을 꽝 박아 주고자 할 때 쓸 수 있는 표현. 여러 가지 일을 하고 마지막으로 꼭 잊지 않고 해야 할 일들에 관해 말한다거나, 혹은 아무리 말을 해도 도대체 알아 듣지 못 하는 사람에 대해서 얘기할 때 Tell him so once for all(그에게 딱 부러지게 그렇게 말하세요)이라는 식으로 덧붙여 쓸 수 있는 표현. completely나 finally의 느낌으로 이해하면 된다.

We need to settle this **once for all.**   우리는 마지막으로 확실하게 이것을 해결해야 한다.
She told him, **once and for all,** that she would not marry him.
그녀는 마지막으로 확실하게 그와 결혼하지 않을 것이라고 말했다.

2 | Role playing for B

A: Good afternoon.

B: 안녕하세요. 앉으시죠. 시작하기 전에 뭐 마실 것 좀 드릴까요?

A: Yes please, could I have a glass of water?

B: 네 그러죠. 비서가 금방 가져다 드릴 거에요. 이제 협상을 시작해 볼까요?

About the franchise

A: Before we do that, **I would like to hear from you about** this franchise restaurant one more time.

B: 네, 얼마든지 기꺼이 설명해 드리죠.[+] 이미 소책자는 읽어 보셨을 거라고 생각합니다만, 잠깐 저희 패밀리 레스토랑에 대해 설명 드릴게요.[+] 수년에 걸쳐, 저희 식당은 가장 주목 받는 패밀리 레스토랑 중 하나였어요. 뛰어난 서구식 패밀리 레스토랑도 많이 있지만, 저희 나름대로 성공하여 유일한 한국 음식 전문 패밀리 레스토랑이 되었습니다. 한국뿐만 아니라 일본, 호주에서도 최고의 패밀리 레스토랑 상을 포함해 여러 가지 이름 있는 상을 수상했습니다. 저희 식당에 관해 간단히 설명드리자면 이 정도입니다. 또 묻고 싶은 질문 있으세요?

A: No. Thanks for the brief summary. Now let's negotiate.

Royalty

B: 네. 로열티 문제부터 이야기하도록 하죠.[+]

A: Yes, how much royalty are we talking here?

B: 현재는 저희 모든 체인점에 같은 비율을 적용하여 로열티를 받고 있습니다. 이윤의 8.6%에요.

Negotiation

A: The rate is rather high. **As you are probably aware**, the opening of the restaurant will be a great risk for me to take. I'll have to **compete against** the best restaurants in the world.

B: 좋아요. 당신은 얼마를 생각하시나요?

A: 7.9%.

B: 그건 불가능합니다. 저도 당신의 상황을 이해는 하지만, 그건 너무하네요. 2년 동안은 7.9%로 하고, 그 다음 해부터는 8.6%로 하는 걸로 하죠. 제가 당신에게 할 수 있는 최선의 제안입니다. 그렇게 하시든지 아니면 없었던 일로 하죠.

Insurance

A: Deal. 7.9 % for two years then. Now the next in the agenda is the insurance. I was planning to join a private insurance policy under my name. It will cover the restaurant as a normal retail shop.

B: 유감스럽지만, 보험에 관한 규정은 협의 대상이 아닙니다. 모든 체인점은 의무적으로 똑같은 보험 규정을 따라야 합니다. 우리 제한 규정 중 하나이니 변경할 수 없습니다.

A: Could you tell me about the insurance then?

B: 네, 보험료는 월 200달러에요. 자연 재해, 사고, 직원 보상까지 다 처리가 되죠.

Interior decoration

A: That's reasonable I suppose. I went around and saw the franchise restaurants the other day and the interior of all of them is the same.

B: 네, 저희가 똑같은 형식으로 실내 장식을 해서 저희 이름을 알리고 있기 때문이죠. 이것은 영업 전략이에요.

A: I see. How do you maintain the consistent interior in all the franchises?

B: 우리 나름의 컨셉과 아이디어가 담겨 있어요. 먼저 모든 레스토랑이 똑같은 모양을 하고 있죠. 벽에는 라이스 페이퍼를 붙이고, 전통 가옥의 느낌이 나게 만들어져 있죠. 의자와 탁자는 나무 소재여야 하며 앉아 있을 마루 바닥도 필요해요. 저희 로고가 새겨진 방석을 제공해 드립니다.

A: Will I have an appointed interior designer from the company?

B: 네, 그것이 저희가 제공해 드리는 서비스 중 하나죠. 물론, 세부적인 계획이나 구상에 관한 것도 제공해 드립니다.

Training

A: **The last thing on our agenda is** the training. How is the training being done?

B: 회사에서 사원을 교육하고 지도할 특별 훈련 담당자를 파견할 것입니다.

A: Excellent. I guess we have nothing further to discuss so shall we settle this matter once and for all?

B: 그러죠.

Note for B

성공하다, 이겨내다 **come through**	그건 불가능해요, 말도 안 돼요 **That's out of the question**
이것이 ~에 관한 간단한 설명입니다 **This briefly explains about ~**	~할 의무가 있다 **be obliged to + V**
지금은, 현 시점에서는 **at the moment**	~로 만들어지다 **be made out of**

✚ Expression study for B

I'm willing to + V 기꺼이 ~하도록 하겠습니다

가장 처음에 앞장 서서 할 정도는 아니지만, 그것을 하는 데 특별한 불만은 없으므로 기꺼이 하겠다는 뉘앙스의 표현. '꼭 하고 싶은 것은 아니다' 라는 화자의 의도가 담기는 경우도 있지만, 상대방에게 불쾌감을 줄 정도는 아니다. 유사 표현으로는 be ready to + V가 있는데 이것은 '언제든지 ~할 준비가 되어 있다' 는 것으로 화자의 자발적인 의지가 듬뿍 담겨 있다.

I'm willing to help you. 기꺼이 당신을 도울게요.
I'm willing to do anything for you. 당신을 위해서라면 무엇이든 기꺼이 하겠어요.

Let me take a moment to + V 잠깐 ~하도록 할게요

아주 짧은 시간이면 된다는 take a moment의 의미를 살려 '잠깐 ~을 하겠다' 라고 상대방의 양해를 구할 때 쓰게 되는 표현. 보통 상대방의 질문이나 요구에 대해 잠시 먼저 생각하고 정리할 시간이 필요할 때 Let me take a moment to think[check, see] ~ 등과 같이 시간을 벌기 위해 유용하게 쓸 수 있는 표현이다. 이 때 let은 사역동사이므로 동사 원형 take가 쓰였다는 것은 두말하면 잔소리.

Let me take a moment to think about him. 잠시 그에 대해서 생각해 볼게요.
Let me take a moment to summarize the speech. 잠시 이야기를 요약해 볼게요.

start off with ~부터 시작하다

달달 외워두어야 할 회화용 빈출 동사구. 본문에서처럼 We should start off with ~ 라고 하면 "~부터 시작하도록 하죠" 라는 뜻으로, 해야 할 일 중에 우선적으로 처리할 일을 언급할 때 사용하는 표현이다.

We **start off with** some gentle exercises. 가벼운 운동부터 시작하겠어요.
We **started off with** movies first. 우리는 우선 영화부터 보았다.

  Understanding your task

지금 여러분 앞에는 두 개의 Role Card가 주어져 있습니다. Role Card A는 질문을 통해 알아내야 할 사항, Role Card B에는 그에 관한 정보들이 담겨 있습니다. 먼저 Role Card A, B를 보면서, 여러분 앞에 놓여진 task를 이해하도록 노력해 보세요.

Role Card A

You are a chairman in a large newspaper company. The company is on the downfall due to other competitive newspaper companies. A member from the marketing department will be giving you a report on the performance in a meeting. Think about the questions you can ask. Refer to the information below.

Some things to find out about:

Agenda

Minutes of the previous

Marketing performance

Reasons for the performance

Marketing plans

Role Card **A**

당신은 큰 신문사의 사장입니다. 다른 경쟁 신문사들로 인하여 회사가 하락세입니다. 영업부의 한 직원이 회의에서 실적을 보고할 것입니다. 당신이 물어볼 만한 질문들을 생각해 보세요. 아래 정보들을 참고하세요.

알아내야 할 사항: 안건
이전 회의 내용
영업 실적
그러한 실적을 낳게 된 원인
영업 계획

You are giving a report to a chairman of your company in a meeting. The sales have dropped for months now. You had to prepare and document current performance and plans to improve in sales. Refer to the information below to answer the questions from the chairman.

Agenda:	**Reduction of the sales**
	Marketing performance
	Marketing plans
Minutes of the previous:	**Cost of the newspaper**
	- increase by10%
	Reduction in staff
	- reduction in administrative quarter
Performance of the marketing:	**sales decreased by 12% last month**
Reasons for the performance:	**Consumers prefer other newspapers.**
	- full-colored pages
	- Cheaper price
	- More events and gift vouchers
	Growing competition among new companies
Marketing plans:	**Cutting the price**
	More visuals to attract consumers
	More promotions

Role Card B

당신은 지금 회의에서 사장님께 보고하고 있는 중입니다. 지난 몇 달 동안 판매 실적이 떨어지고 있습니다. 당신은 현재 실적과 앞으로 판매를 향상시키기 위한 계획을 준비하여 보고서를 작성해야 했습니다. 아래의 정보를 참고하여 사장님으로부터 받는 질문들에 답해 보세요.

안건:	매출 감소 영업 실적 영업 계획
이전 회의 내용:	신문 요금 – 10% 증가 직원 축소 – 총무부서 감축
영업 실적:	지난 달 12% 판매 실적 감소
그러한 실적을 낳게 된 원인:	독자들이 다른 신문을 선호한다. 　– 전면 컬러로 제작 　– 저렴한 가격 　– 더 많은 행사와 상품 쿠폰 신생 기업들 간의 경쟁 심화
해결방안:	요금 인하 독자의 시선을 끌 수 있는 시각 요소 늘림 판촉 활동 강화

Role Card의 내용을 모두 이해하셨나요? 당신이 Card A를 가지고 있다면, 영업 실적에 대해 보고 받는 신문사 사장님이 되겠죠. 그리고 Card B를 가지고 있다면, 영업부 직원으로서 최근 판매 실적이 부진한 데 대한 보고와 함께 이에 대한 해결방안을 제안하는 직원의 역할을 하게 됩니다. 먼저 제시된 우리말 대화를 참고하여 짧은 informal, formal Q&A를 만들어 보세요.

1 | Agenda

A: 회의의 안건이 무엇인가요?

B: 판매 감소와, 영업 실적, 그리고 문제 해결 방안 등에 대해서 이야기할 예정입니다.

▶Informal

A: What are we going to talk about?

B: We are going to talk about the sales reduction, marketing performances, and solutions to resolve problems.

▶Formal

A: What's on the agenda?

B: Today, we will be looking at the decrease in sales, marketing performances in general and then marketing plans. Well, we'll be discussing ultimate solutions for the sales crisis.

ultimate solution   궁극적인 해결책

2 | Minutes of the previous

A: 지난 회의 때 이야기했던 것들을 정리해보죠.

B: 네, 몇 가지 사안들에 합의했었습니다. 신문 요금을 10% 인상하기로 결정했었고, 또한 총무 부서 직원의 수를 줄이기로 합의했습니다.

▶Informal

A: Let's talk about the minutes for the last meeting.

B: Yes. We agreed on some matters. We've decided to increase the cost of the newspaper by 10%. And also we decided to reduce the number of staff in the administrative quarter.

▶Formal

A: Shall we go through the minutes for the previous meeting?

B: Yes Mr. Chairman. In our previous meeting, we have reached an agreement on a few issues. We have decided to increase the cost of the newspaper by 10%. And in the process of reducing staff, we settled an agreement to reduce administrative quarter.

reach an agreement 합의하다   in the process of ~하는 과정에서

3 | Marketing performance

A: 이번 달 영업 실적에 대해 보고해 주세요.
B: 네, 판매 실적을 올리기 위해 최선을 다했지만, 지난 달 실적보다 12% 하락했습니다.

▶Informal

A: Please report on this month's marketing performance.
B: Yes. Despite our effort to improve our sales, our sales for last month went down 12%.

▶Formal

A: First, can I have the report on the performance of the marketing for this month please?
B: Yes Mr. Chairman. Even though we tried our best to do well in our sales, our sales have decreased 12% last month.

despite ~에도 불구하고   go down 감소하다, 떨어지다, 허락하다   decrease 감소하다

4 | Reasons for the performance

A: 매출을 끌어 올리기 위해 다른 회사들은 어떻게 하고 있나요?
B: 한 회사에서는 전면 컬러로 된 신문을 더 저렴한 가격으로 공급하고 있어요. 이것은 우리의 매출이 떨어지는 이유를 잘 보여주고 있습니다. 또한 다른 회사에서는 독자를 끌어들이기 위해 이벤트를 마련하고 상품권을 나눠 주고 있습니다.

▶Informal

A: What are some of the things they are using to increase their sales?
B: One of the companies is using full-colored pages at a cheaper price. This shows us why we are going down in sales. Also, other companies have events and give out gift vouchers to draw consumers.

▶Formal

A: What would you say are some of the strategies they are using to increase their sales?
B: First, one of the new companies is using full colored pages. Second, competitive price, this gives us a better indication of the reasons for low sales figures. And last, other companies are holding more events and giving out gift vouchers to attract consumers.

give out 나누어주다, 분배하다   competitive 경쟁력 있는   indication 표시, 조짐, 암시   attract 끌어들이다, 유혹하다

5 | Marketing plans

A: 이러한 문제의 해답이 무엇이라고 생각하나요?

B: 몇 가지 우리가 할 수 있는 일들이 있습니다. 우선 신문의 가격을 인하하는 것이 가장 시급합니다. 우리가 경쟁사에 독자를 빼앗기고 있는 가장 큰 이유가 바로 가격이니까요.

A: 맞는 말이에요. 사람들이 매일 사서 볼 수 있게 하려면, 신문의 가격을 싸게 해야 한다는 것을 명심해야 합니다. 또 다른 해결책은요?

B: 독자들의 더 많은 관심을 유도하기 위해 이미지를 사용해야 한다고 생각했습니다.

A: 그것도 우리가 할 수 있는 한 방법이군요.

B: 그리고, 독자들에게 우리 회사를 알려야 합니다. 그래서 저는 광고를 하는 것이 좋다고 생각합니다.

▶Informal

A: Can you think of answers to our problem?

B: There are some things we can do. We have to cut the price of the newspaper down quickly. This is making us lose customers to other competitors.

A: That's very true. We have to remember that newspapers need to be cheap so that people can buy them every day. Any other solutions?

B: Yes, we thought that we should use images to draw more attention by the customers.

A: That's one way we can do it.

B: And then, we have to let consumers know about us. So I think promotion would be a good way.

▶Formal

A: So what are the solutions you can suggest?

B: There are several approaches we can take. The most urgent one would be reducing the price of the newspaper. It is one of the biggest factors for losing our customers to other competitors.

A: That's very true. We have to bear in mind that newspapers need to be affordable since they are updated everyday. Do you have any other solutions?

B: Yes, we also came up with this idea of using more visuals to attract consumers.

A: That's one method. Any others?

B: Lastly, use of promotions. We need to make sure that consumers are aware of us.

competitor 경쟁자, 경쟁상대   approach 접근법, 방법   urgent 긴급한, 절박한   bear in mind 명심하다, 기억하다   update 새롭게 하다, 갱신하다   come up with 고안하다, 생각해 내다

<table>
<tr><td>

STEP 3   **Let's role play**

</td><td align="right">

역할 놀이하기

</td></tr>
</table>

이제 A와 B의 역할 중 하나를 맡아서 role play를 해 보세요. Step 2에서 연습한 질문과 대답을 바탕으로 다음 우리말로 표기된 부분을 영어로 직접 말해보는 연습을 해보기 바랍니다.

1 │ Role playing for A

A: 내가 왜 긴급 회의를 하는지 이유를 알고 있겠죠.

B: Yes, Mr. Chairman.

Agenda

A: 우리가 어떤 상황에 처해 있는지 잘 알고 있다고 생각해요. 지난 몇 달 동안 우리의 매출이 급격히 떨어졌죠. 이러한 하락세가 계속된다면, 우리 회사는 큰 어려움을 겪게 될 거에요. 그래서 이 회의를 하고자 한 것입니다. 자 시작하죠. 먼저 안건이 무엇인가요?

B: Today, **we will be looking at** the decrease in sales, marketing performances in general and then marketing plans. Well, we'll be discussing ultimate solutions for the sales crisis.

Minutes of the previous

A: 매출 감소에 대해서는+ 할 말이 많습니다만 회의가 끝날 때까지 잠시 접어두고, 오늘의 안건으로 넘어가기 전에,+ 먼저 이전 회의에서 이야기했던 사항들을 잠시 점검해 볼까요?

B: Yes, Mr. Chairman. In our previous meeting, we **reached an agreement** on a few issues. We decided to increase the cost of the newspaper by 10%. And **in the process of** reducing staff, we settled an agreement to reduce administrative quarter. This has been documented and approved. However, **due to** the unexpected circumstances from the sales reduction, some alterations need to be made.

Marketing performance

A: 네, 동의하는 바입니다. 자, 이제 오늘의 안건에 대해 이야기하도록 하죠. 먼저, 이번 달 영업 실적을 보고해 주시겠어요?

B: Yes, Mr. Chairman. Even though we tried our best to do well in our sales, they have decreased 12% last month.

Reasons for the performance

A: 정말 엄청난 하락 폭이군요. 이런 저조한 실적을 가져온 이유가 무엇인가요?

B: We have **come up with** several explanations for this result. I'm sure you have realized this, but in recent years, we've had many new competitors in this medium. Therefore, this indicates that our place in the market has diminished in size. We have to agree that there are way too many companies in this area. Thus, **it'll be much more difficult for us to** have consistent sales rates.

A: 그러면 우리가 어떻게 해야 할까요?

B: Increase in sales means more consumers. Therefore, marketing strategies in targeting the consumers are very important factors. We need to study our competitors in order for us to withstand our sales figures.

A: 판매를 증가시키기 위해 다른 회사들이 사용하는 전략은 어떤 것들이 있습니까?

B: First, one of the new companies is using full colored pages. Newspapers have been black and white for so long and the latest trend is that these black and white pages are considered to be too dull. Second, competitive price, this gives us a better indication of the reasons for low sales figures. And last, they are holding more events.

Marketing plans

A: 우리는 지금 사회에 새롭게 자리잡고 있는 경향들에 대해 너무 무관심했습니다. 너무 늦기 전에 이제 우리도 무언가를 해야 할 때가 왔습니다. 해결 방안들을 생각해 보셨나요?

B: **There are several approaches we can adopt.** The most urgent one would be reducing the price of the newspaper. It is one of the biggest factors for losing our customers to other competitors.

A: 맞는 말이에요. 신문은 매일 새롭게 발행되는 것이므로 적당한 가격으로 판매되어야 한다는 점을 명심해야 합니다.* 다른 방안들도 있나요?

B: Yes, we also came up with this idea of using more visuals to attract consumers. Rather than using full colors, use visuals to reduce prices.

A: 그것도 한 방법이군요. 또 다른 것은요?

B: Lastly, the use of promotion. We need to make sure that consumers are aware of us.

A: 훌륭한 제안입니다. 마지막 제안이 맘에 드는군요. 자 이제 회의를 마감하도록 하죠. 회의의 내용을 문서로 작성해 주시겠어요?

B: Sure. I'll do that right away.

Note for A

급격히 감소하다
decrease tremendously

큰 어려움에 빠지다
be in big trouble

우리는 ~에 무관심했어요
We have been ignorant towards ~

우리가 ~할 때입니다
It is time for us to + V

이제 그만 회의를 마치죠
Let's wrap up this meeting

✦ Expression study for A

in regard(s) to   ~에 관하여

'관계, 관련'을 뜻하는 단어 regard에서 출발하여 '~에 관하여'라는 뜻으로 쓰이는 표현들은 여러 가지가 있다. In regards to 역시 그 중 하나. s 없이 in regard to로 써도 된다. about, concerning과 비슷한 개념으로 이해하고 활용하면 되며, regard를 이용한 유사 표현으로는 with regard to, regarding, as regards 등이 있다.

I'm calling **in regard to** the ad I read in the paper.   신문에 난 광고를 보고 전화 드리는 거에요.
In regards to his comment, I'd like to hear the CEO's opinion.
그의 발언과 관련하여 사장의 의견을 듣고 싶다.

before we go on to   ~로 넘어가기 전에

한참 이야기 도중 다음으로 넘어가기 전에, 잠깐 점검을 한다거나 뭔가 다른 것을 해야 할 때 쓸 수 있는 표현. 이야기 잘 하고 있는데 태클을 거는 방해 요소일 수 있지만, 반드시 하고 넘어가야 할 것이 있다면 그 때 그 때 지적해 주는 것이 순리. to 다음에는 next part, next item 등 다음으로 넘어갈 항목을 언급해 주면 된다.

Before we go on to the next part, let's go over this lesson again.
다음으로 넘어가기 전에, 이 장을 다시 한 번 훑어 보죠.
Before we go on to the next item, do you have any questions?
다음 항목으로 넘어가기 전에, 질문 있으신가요?

bear in mind   명심하다, 기억하다

'지니다, 품고 있다'라는 뜻을 갖고 있는 bear에 in mind를 붙여 '마음 속에 지니고 있다' 즉 '명심하다, 기억하다'라는 의미를 갖게 된다. 상대방이 꼭 기억해 두어야 할 중요한 것을 상기시키거나, 꼭 잊지 말라는 협박성(?) 멘트를 날릴 때 쓸 수 있는 표현. keep in mind 역시 똑같은 의미로 사용할 수 있다.

You must **bear** his advice **in mind.**   그의 충고를 명심해야 한다.
Bear in mind that he is guilty under our legal system.
우리의 법 체계 하에서는 그는 유죄라는 사실을 명심하게.

2 | Role playing for B

A: I hope you know the reason for this emergency meeting.

B: 네, 사장님.

Agenda

A: I'm sure you are aware of the situation we are in. Our sales have **decreased tremendously** in last couple of months. If we maintain this downfall, our company will **be in big trouble.** That's why I've decided to hold this meeting. Let's begin, what's on the agenda?

B: 오늘은, 판매 감소, 전반적인 영업 실적, 영업 계획에 대해 살펴 보고, 판매 위기를 막을 궁극적인 해결 방안들에 대해 이야기해 보고자 합니다.

Minutes of the previous

A: I have a lot to say in regard to our reduction in sales but I'll hold that thought till the end of our meeting, now before we go on to today's agenda, shall we go through the minutes for the previous meeting?

B: 네, 사장님. 이전 회의에서는 몇 가지 사안들에 대해 합의했었습니다. 신문 요금을 10% 인상하기로 결정했었고, 또한 총무부서 직원의 수를 줄이기로 합의했습니다. 이것은 문서로 작성되어 결제가 된 사항입니다. 그렇지만, 매출 감소와 관련된 예상치 못한 상황이 발생하여, 몇 가지 수정이 불가피합니다.

Marketing performance

A: Yes, I do agree. But for now, let's go on to today's agenda, shall we? First, can I have the report on the performance of the marketing for this month please?

B: 네, 사장님. **판매 실적을 높이기 위해 최선을 다했지만,**[+] 지난 달에 12%나 하락했습니다.

Reasons for the performance

A: That's a huge downfall. What could be the reasons behind this poor performance?

B: 이러한 결과를 설명해 줄 수 있는 요인을 몇 가지 생각해 봤습니다. 이미 사장님도 알고 계시겠지만, 최근에 이 분야에 새로운 경쟁사들이 많이 생겨났습니다. 그러므로, 이것은 이 분야에서 우리의 입지가 점점 좁아지고 있다는 의미입니다. **이 분야에 너무 많은 회사들이 있다는 점은 인정해야 합니다.**[+] 그리하여, 지속적인 판매율을 유지하는 것이 훨씬 어려워질 것입니다.

A: What should we do?

B: 판매가 증가한다는 것은 곧 우리 신문을 사는 독자의 수가 많아진다는 것을 의미합니다. 그러므로 목표 구매자들에 대한 영업 전략이 매우 중요한 요소가 됩니다. 판매 수치를 유지하기 위해서는 다른 경쟁사들에 대해서도 조사해야 합니다.

A: What would you say are some of the strategies they are using to increase their sales?

B: 먼저, 신생사들 중 한 곳에서는 지면을 전면 컬러로 제작하고 있습니다. 신문은 오랫동안 흑백으로 제작되어 왔지만, 이런 흑백 신문은 아주 덜떨어진 것으로 생각되는 것이 최근의 경향입니다. 둘째는 경쟁력 있는 가격입니다. 이것은 우리의 판매 수치가 낮아지는 이유를 잘 보여주고 있습니다. 마지막으로, 그들은 여러가지 행사를 마련하고 있습니다.

A: **We have been ignorant towards** the new trend that is taking place in our society. **It is time for us to** do something about it before it's too late. So what are the solutions can you suggest?

B: 채택할 수 있는 방법이 몇 가지 있습니다. 우선 가장 시급한 것은 신문의 가격을 인하하는 것입니다. 우리가 다른 경쟁사에 독자를 빼앗기는 가장 큰 요인 중 하나가 바로 그 문제이니까요.

A: That's very true. We have to bear in mind that newspapers need to be affordable since they are updated everyday. Do you have any other solutions?

B: 네, 저희는 독자의 관심을 끌기 위해 더 많은 이미지를 사용하는 것이 좋다는 결론을 내렸습니다. 전면 색을 사용하기보다는, 가격을 낮추기 위해 이미지를 사용하는 겁니다.

A: That's one method, any others?

B: 마지막으로 광고를 활용해야 합니다. 독자들에게 우리를 알려야 합니다.

A: Excellent suggestion. I favor the last solution. Now, **let's wrap up this meeting.** Can you document the contents of our meeting?

B: 네, 알겠습니다. 지금 바로 하겠습니다.

✚ Expression study for B

even though   ~에도 불구하고

'~에도 불구하고'를 뜻하는 양보의 접속사 though에 even이 붙어 though를 더욱 강조하는 형태. 따라서 even though 이하에는 주절과는 내용상 대치되는 내용이 나오게 된다. 아울러 even이 붙은 또 다른 양보의 접속사구로는 even if가 있는데 even though와 마찬가지로 양보의 뜻으로 해석되지만, even if에는 아직 발생하지 않은 일에 대한 '가정'의 뜻, 즉 '~라는 일이 발생할지 안 할지 모르지만 그렇다 해도'와 같은 의미가 포함되어 있다는 것을 구별해서 기억해 두자.

Even though I didn't know anybody at the party, I had a nice time.

파티에 아는 사람이 아무도 없었지만, 나는 즐거운 시간을 보냈다.

He bought a new car **even though** he couldn't afford it.

감당할 여유도 없으면서 그는 또 새 차를 구입했다.

We have to agree that ~   우리는 ~을 인정해야 합니다

have to agree에는 그러고 싶지 않지만 어쩔 수 없이 해야 한다는 의미가 담겨 있다. 받아 들이고 싶지 않지만 현실적으로 그렇게 해야만 할 경우, 혹은 열띤 토론 중 상대의 멋진 제안에 기가 팍 죽었을 때 상대를 인정하며 쓸 수 있는 표현. 어차피 세상은 내 맘대로만 살 수는 없는 것. 인정할 수 밖에 없는 사안이 발생했을 때는 일단 과감하게 I have to agree that ~이라고 말문을 열고 난 다음, 자신이 진짜 하고 싶은 얘기를 뒤에 이어주도록 하자.

We have to agree that his proposal was a good one.   우리는 그의 제안이 좋았다는 점은 인정해야 합니다.

We have to agree that this is the only way to reduce prices.

우리는 이것이 가격을 낮출 수 있는 유일한 방법이라는 점은 인정해야 합니다.

20 Claiming A Faulty Product

불량품 신고하기

STEP 1   Understanding your task

역할 이해하기

지금 여러분 앞에는 두 개의 Role Card가 주어져 있습니다. Role Card A는 질문을 통해 알아내야 할 사항, Role Card B에는 그에 관한 정보들이 담겨 있습니다. 먼저 Role Card A, B를 보면서, 여러분 앞에 놓여진 task를 이해하도록 노력해 보세요.

Role Card A

You are an operator at the claims department in an Internet shopping mall. You just received a call concerning faulty products. The customer received a cracked crystal glass set and wants her money back. Think about the questions you can ask her by referring to the information below.

Some things to think about:

Purchased goods
Date of purchase
Problem
Receipt number
Date of receiving
Refund / exchange

Negotiation:

There is a regulation that the consumer must report faults on any delivered package within a week from the day they received the package. This customer is claiming the fault after 8 days with an excuse that the cracks were small. But the customer tells you that there was no "fragile" sign on the package, and then it's the company's fault.

Role Card **A**

당신은 인터넷 쇼핑몰의 고객 불편 신고 센터의 상담원입니다. 당신은 방금 불량품에 관한 전화를 받았습니다. 고객은 금이 간 크리스탈 술잔 세트를 받았고, 환불 받기를 원합니다. 아래 정보들을 이용하여 그녀에게 할 질문들을 생각해 보세요.

생각해야 할 사항들:　구매한 물건

　　　　　　　　　　구매일

　　　　　　　　　　문제점

　　　　　　　　　　영수증 번호

　　　　　　　　　　상품을 받은 날짜

　　　　　　　　　　환불 / 교환

협의 사항:

고객은 상품에 문제가 있을 경우 물건을 받은 날로부터 1주일 이내에 상품의 문제점을 신고해야 한다는 규정이 있다. 이 고객은 금이 간 것이 잘 보이지 않았다는 변명을 대며 8일이 지난 후에 불량 사항에 대한 손해 배상을 요구하고 있다. 그렇지만 고객은 상품에 '유리 주의' 표시도 없었으므로, 이것은 회사 측의 실수라고 말하고 있다.

A couple of weeks ago, you bought a set of crystal glass and a picture frame over the Internet. When you received the package you didn't see the cracks but when you looked at it closely to use it, there were cracks around the rims. You called the claims department to get a refund. Refer to the information below to answer the questions by the operator.

Purchased goods: **A set of crystal glass and a picture frame**

Date of the purchase: **5th of May**

Problem: **Cracks around the rims of the glass**

Receipt number: **RP105209**

Date of receiving: **13th of May**

Refund / exchange: **Refund**
- **Through the bank account**
- **Takes 5 working days to process**

Exchange
- **Need to re-send the package**
- **Free delivery fee**
- **New package will arrive within 5 working days.**

Negotiation:
The operator tells you that a full refund is not possible because you are reporting the defect 8 days after the date of receiving of the package. The regulation is that you can only claim a full refund within a week. Tell the operator that there was no "fragile" sign on the package.

Role Card **B**

2주 전에 당신은 인터넷을 통해 크리스탈 술잔 세트와 그림 액자를 샀습니다. 물건을 받았을 때는 금이 간 것을 몰랐지만, 사용하려고 자세히 살펴 보니 가장 자리에 금이 가 있었습니다. 불량품 신고 센터에 전화를 걸어 환불을 요청했습니다. 아래 정보를 참고하여 상담원의 질문에 답해 보세요.

구매한 물건:　　　　　크리스탈 술잔 세트와 그림 액자

구매일:　　　　　　　5월 5일

문제점:　　　　　　　크리스탈 술잔 가장 자리에 금이 가 있음

영수증 번호:　　　　　RP105209

상품을 받은 날짜:　　　5월 13일

환불/교환:　　　　　　환불

　　　　　　　　　　　　－ 은행 계좌로 입금됨

　　　　　　　　　　　　－ 처리하는 데 영업일 기준으로 5일이 소요됨

　　　　　　　　　　　교환

　　　　　　　　　　　　－ 상품을 다시 반송해야 함

　　　　　　　　　　　　－ 배송료는 무료

　　　　　　　　　　　　－ 새로운 물건은 영업일 기준으로 5일 이내에 배달됨

협의사항:

상담원은 당신이 상품을 받은 지 8일이 지난 후 결함을 신고했기 때문에 전액 환불이 불가능하다고 말합니다. 규정상 당신은 1주일 이내에만 전액 환불을 요구할 수 있습니다. 상품에 '유리 조심'이라는 표시가 없었다고 말하세요.

STEP 2　Getting ready

Role Card의 내용을 모두 이해하셨나요? 당신이 Card A를 가지고 있다면, 인터넷 쇼핑몰 불량 신고 센터에 일하는 직원이 되겠죠. 그리고 Card B를 가지고 있다면, 금이 간 크리스탈 술잔을 배달 받아 환불을 요구하는 소비자의 역할을 하게 됩니다. 먼저 제시된 우리말 대화를 참고하여 짧은 informal, formal Q&A를 만들어 보세요.

1　Purchased goods

A: 무엇을 구입하셨나요?
B: 크리스탈 술잔 세트와 그림 액자를 샀어요.

▶Informal

A: What did you purchase ma'am?
B: I bought a set of crystal glasses and a picture frame.

▶Formal

A: Could you please tell me the goods that you've purchased?
B: Yes. I've purchased a set of crystal glasses and a picture frame.

2　Date of purchase

A: 언제 구매하신거죠?
B: 음 글쎄요. 아, 네, 5월 5일에 샀어요.

▶Informal

A: When did you purchase them?
B: Well, let me see... Oh yes, I bought them on the 5th of May.

▶Formal

A: Can you tell me the date you purchased these goods?
B: Let me recollect. Yes, I purchased these on the 5th of May.

recollect 생각해 내다, 회상하다

3 | Problem

A: 무엇이 문제인지 자세히 말씀해 주시겠어요?

B: 그러죠. 물건을 배달 받았을 때는 흠이 있는지 몰랐어요. 그렇지만 다시 열어서 자세히 보니 잔 가장자리에 미세한 금이 나 있더군요.

▶ Informal

A: Can you please tell me in detail what the fault is?

B: Sure. When I first opened the package, I didn't see the defect but when I opened it this morning, I saw fine cracks around the rims of the glasses.

▶ Formal

A: Could you tell me the defect of these purchased goods in detail?

B: Sure. When the package was delivered, I was unable to see the defect at first, however, when I re-opened and observed it closely then I was able to detect the fine cracks.

in detail 상세히, 세부적으로　defect 결점, 결함　fine 가느다란, 미세한　detect 발견하다, 감지하다

4 | Receipt number

A: 세부 정보를 확인할 수 있도록 영수증 번호를 알려 주시겠어요?

B: 잠시만요. 지갑에서 영수증을 가져올게요. 여기 있군요. RP105209에요.

▶ Informal

A: Can you give me the receipt number to check your details please?

B: Hold on a sec. Let me get the receipt from my purse. Here it is. RP105209.

▶ Formal

A: Could you please give me the receipt number to verify your details please?

B: Yes. Wait a moment please. Let me look for the receipt from my purse. Here it is. It's RP105209.

purse 돈주머니, 지갑　verify 확인하다, 조회하다　look for ~을 찾다

5 | Date of receiving

A: 상품은 언제 받으셨나요?
B: 5월 13일에 받았어요.

▶Informal

A: When did you receive your package?
B: I got it on the 13th of May.

▶Formal

A: What was the date in which you received your package?
B: I received it on the 13th of May.

6 | Refund / exchange

A: 전액 환불을 원하시면, 은행 계좌로 정확한 돈을 입금해 드리겠습니다. 이것이 처리되는 데
   는 영업일 기준으로 5일 정도의 시간이 소요됩니다. 그렇지만, 상품을 교환하고자 하신다면,
   상품을 반송해 주셔야 합니다.
B: 배송료를 지불해야 하나요?
A: 아닙니다. 배송료는 저희가 부담해야죠. 영업일 기준으로 5일 이내에 새로운 상품을 받으실
   수 있을 겁니다.

▶Informal

A: If you want a full refund, we can send the exact amount through to your bank
   account. This usually takes about 5 working days to process. But if you want us
   to exchange the product, then you need to re-send the package.
B: Do I have to pay for the delivery?
A: Oh no, we'll pay for the delivery. And you'll receive a new package within 5
   working days.

▶Formal

A: If you choose the full refund, then we can send the amount to your bank account.
   The duration for this process is 5 working days. However, if you choose to get an
   exchange, then you need to re-send the package.
B: Must I pay for the delivery?
A: No. There is no delivery charge. And you will receive a new package within 5
   working days.

process 처리하다   exchange 교환하다, 교체하다   duration 기간

B: 왜 안 된다는 거죠?

A: 회사 규정상 구입한 물건에 대해 1주일 이내에만 환불 요구를 할 수 있습니다. 당신의 경우에는 물건을 받으신 지 8일이 지났군요.

B: 말도 안 되요. 상품 포장에 '유리 조심'이라는 표시도 없었어요.

A: 상품에 '유리 조심' 표시가 없었다고 하셨나요?

B: 네, 없었어요. 정말 없었어요.

A: 그렇다면 사과드립니다. 이런 경우라면 저희가 잘못했군요. 전액 환불이나 교환을 해 드리겠습니다.

▶Informal

B: Excuse me? Why is that?

A: We have a company regulation that you can only claim purchased goods within a week. And in your case, it's been 8 days since the arrival of your package.

B: This is unbelievable. The package didn't even have a sign "fragile" on it.

A: Did you say there was no "fragile" sign on the package?

B: Yes, that's right. There was not.

A: We do apologize. In that case, the blame is on our side, so we can give you a full refund or exchange.

▶Formal

B: Can you tell me why it's not possible?

A: One of our company regulations is that customers can only claim purchased goods within a week. And ma'am, you are making your claim 8 days after the arrival of your package.

B: I cannot believe this. The package did not have any indication of a "fragile" sign on it.

A: I'm sorry, but did you say there was no indication of the sign, "fragile"?

B: Yes. There was no sign.

A: In that case, the fault is on us and thus we will give a full refund or exchange.

regulation 규칙, 규정   arrival 도착, 도달   unbelievable 믿을 수 없는   blame (과실에 대한) 책임

이제 A와 B의 역할 중 하나를 맡아서 role play를 해 보세요. Step 2에서 연습한 질문과 대답을
바탕으로 다음 우리말로 표기된 부분을 영어로 직접 말해보는 연습을 해보기 바랍니다.

1 | Role playing for A

A: 불량품 신고 센터입니다. 무엇을 도와드릴까요?

B: Finally... I get through to you people. I've been waiting on this line for nearly 10 minutes.
  Gosh, **it's very hard to** get through to this department.

A: 죄송합니다. 영업 시간에 한해서 서비스를 제공하고 있어서요. 어떤 도움이 필요하신가요?

B: Anyway the package, which I received last week, was damaged on arrival.

Purchased goods

A: 무엇을 구입하셨나요?

B: I bought a set of crystal glasses and a picture frame.

Date of purchase

A: 언제 구입하셨죠?

B: Well, let me see... Oh yes, I bought them on the 5th of May.

Problem

A: 어떤 문제가 있는지 좀 더 자세히 말씀해 주시겠어요?+

B: Sure. When I first opened the package, I didn't see the defect but when I opened it this
  morning, I saw fine cracks around the rims of the glasses.

A: 몇 개짜리 세트이며 어느 정도의 금이 가 있나요?

B: It was a full set. There were 12 glasses and 5 of them had cracks.

Receipt number

A: 그렇군요. 세부 사항을 확인할 수 있도록 영수증 번호를 알려주시겠어요?

B: Hold on a sec. Let me get the receipt from my purse. Here it is. RP105209.

Date of receiving

A: 알겠습니다. 손님의 기록이 여기 있군요. 크리스탈 샴페인 잔 세트와 나무로 된 그림 액자를 인
  터넷으로 구입하셨군요. 상품을 언제 받으신 거죠?

B: I got it on the 13th of May.

A: 처음 받았을 때 물건을 확인하지 않으셨나요?

B: Of course I did. But these cracks are, like I said, fine cracks around the rims. You can't
  really see them properly, but **if you look at them closely** you can see them.

A: 안타깝지만, 전액 환불은 불가능할 것 같습니다.

B: Excuse me? Why is that?

A: 회사 규정상 구입한 물건에 대해 1주일 이내에만 환불 요구를 할 수 있습니다. 손님의 경우에는 물건을 받으신 지 8일이 지났군요.

B: This is unbelievable. The package didn't even have a sign "fragile" on it. This is something I have to report to the consumer's protection board.

A: 상품에 '유리 조심' 표시가 없었다고 하셨나요?

B: Yes that's right. There was not. **Obviously this shows** how careless you all are towards your customers.

A: 그렇다면 사과드립니다. 이런 경우라면 저희가 잘못했군요. 전액 환불이나 교환을 해드리겠습니다. 어떻게 하시겠어요?

B: Tell me the procedures in both cases.

A: 전액 환불을 원하시면, 은행 계좌로 정확한 돈을 입금해 드리겠습니다. 이것이 처리되는 데는 영업일 기준으로 5일 정도의 시간이 소요됩니다. 그렇지만, 상품을 교환하고자 하신다면,✚ 잘못된 상품을 반송해 주셔야 합니다.

B: Do I have to pay for the delivery?

A: 아닙니다. 배송료는 저희가 부담해야죠. 영업일 기준으로 5일 이내에 새로운 상품을 받으실 수 있을 겁니다. 할인 쿠폰도 보내드리겠습니다.

B: I don't care about those things. Also, I think getting an exchange **is too much of a hassle.** I'll just get a refund thanks.

A: 그렇게 하죠. 몇 가지 정보를 받아야 하므로 잠깐 기다려 주세요.

B: You are supposed to have all the details with you. Anyways, I hope this won't take long.

✚ Expression study for A

Can you tell me in detail what ~?　무엇이 ~인지 자세히 말씀해 주시겠어요?

상대방에게 자세한 정보를 원한다거나 질문 도중 상대방으로부터 보다 상세한 답변을 원할 때 쓸 수 있는 표현. in detail(상세하게)이라는 부사구가 붙어서 Can you tell me ~? 이하에 제시되는 궁금한 사항을 보다 자세히 알려 달라는 의미를 강조하고 있다. 궁금한 내용이 들어갈 자리에는 what 이외에 여러 가지 의문사를 넣어 활용할 수 있다.

Can you tell me in detail what the room is like?

그 방이 어떻게 생겼는지 자세히 말해 주세요.

Can you tell me in detail how you got this wallet?

이 지갑을 어떻게 습득했는지 자세히 말씀해 주시겠어요?

if you want us to + V　우리가 ~하기를 원한다면

대화시 상대방이 뭔가를 요구하기 전에, 미리 선수를 치는 표현. 상대방의 요구사항을 들어주되 뭔가 조건을 건다는 의미에서 100% 순수한 배려의 표현이라고 보기는 힘들다. 조건절 이하 주절에는 요구사항을 들어주기에 앞서 선행되어야 할 사항이 이어지게 된다.

If you want us to help you, you have to study hard.

우리가 너를 도와주기를 원한다면, 너는 열심히 공부해야 한다.

If you want us to work with you, there are two conditions.

우리가 당신과 함께 일하길 원한다면, 두 가지 조건이 있습니다.

A: Claims department. How may I help you?

B: 드디어, 통화가 연결되는군요. 거의 10분 동안 전화기를 붙잡고 있었던 것 같아요. 이런, 이 부서는 전화 통화하기가 정말 힘들군요.

A: Sorry ma'am. We have limited service after the opening hours. What can I do to help you?

B: 어쨌든, 지난 주 제가 받았던 상품이 파손되어 배달되었습니다.

Purchased goods

A: What did you purchase, ma'am?

B: 크리스탈 술잔 세트와 그림 액자에요.

Date of purchase

A: And when did you purchase them?

B: 음, 어디 보죠. 아 맞아요. 5월 5일에 샀어요.

Problem

A: Can you please tell me in detail what the fault is?

B: 그러죠. 처음에 상품을 열었을 때는, 결함을 발견하지 못했어요. 그렇지만 오늘 아침에 다시 열어보니 잔 가장자리에 미세한 금들이 보이더군요.

A: How many were in the set and how many had cracks on them?

B: 풀 세트에요. 12개의 잔이 들어있고 그 중 5개에 금이 가 있었어요.

Receipt number

A: OK. Can you give me the receipt number to check your details please?

B: 잠시만요. 지갑에서 영수증을 가져올게요.* 여기 있군요. RP105209에요.

Date of receiving

A: I see. **We have you on our record.** You purchased the crystal champagne glass set and a wooden timber picture frame over the Internet. When did you receive your package?

B: 5월 13일에 받았어요.

A: **Did you not check** the package when you got them delivered to you?

B: 물론 확인했죠. 그렇지만 제가 말씀 드린 것처럼, 가장 자리에 있는 아주 미세한 균열이에요. 정확히 잘 보이지 않아요. 그렇지만 자세히 들여다 보면 보이죠.

Negotiation

A: Unfortunately ma'am, full refund **may not be possible.**

B: 뭐라구요? 왜죠?

A: We have a company regulation that you can only claim purchased goods within a week. And **in your case,** it's been 8 days since the arrival of your package.

B: 말도 안 되요. 상품 포장에 '유리 조심' 이라는 표시도 없었어요. 소비자 보호 게시판에 올려야 할 사항이에요.

A: Did you say there was no "fragile" sign on the package?

B: 네, 그래요. 정말 없었어요. 이런 걸 보면 회사측이 고객들을 얼마나 무성의하게 취급하는지 단적으로 알 수 있죠.

A: We do apologize. In that case, **the blame is on our side,** so we can give you a full refund or exchange. What would you like to do?

B: 두 경우의 처리 과정을 설명해 주세요.

A: If you want a full refund, we can send the exact amount through to your bank account. This usually takes about 5 working days to process. But if you want us to exchange the product, then you need to re-send the package.

B: 배송료를 지불해야 하나요?

A: Oh no, we'll pay for the delivery. And you'll receive a new package within 5 working days. We'll send you a discount voucher.

B: 그런 것은 별로 관심 없어요.⁺ 교환하는 것은 상당히 귀찮을 것 같군요. 그냥 환불해 주시면 좋겠어요.

A: Sure ma'am. I have to get some details from you so **hold on the line please.**

B: 이미 모든 세부 정보들을 가지고 계실 텐데요.⁺ 어쨌든, 오래 걸리지 않았으면 좋겠군요.

Note for B

~하는 것이 매우 어렵다
it's very hard to + V

그것들을 자세히 들여다 보면
if you look at them closely

이것은 ~라는 사실을 단적으로 보여주는 것이에요
Obviously this shows ~

~은 정말 귀찮은 일이다
be too much of a hassle

✚ Expression study for B

Let me + V   제가 ~할게요

let은 사역동사이므로 목적어 다음에 동사 원형이 온다는 사실은 굳이 설명하지 않아도 될 것이다. Let me ~의 문자적 의미는 "내가 ~하게 해주세요"가 되지만 실질적으로는 "내가 ~할게요"라며 자신이 행하려는 바를 제시하는 표현이 된다. 다만 허락을 구하는 형식을 빌어서 I will ~이라고 하는 것보다 공손한 느낌을 준다. 일상에서 "내가 ~할게"라고 하면 먼저 I will ~이 튀어나오기 마련인데 영어권 사람들은 Let me ~의 표현을 훨씬 즐겨 쓴다는 사실을 기억해 두자.

Let me hold your bag for you.   제가 가방을 들어 드릴게요.
Let me check with the publishing company.   제가 출판사에 한 번 알아볼게요.

I don't care (about) ~   나는 ~를 신경 쓰지 않아요

잘못 말하면 상대방을 눈물 나도록 서럽게 만드는 위험 부담이 큰 표현. 상대방이 "저 ~해도 될까요?"라는 식으로 물어 봤을 때 "난 어떻게 하든지 상관 없어요. 편할 대로 하세요"의 의미로 상대방을 배려하는 말이 될 수도 있지만, 경우에 따라서는 "내 알 바 아냐. 너 맘대로 해"와 같은 무관심의 표현이 될 수도 있다. 그냥 I don't care라고만 말할 수도 있으며 유사 표현 It doesn't matter to me 역시 많이 쓰인다.

I don't care about your opinion.   난 너의 의견은 신경 쓰지 않아.
I don't care if you go or not.   네가 가든 말든 상관 안 하겠어.

be supposed to + V   ~하기로 되어 있다

suppose의 수동 표현이 다소 생소한 감이 없지 않지만, 실제로는 다양한 의미로 정말 많이 사용되는 구문. 우선 should와 비슷한 의미로 어떤 규칙이나 상황에 근거하여 '주어가 마땅히 그러해야 한다' 라고 표현하는 경우 혹은 앞으로 일어나게 될 예정된 일에 관해 이야기할 때 주로 쓰인다. You're not supposed to park on double yellow lines(두 개의 노란줄이 있는 곳에는 주차하면 안 되요)와 같이 부정형이 되면 금지(prohibition)의 의미로 쓰인다.

You **are supposed to** start work at 8:30 every morning.
당신은 매일 아침 8시 반부터 일을 시작하는 걸로 되어 있어요.

Who **am I supposed to** see?   제가 누구를 만나야 하는 거죠?